高等学校**跨境电子商务**系列规划丛书

国际贸易概论

赵玉焕　编著

清华大学出版社
北京

内容简介

本书系统地介绍了国际贸易理论与政策。全书共10章，主要内容包括：国际贸易的基本概念，国际贸易的产生与发展，当今国际贸易发展的主要特点和趋势，古典国际贸易理论（包括绝对优势理论和比较优势理论），新古典国际贸易理论（包括赫克歇尔-俄林理论和里昂惕夫之谜及其解释），当代国际贸易理论（包括国际贸易新要素理论、技术差距理论、产品生命周期理论、产业内贸易理论和国家竞争优势理论），贸易保护理论，国际贸易政策，关税措施与非关税措施，世界贸易组织，国际直接投资与跨国公司，区域经济一体化。本书在相应章节中设置了"国贸博览"栏目，增强了可读性。

本书可供高等院校财经类、管理类专业的本科生和工商管理硕士（MBA）使用，也可作为广大经济管理干部、工商企业管理人员的培训教材。

图书在版编目（CIP）数据

国际贸易概论/赵玉焕编著．—北京：清华大学出版社，2020.9
（高等学校跨境电子商务系列规划丛书）
ISBN 978-7-302-54992-5

Ⅰ．①国…　Ⅱ．①赵…　Ⅲ．①国际贸易－高等学校－教材　Ⅳ．①F74

中国版本图书馆CIP数据核字（2020）第030548号

责任编辑：张　民　战晓雷
封面设计：傅瑞学
责任校对：徐俊伟
责任印制：沈　露

出版发行：清华大学出版社
网　　址：http://www.tup.com.cn，http://www.wqbook.com
地　　址：北京清华大学学研大厦A座　　**邮　　编**：100084
社 总 机：010-62770175　　**邮　　购**：010-83470235
投稿与读者服务：010-62776969，c-service@tup.tsinghua.edu.cn
质量反馈：010-62772015，zhiliang@tup.tsinghua.edu.cn
课件下载：http://www.tup.com.cn，010-83470236
印 装 者：北京鑫丰华彩印有限公司
经　　销：全国新华书店
开　　本：185mm×260mm　　**印　　张**：15　　**字　　数**：364千字
版　　次：2020年10月第1版　　**印　　次**：2020年10月第1次印刷
定　　价：49.00元

产品编号：084196-01

FOREWORD

前　言

改革开放以来，尤其是中国加入世界贸易组织以来，中国对外贸易得到了迅猛发展。目前，中国已成为世界出口第一大国和国际贸易第一大国。对外贸易发展促进了我国的经济发展，也使我国与世界其他国家之间的经济联系更加密切。近年来，国际贸易格局和国际贸易环境发生了重大变化。2018 年以来的中美贸易摩擦、世界贸易组织的改革和上诉机构的停摆以及区域贸易协定的增加，加剧了国际贸易环境的不确定性。中国"一带一路"倡议的提出和实施加强了中国与"一带一路"沿线国家的经济联系。进入 21 世纪以后，国际政治经济格局的发展出现了很多新特点和新趋势。在这种国际政治经济大背景下，学习国际贸易理论与政策，了解国际货物贸易、服务贸易、对外直接投资的基本规律及其背后复杂的政治、经济等原因，掌握 WTO 的基本原则和规则，就显得尤为重要，也对中国对外贸易发展和经济发展具有重要的现实意义。这也是本书编写和出版的根本意义所在。

本书理论体系完整，内容丰富，反映了国际贸易理论研究的新成果以及国际贸易发展的新特点和新趋势。本书共分为 10 章，包括 6 部分内容，具体说明如下：

第一部分，国际贸易概述（第 1 章）。介绍国际贸易的基本概念与历史，以及当今国际贸易发展的主要特点和趋势。

第二部分，国际贸易理论（第 2～5 章）。介绍古典国际贸易理论、新古典国际贸易理论、当代国际贸易理论和贸易保护理论。

第三部分，国际贸易政策（第 6、7 章）。介绍国际贸易政策、关税措施与非关税措施。

第四部分，世界贸易组织（第 8 章）。介绍世界贸易组织的发展、基本原则与规则、运行机制、主要协议与协定，以及我国与世界贸易组织等。

第五部分，国际直接投资（第 9 章）。介绍国际直接投资的发展、国际直接投资理论和跨国公司的发展等。

第六部分，区域经济一体化（第 10 章）。介绍区域经济一体化的发展、区域经济一体化的理论、世界上主要的区域经济一体化组织、我国与区域经济一体化等。

本书特色如下：

第一，内容丰富，理论体系完整，涵盖了国际贸易的基本理论和贸易政策，比较全面地反映了国际贸易领域的理论及其最新发展，也对国际贸易发展的新特点和新趋势进行了全面分析。

第二，难易适中，适合在本科生的教学中使用。作者在借鉴国内外主要优秀教材和成果的基础上，精心编写了适合本科生层次教学的内容，对一些较难的模型进行了删减，以方便学生学习。

第三，在一些章节安排了"国贸博览"栏目，丰富了本书的内容，有利于拓展学生的视野。

本书适合高等院校经济管理类的本科生和工商管理硕士(MBA)使用，也可作为国际贸易行业从业人员的培训教材。在写作本书的过程中，作者参阅了大量国内外教材和著作，并引用了一些网站中的数据和资料，在此向有关文献资料的作者一并表示感谢。在写作过程中，作者力图将自己多年的教学心得和体会融入书中，希望本书能成为一本难易适中、内容丰富的教科书。限于水平，书中难免有疏漏或不妥之处，还请各位同仁与读者批评指正。

作　者

2019年12月

CONTENTS

目 录

C O N T E N T S

CONTENTS

CONTENTS

CONTENTS

CONTENTS

CONTENTS

第 1 章

国际贸易的基本概念与历史发展

1.1 国际贸易的基本概念

1.1.1 国际贸易、对外贸易和海外贸易

国际贸易(international trade)是指世界各国之间货物和服务的交换活动,是世界各国在国际分工基础上相互联系的主要形式。由于国际贸易是一种世界范围内的货物和服务的交换,因此又称为世界贸易(world trade)或全球贸易(global trade)。国际贸易在奴隶社会就已产生,并随生产的发展而逐渐扩大。到资本主义社会,其规模空前扩大,具有世界性。

对外贸易亦称国外贸易或进出口贸易,是指一个国家与另一个国家之间的商品和劳务的交换。交换的形式由进口和出口两个部分组成。对运进商品或输入劳务的国家来说,就是进口;对运出商品或输出劳务的国家来说,就是出口。对外贸易在奴隶社会就已产生,到资本主义社会,发展更加迅速。其性质和作用由不同

的社会制度所决定。

海外贸易是指一些岛国(如英国、日本等)所进行的对外贸易。

国际贸易与对外贸易的区别在于两者看待贸易的角度不同:国际贸易是从整个世界的角度来考察国家之间的贸易活动,而对外贸易则是从一个国家的角度考察它与其他国家之间的贸易活动。两者的共同之处在于:考察的贸易对象都包含货物贸易与服务贸易,贸易形式都分为进口与出口。

1.1.2 国际贸易的分类

国际贸易范围广泛,内容繁杂,种类繁多,依据不同的标准可以进行不同的分类。了解和掌握这些分类以及相关的概念,有助于深入地研究国际贸易。

1. 以货物移动方向为标准的分类

按照货物的移动方向,可将国际贸易分为出口贸易、进口贸易和过境贸易。出口贸易(export trade)是指将本国生产加工的商品输往国外市场销售。进口贸易(import trade)是指将外国的商品输入本国市场进行销售。甲国经过乙国国境向丙国运送商品,对于乙国来说,该贸易属于过境贸易(transit trade)。

一国在出口和进口贸易中,由于某些原因,存在着复出口(re-export trade)和复进口(re-import trade)。复出口是指输入本国的商品未经加工制造又输出国外。复进口是指输出国外的商品未经加工制造又输入本国。一国在一定时期内,某种商品往往既有进口又有出口,出口量超出进口量的部分称为净出口量(net export),进口量超出出口量的部分称为净进口量(net import)。

2. 以是否有第三国参与为标准的分类

依据是否有第三国参与为标准,国际贸易可以分为直接贸易、间接贸易和转口贸易。直接贸易(direct trade)是指商品生产国和商品消费国之间直接进行商品买卖的贸易。直接贸易的双方直接洽谈,直接结算,货物直接从出口国运到进口国。间接贸易(indirect trade)是指商品生产国和商品消费国通过第三国进行商品买卖的贸易。出口国与进口国不直接进行洽谈、结算,必须经第三国商人之手完成交易。买卖的商品可以由出口国直接运往进口国,也可以先运到第三国,再转运到进口国。商品的生产国把商品卖给第三国,然后第三国再把商品卖给真正的商品消费国,对第三国来说,是转口贸易(entrepot trade)。转口贸易发达的国家往往地理位置优越,运输条件便利,贸易限制较少,如新加坡、荷兰等。

【国际贸易博览 1-1】

上海商务委:争取在自贸港实现畅通的转口贸易和离岸贸易功能

第 28 届华交会于 2018 年 3 月 1 日在上海正式开幕。上海市商务委副巡视员桑琦在当天举行的华东进出口贸易论坛上表示,上海市商务委就上海自由贸易港区的整体规划、功能设计和制度改革,会同上海海关、上海国检、外汇管理上海分局等单位,提出了“货物进出自由、资金进出自由、人员进出自由”的操作设想,以及以自由贸易港建设为契机,推进解决离岸贸易和转口贸易的瓶颈问题,以提高国际规则制定能力。

此外，上海还将对接首届中国国际进口博览会，搭建跨境电商采购联盟。桑琦表示，今年进口博览会的举办，为上海乃至全国的进出口贸易带来了重大机遇。上海正抓紧发起由网易考拉、天猫国际、京东全球购、小红书、洋码头等国内知名大型跨境电商平台组建的采购联盟，为国外参展企业进入中国市场搭建“6＋365”一站式跨境电商交易服务平台，为适合跨境电商渠道的商品提供精准跨境电商渠道对接服务，积极培育商品的销售渠道优势，提升商品定价的话语权。

（资料来源：《上海证券报》，2018 年 4 月 20 日）

3. 以商品的形式与内容为标准的分类

依据商品的形式与内容，国际贸易可以分为有形商品贸易和无形商品贸易。

有形商品贸易（tangible trade，visible trade）是指传统的商品进出口贸易，也叫货物贸易，如谷物、机器设备等的买卖活动。有形商品贸易买卖的对象都是有一定物理形态的商品。有形商品贸易的进出口必须办理通关手续，因为它能够反映在海关的贸易统计中，是构成一国国际收支经常项目的重要内容。

国际贸易的商品种类繁多，为统计及分析的方便，联合国编制了《国际贸易标准分类》（*Standard International Trade Classification*，*SITC*）。根据这个标准，国际贸易商品分为 10 大类、63 章、233 组、786 个分组和 1924 个基本项目。10 个大类如下：0 类为食品及主要供食用的活动物；1 类为饮料及烟草；2 类为燃料以外的非食用粗原料；3 类为矿物燃料、润滑油及有关原料；4 类为动植物油脂及油脂；5 类为化学成品及有关产品；6 类为主要按原料分类的制成品；7 类为机械及运输设备；8 类为杂项制品；9 类为没有分类的其他商品。在进行国际贸易统计时，一般把 0～4 类商品称为初级产品，把 5～8 类商品称为工业制成品。

1988 年，海关合作理事会通过了《商品名称及编码协调制度》（*Harmonized Commodity Description and Coding System*，英文简称 HS，中文简称《协调制度》及其附件），并于 1988 年 1 月 1 日正式生效，每 4 年修订 1 次。它将商品分为 21 类、97 章，章下再分为目和子目。HS 使商品分类更加细致和科学。现使用 HS 的国家地区有 150 多个。中国海关从 1992 年开始使用 HS。

【国际贸易博览 1-2】

HS 的商品分类

第 1 类：活动物；动物产品

第 2 类：植物产品

第 3 类：动、植物油、脂及其分解产品；精制的食用油脂；动、植物蜡

第 4 类：食品；饮料、酒及醋；烟草、烟草及烟草代用品的制品

第 5 类：矿产品

第 6 类：化学工业及其相关工业的产品

第 7 类：塑料及其制品；橡胶及其制品

第 8 类：生皮、皮革、毛皮及其制品；鞍具及挽具；旅行用品、手提包及类似容器；动物肠线

第 9 类：木及木制品；木炭；软木及软木制品；稻草、秸秆、针茅或其他编结材料制品；篮

筐及柳条编结品

第 10 类：木浆及其他纤维素；纸及纸板的废碎品；纸、纸板及其制品

第 11 类：纺织原料及纺织制品

第 12 类：鞋、帽、伞、杖、鞭及其零件；已加工的羽毛及其制品；人造花；人发制品

第 13 类：石料、石膏、水泥、石棉、云母及类似材料的制品；陶瓷产品；玻璃及其制品

第 14 类：天然或养殖珍珠、宝石或半宝石、贵金属、包贵金属及其制品；仿首饰；硬币

第 15 类：贱金属及其制品

第 16 类：机器、机械器具、电气设备及其零件；录音机及放声机、电视图像、声音的录制和重放设备及其零件

第 17 类：车辆、航空器、船舶及有关运输设备

第 18 类：光学、照相、电影、计量、检验、医疗或外科用仪器及设备、精密仪器及设备；钟表；乐器；上述物品的零件、附件

第 19 类：武器、弹药及其零件、附件

第 20 类：杂项制品

第 21 类：艺术品、收藏品及古物

第 22 类：特殊交易品及未分类商品

无形商品贸易(intangible trade，invisible trade)是有形商品贸易的对称，指劳务或其他非实物商品的进出口而发生的收入与支出，主要指服务贸易。无形商品贸易的收支主要包括两类：①和商品进出口有关的一切从属费用的收支，如运输费、保险费、商品加工费、装卸费等；②和商品进出口无关的其他收支，如国际旅游费用、外交人员费用、侨民汇款、使用专利特许权的费用、国外投资汇回的股息和红利、公司或个人在国外服务的收支等。无形商品贸易不具有可视和可触摸的物理特性。无形商品贸易不经过海关办理手续，不包括在海关的贸易统计中，但它也是国际收支的一个重要组成部分。国际服务贸易作为一个独立概念的提出和被普遍接受是在 20 世纪 70 年代。在过去 40 多年的发展中，国际服务贸易快速增长，在各国经济中的比重不断提高，在国际经济关系中的地位也不断上升。

4. 以清偿工具为标准的分类

按清偿工具的标准可将国际贸易分为现汇贸易和易货贸易。现汇贸易(spot exchange trade)是指以能够自由兑换的货币作为清偿工具的贸易。在国际贸易中，能够自由兑换的货币主要是发达国家的货币，如美元、欧元、日元等。易货贸易(barter trade)是指以经过计价的货物作为清偿工具的贸易。其特点是把进出口直接联系起来，双方均有进有出，进出基本平衡。易货的商品可以一种对一种，也可以一种对多种、多种对多种。易货贸易有助于克服某些国家外汇短缺、难以用现汇从国外购买所需商品的障碍。但易货贸易也存在以下局限性：一是用于易货的商品种类有限；二是受支付平衡的限制，贸易规模难以扩大；三是手续复杂，谈判周期长；四是由于货物计价不是通过市场竞争形成的，而是由双方谈判确定的，因此价格不一定合理。

【国际贸易博览 1-3】

泰国政局动荡“云南蔬菜换石油”受阻

今年商务部在 4 月初就早早地下发了 11 万吨进口油配额,但由于泰国红衫军骚乱,对方相关的政府人员变动,加上局势不稳,使得 2010 年的“蔬菜换石油”只出口了蔬菜,却未能换得石油回来。

2008 年,云南省蔬菜流通行业协会、云南欣农科技有限责任公司与泰国泰中文化经济协会泰北分会、泰国邦纳波汽车运输公司签订《中国云南蔬菜换取泰国成品油易货贸易协议》,计划云南向泰国出口蔬菜 1000 万吨,从泰国进口成品油 50 万吨,涉及贸易额 5 亿美元。由于气候差异和市场需求不同,双方的贸易有很强的互补性。“蔬菜换石油”一度引起全国轰动。

不过,“蔬菜换石油”却深受泰国政局动荡之苦。章平介绍,以这次为例,先是红衫军占领了泰国商业区,而区内超市正是云南出口蔬菜的主要市场,打乱了两国正常的官方和民间交流;再次是泰国政府“清理”红衫军时,后者在边境清孔口岸燃烧起汽车轮胎,使得泰方不敢轻易出口石油。5 月上旬,云南方面曾经酝酿进口 67 吨成品油,但最终未能如愿。

据悉,尽管商务部在去年和今年分别给予 11 万吨成品油进口配额,但是云南方面去年只用了 131 吨成品油进口额度,今年至今尚未产生实际进口额度,目前计划使用 2 万吨进口额度。

(资料来源:《第一财经日报》,2010 年 6 月 11 日)

5. 以交易手段为标准的分类

以交易手段为标准可以将国际贸易分为单证贸易和无纸贸易。单证贸易(trade with documents)是指在国际贸易交易过程中以纸面单证为基本手段的贸易,这是一种传统的交易方式。无纸贸易(paperless trade)是指以电子数据交换(Electronic Data Interchange, EDI)为手段的贸易,即贸易伙伴之间按协定通过计算机网络传递规范化和格式化的商贸数据和信息进行的贸易。无纸贸易是计算机、通信和现代管理技术相结合的产物。

1.1.3 国际贸易的统计指标

1. 对外贸易额、国际贸易额与对外贸易量、国际贸易量

对外贸易额(value of foreign trade)、国际贸易额(value of international trade)与对外贸易量(quantum of foreign trade)、国际贸易量(quantum of international trade)是衡量一国对外贸易和国际贸易规模的重要指标。以货币表示的按现行价格计算的一国一定时期的对外贸易总额称为对外贸易额。联合国及世界贸易组织编制和发表的世界各国对外贸易额的资料一般以美元表示。

对外贸易额,也称为对外贸易值,是用货币金额表示的一国一定时期的进出口规模,是衡量一国对外贸易状况的重要指标。它是由一国一定时期从国外进口的商品总额加该国同时期向国外出口的商品总额构成的。一国的出口贸易收入称为出口额,进口贸易支出称为进口额。一国在一定时期内出口额与进口额的差额称为贸易差额(balance of trade)。当一国出口额大于进口额时，称为贸易顺差（surplus of trade）或出超（favorable balance of trade）。当一国进口额大于出口额时，称为贸易逆差（deficit of trade）或入超（unfavorable balance of trade）。

把世界上所有国家的进口总额或出口总额换算为同一种货币后加在一起，即得世界进口总额或世界出口总额。就国际贸易来看，一国的出口就是另一国的进口，如果把各国进出口额相加作为国际贸易总额，就是重复计算。由于各国一般都是按离岸价格（FOB，即启运港船上交货价，只计成本，不包括运费和保险费）计算出口额，按到岸价格（CIF，即成本、保险费加运费）计算进口额，因此世界出口总额略小于世界进口总额。

2. 对外贸易结构与国际贸易结构

对外贸易结构（composition of foreign trade）与国际贸易结构（composition of international trade）有广义与狭义之分。广义的对外贸易结构或国际贸易结构是指一定时期内货物贸易或服务贸易在一国进出口贸易或国际贸易中所占的比重。狭义的对外贸易结构与国际贸易结构是指一定时期内货物贸易或服务贸易本身各种商品的构成情况，可分为对外货物贸易结构、对外服务贸易结构以及国际货物贸易结构、国际服务贸易结构。

对外货物贸易结构是指一国在一定时期各类进出口商品的构成状况。一个国家对外货物贸易结构主要是由该国的经济发展水平、产业结构状况、自然资源状况和贸易政策决定的，它反映了一国经济发展水平和在国际分工中的地位。中国自改革开放以来，对外货物贸易结构发生了根本性改变，工业制成品在出口中的比重从 1981 年的 49.7%上升到 2013 年的 94.1%。

对外服务贸易结构是指一国在一定时期各类服务项目的构成情况。中国对外服务贸易主要集中在海运、旅游等比较传统的领域，而金融、保险、物流、信息、会计、法律等现代服务业的国际竞争力不高，在出口中所占的比重较小。

国际货物贸易结构是反映国际货物贸易发展水平的主要指标。它是指各类货物在国际货物贸易中所处的地位，通常以各类货物贸易额占国际货物贸易总额的比重来表示。国际货物贸易结构的变化受到各国经济结构变化和各类货物价格变动的影响。在考查国际货物贸易结构时，通常将货物分为初级产品和工业制成品。第二次世界大战后，随着科学技术的发展和国际分工的深化，工业制成品所占的比重逐渐上升，初级产品的比重日趋减少。

国际服务贸易结构是指各类服务项目所占比重。例如，2016 年，世界服务出口贸易额为 47 508.9 亿美元。其中，运输 9385.7 亿美元，占 19.8%；旅游 12 020.3 亿美元，占 25.3%；其他商业服务 24 725.5 亿美元，占 52.0%。

3. 对外贸易地理方向与国际贸易地理方向

对外贸易地理方向（direction of foreign trade）又称对外贸易地区分布（geographic distribution of foreign trade）或国别结构，是指一定时期内各个国家或区域集团在一国对外贸易中所占有的地位，通常以它们在该国进出口总额或进口总额、出口总额中的比重来表示。对外贸易地理方向指明一国出口商品的去向和进口商品的来源，从而反映一国与其他国家或区域集团之间经济贸易联系的程度。一国的对外贸易地理方向通常受经济互补性、国际分工与贸易政策的影响。

国际贸易地理方向(direction of foreign trade)又称国际贸易地区分布(geographic distribution of international trade),用以表明世界各洲、各国或各区域集团在国际贸易中所占的地位。计算各国在国际贸易中的比重,既可以计算各国的进口额或出口额在世界进口额或出口总额中的比重,也可以计算各国的进出口总额在国际贸易总额(世界进出口总额)中的比重。它是反映国际贸易地位分布和商品、服务流向的指标。随着国际政治经济形势的变化和各国的经济实力的变动,国际贸易的地理分布也在不断地发生变化。

4. 总贸易与专门贸易

总贸易与专门贸易又称总贸易体系与专门贸易体系,是贸易国进行货物进出口统计的两种不同方法。

总贸易(general trade)是专门贸易(special trade)的对称,是指以国境为标准划分的进出口贸易。凡进入国境的商品一律列入总进口,凡离开国境的商品一律列入总出口。在总出口中又包括本国产品的出口和未经加工的进口商品的出口。总进口额加总出口额就是一国的总贸易额。美国、日本、英国、加拿大、澳大利亚、中国、俄罗斯、东欧国家等采用这种划分标准。

专门贸易是指以关境为标准划分的进出口贸易。只有从外国进入关境的商品以及从保税仓库存提出并进入关境的商品才列入专门进口。当外国商品进入国境后,暂时存放在保税仓库,未进入关境,不列入专门进口。从国内运出关境的本国商品以及进口后经加工又运出关境的商品,则列入专门出口。专门进口额加专门出口额称为专门贸易额。德国、意大利等国采用这种划分标准。

总贸易与专门贸易所反映的问题是不同的。总贸易包含所有进出该国的商品,反映的是一国在国际商品流通中的地位;而专门贸易只包括那些用于该国生产和消费的进口商品和由该国生产和制造的出口商品,反映的是一国作为生产者和消费者在国际贸易中所起的作用。

5. 贸易条件

贸易条件(terms of trade)又称交换比价或贸易比价,是两国进行贸易时的交换比例,用来衡量在一定时期内一国出口相对于进口的盈利能力和贸易利益,反映该国的对外贸易状况,一般以贸易条件指数表示。

常用的贸易条件有 3 种不同的形式:价格贸易条件(又称为净贸易条件)、收入贸易条件和要素贸易条件(可分为单项要素贸易条件和双向要素贸易条件),它们从不同的角度衡量一国的贸易所得。其中价格贸易条件最有意义,其指数也最容易根据现有数据进行计算。

价格贸易条件指数是一国在一定时期(通常为一年)内的出口价格指数与进口价格指数之比,其公式为

$$\text{价格贸易条件指数}=\frac{\text{出口价格指数}}{\text{进口价格指数}}\times 100 \tag{1-1}$$

收入贸易条件指数是在价格贸易条件指数的基础上把出口贸易量考虑进来,其公式为

$$\text{收入贸易条件指数}=\frac{\text{出口价格指数}}{\text{进口价格指数}}\times \text{出口数量指数} \tag{1-2}$$

单项要素贸易条件指数是在价格贸易条件指数的基础上考虑出口商品劳动生产率的变化,其公式为

$$单项要素贸易条件指数=\frac{出口价格指数}{进口价格指数}\times 出口商品劳动生产率指数 \tag{1-3}$$

双项要素贸易条件指数是指不仅考虑出口商品劳动生产率的变化，而且考虑进口商品劳动生产率的变化，其公式为

$$双项要素贸易条件指数=\frac{出口价格指数}{进口价格指数}\times\frac{出口商品劳动生产率指数}{进口商品劳动生产率指数}\times 100 \tag{1-4}$$

例如，某国以 2010 年为基期，当时的进口和出口价格指数与各贸易条件指数均为 100。到 2014 年，出口价格指数下降了 5%，为 95；进口价格指数上升了 10%，为 110；而同期该国的出口数量指数为 130，出口商品劳动生产率指数为 140，进口商品劳动生产率指数为 110，该国 2014 年的各贸易条件指数为

$$价格贸易条件指数=\frac{95}{110}\times 100=86.36$$

$$收入贸易条件指数=\frac{95}{110}\times 130=112.3$$

$$单项要素贸易条件指数=\frac{95}{110}\times 140=120.91$$

$$双项要素贸易条件指数=\frac{95}{110}\times\frac{140}{110}\times 100=109.94$$

这表明在该国价格贸易条件恶化的情况下，由于出口量大幅度上升，收入贸易条件改善。考虑到此期间出口商品劳动生产率提高，该国的单项要素贸易条件改善。尽管此期间进出口商品的劳动生产率均有提高，但出口商品劳动生产率提高的幅度大于进口商品劳动生产率提高的幅度，该国的双项要素贸易条件仍然有所改善。

影响一国贸易条件的因素除了上面提到的出口数量和进出口商品的劳动生产率以外，还有很多其他因素，如一国的财政政策、货币政策、对外贸易政策以及世界经济的周期波动等。

6. 对外贸易依存度

对外贸易依存度(ratio of dependence on foreign trade)简称外贸依存度，也称外贸依存率或外贸系数，反映一国对外贸易与国民经济之间的关系，一般用一国对外贸易额在国民生产总值(GNP)或国内生产总值(GDP)中所占的比重来表示。

对外贸易依存度反映一国对国际经济的依赖程度。同时，对外贸易依存度也表明对外贸易在一国国民经济发展中的地位与作用。对外贸易依存度分为出口依存度和进口依存度。出口依存度是一国在一定时期内出口贸易额占 GNP 或 GDP 的比重，进口依存度是一国在一定时期内进口贸易额占 GNP 或 GDP 的比重。出口依存度可以反映 GDP 对外部市场的依赖程度，也可以反映一国的国际竞争力；而进口依存度则可以反映国内市场的供给对外部市场的依赖程度，也可以反映国内市场上外国产品的相对竞争力。影响一国对外贸易依存度的因素有国内经济规模、经济发展水平、加工贸易的层次和汇率水平等。

【国际贸易博览 1-4】

日媒：10 年翻番，东盟对华贸易依赖度正在加强

东盟对中国的贸易依赖度正在提高。据《日本经济新闻》8 月 28 日报道，在东盟 2017

年贸易总额中，对华贸易占到近 2 成，提高至 10 年前的约 2 倍。与中国进行生产分工的“中国＋1”趋势不断推进，越南等国的出口增加。

东盟统计部门数据显示，2017 年成员国对华贸易额比上年增长 19%，达到 4368 亿美元。对华出口增长 29%，此前持续扩大的逆差时隔 7 年缩小。2017 年整体贸易额增长 14%。

在对华出口方面，越南同比增长 6 成，在东盟内跃居第 2 位，仅次于新加坡，对华出口规模达到最大出口目的地美国的近 9 成。手机零部件出口膨胀至 8.8 倍。

在越南，韩国三星电子建立了智能手机工厂，产量超过 2 亿部，占全球产量的6～7 成。为了向三星供货，涉足半导体和通信零部件等业务的企业纷纷进驻越南。有分析认为，这些企业还向聚集于中国的智能手机工厂进行出口。

在制造业，避免过度向人工费上涨的中国集中、将生产转移至其他国家的“中国＋1”趋势不断推进。越南就是其中的典型代表，据国际贸易投资研究所的研究主管大木博已表示，“越南已被纳入中国的生产网络”。此外，在马来西亚和菲律宾的对华出口中，电子零部件的增长也很明显。

中国和东盟通过自由贸易协定，自 2005 年起分阶段下调关税，截至今年 1 月，取消了以工业产品为中心的一般品类的关税，这也在促进东盟对华贸易的增长。

过去 10 年东盟整体的贸易额增长 3 成，对华贸易额则增至 2.2 倍。分享中国这一巨大市场将支撑东盟的增长，但也存在风险。全球经济增速放缓，风险正在加强。

（资料来源：环球网，2018 年 8 月 29 日）

1.2　国际贸易的产生与发展

国际贸易是随着社会生产力的发展，在国家产生以后逐步发展起来的。早期的国际贸易规模较小，机器大工业的出现使国际贸易发生了显著的变化。运输、工业革命与科技革命的发展都对国际贸易的规模、商品结构和地理分布产生了重大影响。

1.2.1　早期的国际贸易

1. 国际贸易的产生

国际贸易是一个历史的范畴，它是社会生产力发展到一定阶段的产物。古代国际贸易的产生是以商品生产和国家出现为前提的，而这个前提又是随着原始社会的解体和奴隶制的兴起而形成的。在原始社会初期，人类处于自然分工状态，生产力十分低下，人们在共同劳动的基础上获取有限的生活资料，仅能维持自身生存的需要，因此，没有剩余产品，没有私有制，没有阶级和国家。而国际贸易的产生必须具备两个基本条件：一是有剩余的产品可以作为商品进行交换；二是商品交换要在各自为政的社会实体之间进行。因此，从根本上来说，社会生产力的发展和社会分工的扩大是国际贸易产生和发展的基础。

在原始社会野蛮时期的中级阶段，出现了人类历史上的第一次社会大分工，游牧部落从其他部落中分离出来。第一次社会大分工促进了社会生产力的发展，产品开始有了少量剩余。于是在氏族公社之间、部落之间出现了剩余产品的交换。这种交换是极其原始的、偶然的物物交换。

进入原始社会野蛮时代的高级阶段，出现了第二次社会大分工，手工业从农业中分离出来，手工业的出现产生了直接以交换为目的的商品生产。随着商品生产和交换的不断扩展，出现了专门从事贸易的商人，产生了第三次社会大分工。

生产力的发展和交换关系的扩大加速了私有制的产生，原始社会过渡到了奴隶社会，整个社会分裂为奴隶主和奴隶两大对立阶级。作为阶级统治的工具，国家代替了氏族制度。国家出现后，商品交换超出了国家界限，也就产生了对外贸易。

2. 奴隶社会的国际贸易

早在公元前2000多年，地中海沿岸的各个奴隶制国家就开展了彼此间的对外贸易。据史料记载，当时地中海沿岸有个叫腓尼基的小国（现在的黎巴嫩一带），那里缺少肥沃的农田，却有着大片茂密的森林和天然的港口，腓尼基人就用盛产的木材建造了大批船只，借地中海之便发展航海技术，开展对外贸易，以金属和玻璃制品向其他国家换取象牙、矿物和奴隶，并在迦太基（今天的突尼斯所在地）建立了最早的殖民地。

大约在公元前1000年，腓尼基衰落，希腊取而代之成为海上贸易的霸主。希腊的自然条件与腓尼基相似，有利于发展海外贸易。约在公元前3世纪，希腊人的海上贸易范围扩展到地中海沿岸，并且通过西征埃及、东征波斯帝国，将贸易扩大到印度西部，而希腊的许多城市（如雅典）也因此成为贸易的中心。公元前2世纪至公元2世纪，前后约400年，希腊的贸易地位被西罗马帝国所取代。西罗马帝国成为一个以地中海为中心，横跨欧、亚、非三洲的奴隶制大国，其贸易范围也随之扩大，并且与印度、中国等东方国家建立了广泛的联系。

中国在夏商时代已进入奴隶社会，贸易集中在黄河流域，这与水上运输的便利是分不开的。在奴隶社会，自然经济占据统治地位，商品经济很不发达，加上交通工具落后，运输成本高，国际贸易规模有限，主要局限于邻近国家之间。进行贸易的商品主要有两大类：一是奴隶，当时希腊的雅典是贩卖奴隶的中心之一，每年奴隶的交易量达到20万人左右；二是供奴隶主和王室享用的奢侈品，如宝石、食物、各种植物香料等。

3. 封建社会的国际贸易

封建社会仍然是自给自足的自然经济占统治地位，国际贸易的规模不大，但商品的种类增多了，贸易的范围扩大了。封建社会的国际贸易虽然有了较大发展，但是与奴隶社会相比，并没有发生根本性的变化，国际贸易仍然受到自然经济的制约，贸易产品还是集中于奢侈品，对国民经济并没有产生重要的影响。在这一历史时期，参加贸易的国家扩展到整个地中海沿岸国家。公元5—7世纪时，东罗马帝国控制了东西方贸易，君士坦丁堡成为欧洲最大的贸易港口。到了7世纪，阿拉伯帝国（也叫大食）成为领土横跨欧、亚、非三洲的封建国家，阿拉伯人控制了地中海与东西方的国际贸易。9世纪时，很多阿拉伯商人经营国际贸易曾远达中国。阿拉伯帝国首都巴格达成为东西方贸易的枢纽，东方货物由海运聚集到巴格达后，商人组织大队将货物运往地中海沿岸，称为“队商”。队商的活动延续数百年之久。

中世纪时，欧洲大陆分裂为无数大大小小的封建领地。诸侯割据与贫困的农村取代了过去罗马帝国的地位。当时的国际贸易逐渐衰落，仅有一些供封建贵族使用的奢侈品从意大利北部运往欧洲各地。而在意大利，由威尼斯、热那亚等几个城市的商人维持地中海货运，地中海商业较以前有所发展。

10 世纪末期，欧洲封建主组织了 8 次十字军东征，进攻阿拉伯帝国。这 8 次十字军东征名义上是争夺由阿拉伯人占领的圣地耶路撒冷，但实际上是为了获得东方的物品而打通东西方的道路。威尼斯及热那亚等地的商人用金钱和物资支持十字军东征，他们也随军行进，大做生意。8 次十字军东征使当时先进的阿拉伯手工业、农业技术和神秘的东方文化传入西方，有力地促进了西欧商品生产和国际贸易的发展。

十字军东征失败后，阿拉伯商人和波斯商人仍充当东西方贸易的中介。货物到达地中海后，由威尼斯商人接运，分别输送到欧洲各地市场。13 世纪以后，欧洲大陆，特别是西欧与北欧的商业逐渐兴起，以德意志北部各城市为主，将近 100 个北欧城市（包括尼德兰北部的许多城市）形成了一个庞大的商人联合组织——汉萨同盟。为了应付封建领主的分裂割据和道路险阻，汉萨同盟也建立了武装力量，维护商队安全。西欧莱茵河以南各城市也先后建立过莱茵各城市同盟和士瓦本城市同盟，目的在于反对封建主的掠夺，减轻关税负担和保障商业利益。15 世纪前后，这些商业同盟逐渐解体，被北大西洋沿岸国家（如英国、法国、尼德兰）的商业势力所代替。

中国在秦汉时期，对外贸易有了一定的发展。公元前 2 世纪，西汉就开辟了从新疆经中亚通往中东和欧洲的陆路——丝绸之路。通过丝绸之路，中国的丝绸、茶叶开始输往欧洲西南部和地中海沿岸，而欧洲的宝石、珊瑚和玻璃制品则输往中国。

当时的东西方之间不仅有横贯中亚、西亚的陆上商路，还有一条“海上丝绸之路”。早在汉武帝时期，就开辟了中印海上航线。这条航线从雷州半岛出发，绕印度支那半岛、马来半岛，过马六甲海峡，进入孟加拉湾，到达印度。这使中国同马来西亚、印度尼西亚、印度建立了直接的海上贸易关系，同时，通过印度又沟通了中国同西亚、北非和罗马的海上贸易。

明代郑和七次率领船队下西洋，向非洲许多国家传播了中国的火药、指南针和手工业等技术，同时也把这些国家的土产、优良种子等输入中国，促进了中国人民与世界各国人民的友好往来和文化技术交流。

在封建社会，由于自然经济的统治地位和交通条件限制，国际贸易在当时的社会经济中不占主要地位。贸易的品种、数量和地区范围都有很大的局限性，但与奴隶社会相比已获得了较大的发展。

1.2.2　地理大发现对国际贸易的影响

15 世纪，由于欧洲各国商品经济的发展和资本主义萌芽的出现，人们对货币的需求比以前增加了，欧洲人开始狂热地追求黄金和白银。但西欧与近东的贸易却经常出现巨额的逆差，致使西欧有限的金银不断外流，造成通货严重不足。自从《马可·波罗行记》在欧洲流传以来，欧洲就一直把东方特别是中国看成是遍地黄金的人间天堂，这就成为欧洲人进行海外探险的一大驱动力。

商业危机是促使欧洲人开辟新航路的又一原因。1453 年，土耳其人征服近东，占领了欧洲通往东方的重要商业据点——君士坦丁堡，使地中海东部的贸易受到阻碍。同时，由埃及、红海通往印度的道路又完全被阿拉伯人所独占。这样，西欧商人就不得不寻找一条避开土耳其人和阿拉伯人，通往东方的新航道。

此外，西欧生产力的发展，天文、地理知识的进步，航海、造船技术的成就，都为远洋航行开辟新航路准备了必要的条件。

西欧的海外探险活动在15世纪初就已开始，但地理大发现过程中的重大事件则发生在15世纪末至16世纪初：在欧洲，1486—1487年，葡萄牙航海家迪亚士由欧洲大陆乘船南下，发现了好望角；1492—1493年，意大利人克里斯托弗·哥伦布由西班牙出发，经大西洋发现了美洲；1497—1498年，西班牙贵族瓦斯科·达·伽马绕过非洲，发现了通往印度的新航道；1519—1522年，葡萄牙人费迪南多·麦哲伦率领的船队穿过大西洋，沿南美洲东岸绕过美洲大陆最南端转入太平洋，到达菲律宾群岛，然后经印度洋绕过好望角返航，第一次完成了环球航行。

地理大发现的直接结果是扩大了欧洲国家对外贸易的地理范围。在此之前，欧洲国家国际贸易的地理范围主要集中在地中海、北海、波罗的海沿岸，与亚洲的贸易主要是通过阿拉伯商人间接进行的。地理大发现后，欧洲对外贸易的范围直接扩大到大西洋彼岸的美洲和亚洲的印度、中国和南洋群岛。欧洲商人大量涌向这些地区，以暴力和欺骗的手段进行海盗式掠夺性贸易，并占领了很多国家和地区，使之沦为殖民地，卷入经常性的国际贸易。

地理大发现引发了欧洲的商业革命。商业革命表现为商业性质、经商技术以及商业组织方面的巨大变化。此时，进入国际贸易的商品种类和商品总量急剧增加。除了从殖民地流入的贵金属外，还出现许多新商品，如美洲的烟叶、玉米等。西印度的咖啡和蔗糖、印度的手织棉布也大量输入欧洲。在这个时期，奴隶贩卖在国际贸易中也占有重要地位。由于印第安人在殖民主义者的虐杀和奴役下大批死亡，造成了殖民地种植园和矿山劳动力严重不足。于是欧洲殖民主义者开始从非洲猎捕黑人并贩运到美洲充当奴隶，获取巨额利润。

海外贸易公司是这一时期的重要组织形式。海外贸易公司是英国、荷兰等国为争夺殖民地贸易的独占权而成立并由政府授予特权的垄断性公司。英国在1554年成立了莫斯科公司，专门从事与俄罗斯、波兰、斯堪的纳维亚半岛和波罗的海沿岸各国的贸易。1588年，英国成立了专门从事对非贸易的非洲公司。1600年成立的东印度公司则是一个拥有在东印度地区经营一切商品贸易垄断权的贸易公司。荷兰在1602年和1621年成立了荷兰东印度公司和荷兰西印度公司，这两家公司分别垄断了从好望角到麦哲伦海峡的全部海外贸易以及美洲东海岸的贸易。

地理大发现后，世界商路不再经地中海而取道大西洋，意大利各城市由于远离世界商路而失去了贸易中心的地位。16世纪，贸易中心转移到葡萄牙、西班牙和尼德兰南部各港口，特别是里斯本、赛维尔和安特卫普。在17世纪时，荷兰的阿姆斯特丹成为国际贸易的中心，伦敦的商业地位也日益增长。

1.2.3 工业革命后的国际贸易

16—18世纪，随着殖民扩张和各大洲之间贸易的发展，西欧各国经济发生了很大的变化。一方面，欧洲通过海外扩张，获得了大量的金银财富，聚集了大量的商业资本和工业资本，从而基本上完成了资本的原始积累，为资本主义生产方式的产生奠定了基础；另一方面，海外城市特别是美洲市场的开发，有力地刺激了欧洲工业的发展。欧美之间的贸易极大地促进了欧美国家以分工交换为基础的市场经济的形成和经济实力的增强。从 18 世纪 60 年代开始，欧美国家逐渐形成了资本主义的生产关系，并先后发生了工业革命。

1. 英国的工业革命与国际贸易

工业革命首先发生于英国。1733 年，机械师凯伊发明飞梭，大大提高了织布速度，棉纱迅速供不应求。为了增加棉纱产量，1765 年，织布工人哈格里斯发明了珍妮纺纱机，大幅度增加了棉纱产量。从此机器生产扩展到采煤、冶金、交通运输等各行各业。特别是瓦特制成的改良蒸汽机于 1785 年投入使用后，迅速推广，大大推动了机器的普及和发展。1840 年前后，英国的大机器生产基本上取代了工场手工业，机器制造业也建立起来的，工业革命基本完成。英国成为世界上第一个工业国家。随着工业革命的完成，英国的资本主义经济迅速发展。工业革命还扩展到英国以外的西欧和北美的一些国家。到 19 世纪 70 年代，欧美等先进国家相继完成了工业革命，建立了机器大工业，资本主义生产方式取得了统治地位。

机器大工业建立以后，社会生产力迅速发展，社会产品大大增加。19 世纪上半叶，英国棉织物的产量比机器大工业建立以前增加了 9 倍，煤的开采量增加了 4 倍，铁的冶炼量增加了近 13 倍。与此同时，机器大工业的建立推动了交通运输工具和通信联络工具的巨大发展和广泛应用，缩短了国际间的距离，极大地推动了国际贸易的发展。在海上运输中，轮船排挤了帆船；在陆路运输中，铁路逐渐代替了驿道，交通运输的速度大大加快了。在 18 世纪初，从英国旅行到印度要花 18～20 个月；而到了 19 世纪中叶，只要 2～3 个月。

这一时期，随着资本主义的发展，国际贸易发生了显著的变化，具有以下几个特点：

(1) 国际贸易额空前增加。1800—1880 年，国际贸易额增长了近 10 倍。而在这期间，由于资本主义竞争的加强，价格呈下降趋势，国际贸易量实际增长了约 13 倍。

(2) 国际贸易的商品结构发生了很大变化。商品种类越来越多，出现了机器和运输工具的贸易；纺织品的贸易迅速增加，粮食也成为大宗的贸易商品。

(3) 贸易方式有了进步。国际定期集市方式的贸易逐渐减少，现场看货交易逐渐发展为凭样品买卖。同时，商品交易所日趋专业化。1848 年，美国芝加哥出现了第一个谷物交易所；1862 年，伦敦成立了有色金属交易所。

(4) 经营国际贸易的组织机构日益专业化。这一时期出现了很多为国际贸易服务的专业化公司，如运输公司、保险公司等。

(5) 国家之间的贸易条约、贸易协定广泛发展。为了保持在世界市场的份额，稳定贸易渠道，协调国家之间的贸易关系，国家之间开始签订贸易条约和协定。其主要内容是规定缔约国双方在贸易、航海、商品进出口、转口和关税等方面的权利和义务。

(6) 美国成为世界贸易中心。首先完成了工业革命的英国凭借其先进技术成为当时世界最大的工业、贸易、金融、航运大国，在国际贸易中处于垄断地位。英国在世界工业总值和世界出口贸易中所占比重在 1870 年以前一直遥遥领先。英国以它的工业和贸易上的优势为基础，极力鼓吹和推行自由贸易政策，以便进入其他国家市场。而其他国家，如德国和美国，为了保护其幼稚的工业，而采取了贸易保护政策。到 19 世纪中叶，其他资本主义国家先后发展起来，在世界市场上与英国展开了竞争。

2. 第二次工业革命与国际贸易

19 世纪最后 30 年间，发生了以电和内燃机为代表的第二次工业革命。在这次工业革命中，一些新兴工业，如汽车、飞机、轮船等制造业相继出现。这一方面推动了工业的迅速发展，另一方面使世界的交通运输业发生了革命性的变化。自 1825 年，世界上建设起第一条铁路之后，85 年的时间内已有百万千米以上的铁路环绕世界。在铁路建设以前，沿河和沿海城镇以外的广大内陆的产品，除了贵金属、宝石及体积小、价格贵的产品外，极少能运到国外；在铁路建设以后，这种情况逐渐得到改变。1875—1885 年，汽船使世界海洋运输的费用下降了一半以上。海洋航线的开辟以及美洲、亚洲和非洲铁路的建设，在历史上第一次真正把世界各国的国内市场汇合成为世界市场。

19 世纪末至 20 世纪初，各主要资本主义国家从自由竞争过渡到垄断资本主义阶段。在这一时期，各主要资本主义国家的垄断组织已形成并逐步占据支配地位，他们对外扩张的重心已由商品输出转向资本输出。这个时期的国际贸易具有以下特点：

(1) 国际贸易额继续增加，但同自由资本主义时期相比，增长速度有所下降。1840—1870 年国际贸易量增长了 3.4 倍。1870—1900 年国际贸易量只增长了 1.7 倍，在这一时期，由于商品价格下跌，国际贸易额增长幅度小于国际贸易量的增长幅度。1900 年以后，商品价格转为上升，国际贸易量在 1900—1913 年期间增长了 62%，而国际贸易额增长得更快。

(2) 初级产品和工业制成品在国际贸易中所占比重持续稳定。尽管伴随第二次工业革命的发展，出现了一系列新兴产业，如电器、汽车、石油等，重工业产品在国际贸易中的比重有所增加，但初级产品与工业制成品的比重基本保持不变。

(3) 国际贸易地理分布发生变化。英国在国际贸易中的比重不断下降，其他西欧国家、北美、非洲、拉丁美洲在国际贸易中的比重有所上升。

1.2.4 第二次世界大战后国际贸易迅速发展

从 1914 年第一次世界大战爆发到 1945 年第二次世界大战结束的这段时间，是世界经济和国际贸易波动和萧条的时期。两次世界大战和几次世界性的经济危机大大削弱了欧洲各国的经济与军事实力，也影响到国际贸易。第一次世界大战后，国际贸易缩减了 40%，直到 1924 年才略微超过战前水平。紧接着，1929—1933 年的世界经济危机使整个世界市场的容量缩小到极点，加上各国政府纷纷实行贸易保护政策，致使国际贸易一直处于萎缩状态，这种状态直到第二次世界大战结束后才得以改变。

第二次世界大战以后，在世界范围内发生了第三次工业革命。这次工业革命以原子能、电子计算机、空间技术的发明与利用为主要标志。这次革命使生产工具和生产手段发生了重大变革，特别是随着电子计算机的生产和广泛使用，出现了机器控制机器的生产自动化装置，自动化机器大生产体系得到发展，在很大程度上代替了人的体力劳动，部分地替代了人的脑力劳动，从而形成了崭新的生产格局。现代科学技术创造了自然界不能提供的新型材料，使劳动对象发生了重要质变。同时，这次工业革命也推动了运输、通信的发展。这次工业革命的发展使世界经济发生了巨大变化，国际贸易的发展进入了新的阶段。国际贸易无论在贸易规模上还是在增长速度上都大大超过了第二次世界大战以前的水平。

1.3　当今国际贸易发展的主要特点和趋势

1. 国际贸易发展速度有起有伏，但总体上发展迅速

自 18 世纪末至 19 世纪初的工业革命以来，世界经历了几次重大的经济发展浪潮。每一次经济发展都伴随着国际贸易同样的重大扩张，并且扩张速度越来越快。在19 世纪下半叶，欧洲和北美远超世界其他地区率先实现工业化，国际贸易迅速发展。第二次世界大战后，各国经济复苏，贸易逐步开放，日本和其他新兴工业化经济体迅速赶超西方国家。20 世纪 80 年代后，世界经济迎来了最大的发展浪潮，包括中国和印度在内的一些国家开始对外开放并开始了迄今为止最迅速的工业追赶进程。

随着全球经济发展不断深化和加速，国际经济体系也不断作出适应性调整。在 19 世纪中叶，以欧洲为中心的双边贸易协定是国际经济关系的主导，通行以英国为主导的国际黄金标准。1945 年以后，经济关系首次由包括关税和贸易总协定（GATT，简称关贸总协定）以及布雷顿森林体系在内的多边规则体系所主导。这些协定和规则体系在大幅扩张的同时也构成了全球经济发展的基础，极大地促进了国际贸易的发展。

20 世纪 90 年代后，随着国际经济与贸易环境的发展与变动，国际贸易呈现出新的特征与趋势。1995 年 1 月 1 日，世界贸易组织（WTO，简称世贸组织）成立，取代了原来的关贸总协定，WTO 成为当代协调与组织国际贸易最重要的国际经济组织之一。近年来，国际分工不断细化与深入，区域经济与贸易合作蓬勃发展，贸易保护领域及形式层出不穷，加之 2008 年金融危机造成的全球经济动荡，全球贸易形势更加复杂多变。

国际贸易已成为一国乃至全球经济增长最重要的驱动引擎之一。1990 年以来，以货物贸易与服务贸易为主的国际贸易发展迅速，对世界经济的健康增长起到了重要的推动作用。从图 1-1 来看，1990—2002 年全球贸易总额增长较为平缓，仅从 1990 年的 6.7 万亿美元增长到 2002 年的 8.1 万亿美元，增长率为 20.9%，1900—2002 年的年均贸易量为 7.2 万亿美元；此期间贸易对经济增长的贡献也相对较低，贸易总额占 GDP 的比重平均为 22.5%。随着中国加入 WTO 以及新兴经济体的发展，2003—2008 年，全球贸易总额增长

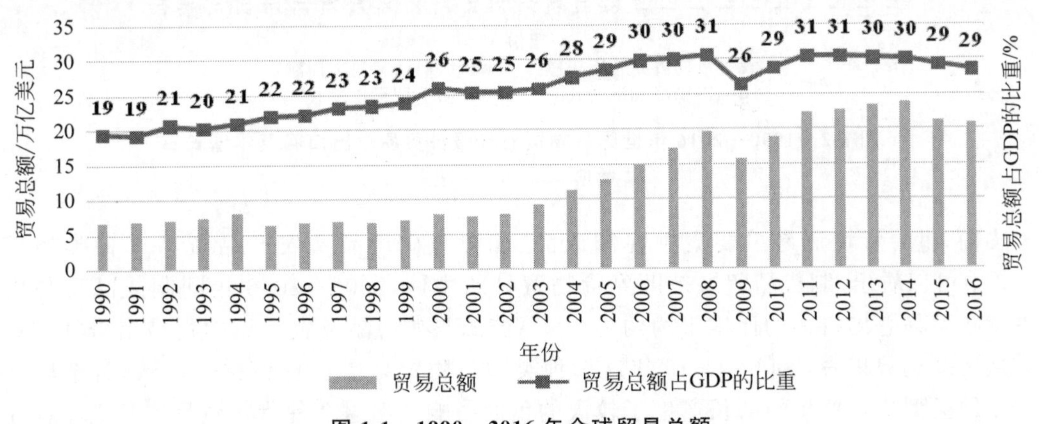

图 1-1　1990—2016 年全球贸易总额

数据来源：WTO 贸易统计报表(2018)

迅速，从2003年的9.3万亿美元增长到2008年的19.7万亿美元，增长率达到111.8%，对经济增长的贡献进一步提高，贸易总额占GDP的比重持续维持在25%以上的水平，平均为28.8%。2008年，美国次贷危机爆发，进而引起全球金融危机，伴随而来的是2009年之后国际贸易的持续低迷。虽然全球贸易额在2010年之后逐步回升，但从贸易总额增长率来看，全球贸易仍待复苏。

2. 贸易结构高级化，服务贸易的发展方兴未艾

货物贸易与服务贸易是世界贸易的主要组成部分，而货物贸易占据主导地位。1990—2016年，货物贸易占总贸易的比重持续超过76%，历年平均为81%，其中2008年最高，达83%。金融危机后，这一比例稍有下降。根据图1-2，从两种贸易类型的贸易总额来看，1990—2016年世界货物贸易的总出口额远超过服务贸易总出口额，前者历年平均约为后者的4.2倍；货物贸易历年平均增长率为6.9%。货物贸易的增长与世界贸易具有相同趋势，这也体现了货物贸易对世界贸易的较大影响力。金融危机后，世界经济增长疲软，各国进口需求下降，导致世界贸易增长乏力，尤其是货物贸易出口下降，增长放缓，占世界总贸易额的比重从2011年的82%下降到2016年的77%。服务贸易总出口额从1990年的0.8万亿美元增长到2016年的4.8万亿美元，增长了5倍，且历年平均增长率为7.7%，高于货物贸易总出口额的增长速度。尤其是金融危机以来，服务贸易更是以明显超过货物贸易的增长速度快速发展。

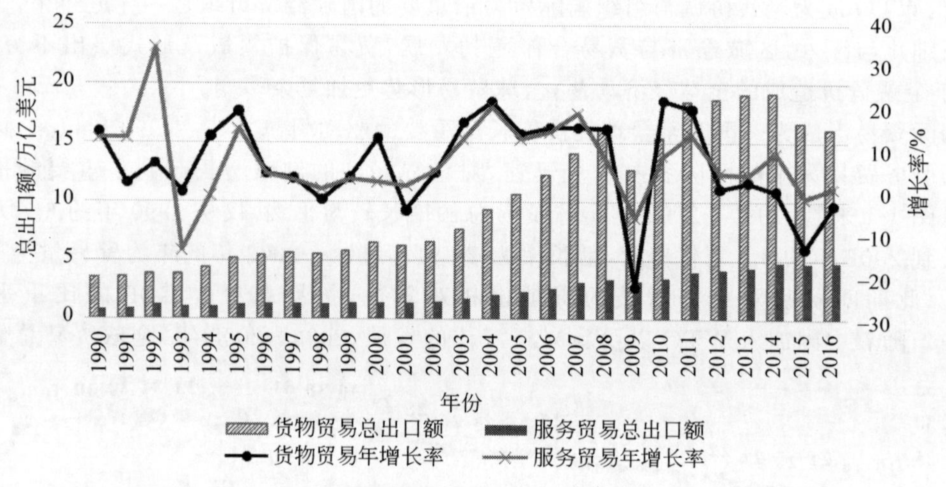

图1-2 1990—2016年世界货物贸易与服务贸易总出口额及年增长率

数据来源：世界银行

当前，世界货物贸易主要集中在制成品、能源与矿产品及农产品贸易3种类型。从图1-3中可以看出，制成品贸易是世界货物贸易的主体，2006—2016年间制成品贸易出口额占货物贸易总出口额的比重平均约为70%；能源与矿产品及农产品的贸易出口额相对较少。从变动趋势来看，2006—2016年这3种类型货物贸易增长趋势相对一致，且金融危机对这3种类型货物贸易的增长产生了较大的负面影响。但这3种货物贸易增长大小存在差异：制成品贸易出口额从2006年的84 310亿美元增长到2016年的115 570亿美元，增长了 3.2%；能源与矿产品贸易出口额从 2006 年的 23 420 亿美元下降到 2016 年的 21 170 亿美元，下降了 1%；农产品贸易出口额从 2006 年的 9640 亿美元增长到 2016 年的 16 100 亿美元，增长了 5.3%。

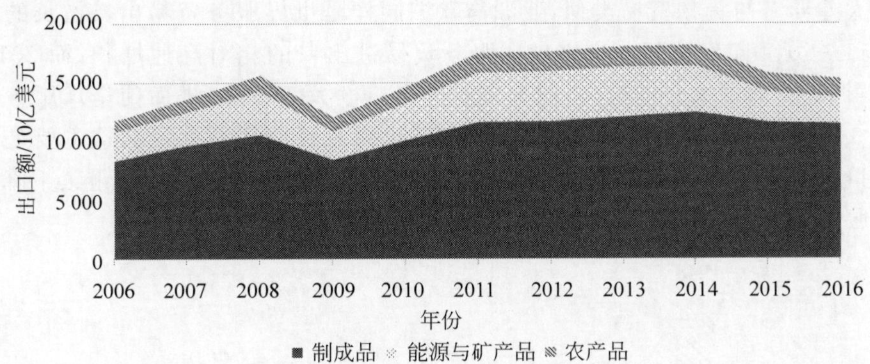

图 1-3　2006—2016 年世界 3 种主要货物贸易出口额

数据来源：WTO 秘书处

世界服务贸易主要以运输业、旅游业、其他服务业及货物相关服务业为主。其中，其他服务业是服务贸易的主体，主要包括建筑、保险、金融及通信等主要商业服务。从图 1-4 中可以看出，2006—2016 年其他服务业出口额占服务贸易总出口额的平均比重约为 49.6%，运输业和旅游业分别占 23.0%和 24.4%。从变动趋势来看，这 4 种类型的服务贸易中，其他服务业出口额增长速度最快，从 2006 年的 13 600 亿美元增长到 2016 年的 24 730 亿美元，增长了 81.9%；旅游业和货物相关服务业分别增长了 65.6%和 61.4%；运输业增长最慢，仅为 32.1%。

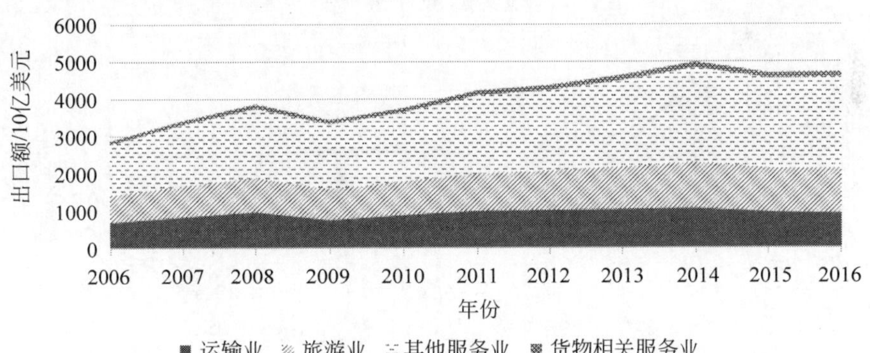

图 1-4　2006—2016 年世界 4 种主要服务贸易出口额

数据来源：WTO 秘书处

3. 世界贸易的发展仍然存在地区不平衡

世界各地区贸易发展不平衡状况较为明显，尤其是发达国家与发展中国家之间差距较大。美国与欧洲国家是传统的贸易发展大国，近年来，中国、印度等发展中国家的对外贸易增长迅速。世界各地区贸易发展的不平衡对世界进出口增长的贡献存在较大差异。从

图 1-5中可以看出，亚洲与欧洲地区是世界货物贸易出口增长的主要贡献地区，2011 年以来亚洲地区对世界货物贸易出口增长的贡献呈下降趋势，而欧洲地区的贡献逐渐上升，2014 年之后北美洲的贡献逐渐萎缩。从图 1-6 中可以看出，各地区对世界服务贸易增长的贡献亦存在较大差异。与货物贸易类似，亚洲与欧洲同样是世界服务贸易出口增长的主要贡献地区。2011—2014 年经济复苏带来世界服务贸易进出口的相对高速增长；而 2015 年受美元贬值的影响，欧洲国家受损最大，服务贸易进出口额大幅下降，进而使全球服务贸易出口增长下降 5%；2016 年，世界服务贸易略有回升，出口总额仅增长 0.7%，这主要是由于与货物贸易出口密切相关的运输服务出口在 2015 年下降 9.5%后，在 2016 年继续下降 4.7%，其他类型的服务贸易出口在 2016 年温和上涨。

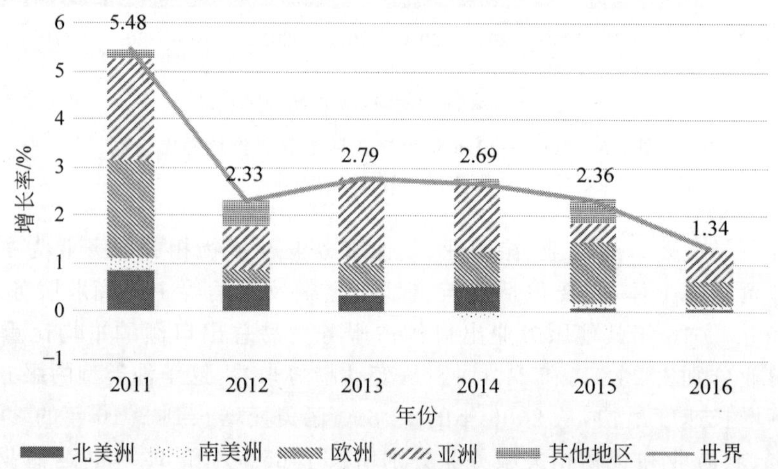

图 1-5　2011—2016 各地区对世界货物出口贸易增长的贡献

数据来源：WTO 秘书处

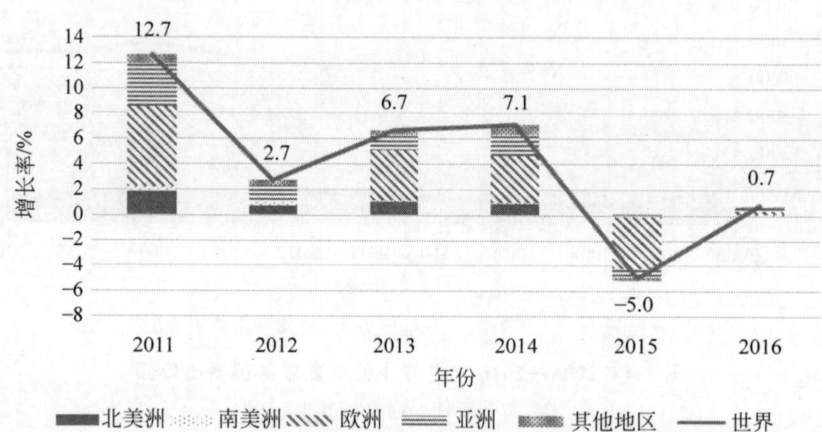

图 1-6　2011—2016 各地区对世界服务出口贸易增长的贡献

数据来源：WTO 秘书处及笔者计算整理所得

4. 国际贸易政治化倾向越来越突出，区域经济合作势头高涨

“二战”以后，随着国际贸易的发展，对外贸易已逐渐成为各国对外政治活动的重要内容,对外贸易政策也随之成为各国对外政策的重要组成部分。通过对外贸易维护本国的政治制度,利用本国对外经济贸易方面的优势推行霸权主义,是美国等发达资本主义国家的一贯做法,他们动辄以所谓的人权、自由、民主为借口,对不同政治制度的国家进行经济贸易封锁和禁运。同时他们还利用对外贸易大力推行和平演变战略,甚至利用国际贸易公开干预他国内政。

在此背景下,区域经济合作组织不断建立。世界区域性贸易集团的建立和发展不但促进了集团内部各成员之间在经济和政治政策上趋于一致,而且也促进了整个集团在国际贸易中实施统一的经济政策和政治政策。例如,欧洲联盟实行统一的经济、货币、财政政策,实现商品、人员、资本的自由流动和共同的外交和安全政策。区域性合作组织的建立极大地提高了合作区域的国际贸易竞争力。以区域贸易安排为主的区域经济合作发展势头良好,并呈现出以下趋势:一是区域贸易安排迅猛发展;二是贸易大国争相追求区域贸易安排的主导权,如美国主导的跨太平洋伙伴关系协定(Trans-Pacific Partnership Agreement);三是成员间的国际贸易比重进一步上升,如欧盟成员国之间广泛的经济贸易合作;四是国家间的竞争正在向区域经济集团间的竞争转变。

【国际贸易博览 1-5】

共商共建共享,让"一带一路"更好造福各国人民

2018 年 10 月,纪念"一带一路"倡议在哈萨克斯坦提出 5 周年商务论坛在阿斯塔纳举行。国家主席习近平通过视频表示祝贺。习近平指出,"一带一路"倡议提出后,得到国际社会广泛关注,各有关国家积极响应。参与共建"一带一路"的众多国家政策协调不断加强,重大经贸项目加快实施,基础设施联通网络正在形成,产业和金融合作稳步推进,各国民间往来更加密切,为各国人民带来了实实在在的福祉。

中国的发展离不开世界,世界的发展也需要中国。致力于加强政策沟通、道路联通、贸易畅通、货币流通、民心相通的"一带一路"倡议,也的确能够为全球经济走出危机阴霾、实现强劲复苏和可持续发展提供新动能。5 年来,中国与沿线国家货物贸易进出口额超过 5.5 万亿美元,中国在沿线国家建设境外经贸合作区 82 个,累计投资 289 亿美元,为当地创造了 24.4 万个就业岗位,各国建设"一带一路"的热情得到充分释放。

共商、共建、共享,织密"命运共同体"。5 年来,"一带一路"的建设规划和项目落地不断推进,在时光这把度量尺上镌刻下了联动式发展的坚实步伐。这也足以表明:中国作为世界第二大经济体,是构建开放型世界经济的领头雁,中国的发展会为世界经济复苏创造更多机遇。数据显示,中国经济对世界经济增长的贡献率超过 30%,体现了推动世界发展的强大责任感,中国已经成为全球经济复苏和可持续发展不可或缺的发动机。

(资料来源:中国经济网,2018 年 10 月 3 日)

5. 贸易自由化和贸易保护主义多样化,贸易壁垒层出不穷

世界贸易自由化的趋势已不可逆转,但出于各种各样的利益需求和目的,无论是发达国家还是发展中国家,都会在特定的条件下不同程度地支持和采用贸易保护主义政策,使得贸易自由化和贸易保护主义更加多样化,各种贸易壁垒层出不穷。20 世纪 80 年代以后,资本主义经济发展缓慢,甚至开始衰退,随着贸易保护主义不断加强,其方式也越来越多,形成新的贸易保护主义，其主要表现是以下 3 点：

(1) 限制进口的主要措施由关税转向非关税。在国际贸易行为不断规范化、关税水平不断降低的大趋势下，通过关税对进口国实施保护的作用越来越小。于是，为了阻止其他国家的商品进口，许多国家都更多地采用非关税壁垒措施。例如，欧洲经济共同体的进口商品有一半以上受到各种非关税壁垒的影响。2008 年爆发的国际金融危机使全球地缘经济政治形势愈发复杂，新贸易保护主义抬头。例如，2009 年 2 月，美国出台了购买“美国货”的法案，法国出台了禁止汽车工业到国外投资的法案。金融危机也造成了更多的贸易壁垒，贸易摩擦越来越多。

(2) 非关税壁垒层出不穷。历史上，非关税壁垒的种类本来就非常多，近年来，随着科学技术的发展和人们消费水平的提高，一些新的非关税壁垒不断出现，如严格的技术标准、卫生标准、环保标准、绿色壁垒和社会壁垒等。目前国际上采用的非关税壁垒超过 5000 种。2008 年爆发国际金融危机以来，各国纷纷采取了限制贸易的措施。根据世界银行对贸易和贸易相关措施的监测清单，自金融危机开始以来，各国提出或实行了约 78 项贸易措施，其中 66 项为贸易限制措施，47 项贸易限制措施最终生效。有专家认为，世界经济增长萎缩，各国经济前景黯淡，加上主要发达国家纷纷出台带有贸易壁垒性质的措施，招致主要贸易伙伴国的报复性措施，是贸易限制措施越来越多的主要原因。

(3) 反倾销、反补贴调查越来越多。为了限制进口，许多国家，特别是发达国家，不断加强征收反补贴税和反倾销税措施。据统计，1980—1985 年，发达国家的反倾销案多达 283 起，涉及 44 个国家，20 世纪 90 年代至 21 世纪初又有所增加。中国出口商品受到反倾销案投诉也不断增多，自 1979 年欧共体率先对中国粮食、机械和闹钟出口进行倾销指控并获得成功以来，对华反倾销案愈演愈烈。进入 21 世纪，虽然中国已加入 WTO，但国外对中国出口商品的反倾销、反补贴投诉和调查有增无减。自 1994 年起，中国连续 13 年成为遭受世界反倾销投诉最多的国家，而且涉及的商品越来越多，涉及中国出口商品 70%以上，反倾销税也越来越高。例如，2008 年美国 18 件反倾销和反补贴调查中，就有 15 件是针对中国产品的。

【国际贸易博览 1-6】

宋利芳：对华反倾销，印美最多，中国该如何突围？

反倾销是当今国际贸易中贸易摩擦的主要形式。在众多贸易摩擦形式当中，反倾销对中国影响最大。中国遭受反倾销的历程基本与改革开放同步，1978 年 12 月三中全会宣布实行改革开放，1979 年中国出口到欧盟的机械闹钟就遭受了欧共体的反倾销。

1995 年 WTO 成立至今，中国成为反倾销的主要目标国，确切来讲是第一目标国和对象国。中国面临的反倾销案件总数约占全球 1/4，反倾销调查占 23%，反倾销措施约占 25%。

对中国反倾销最多的 5 个国家和地区分别是印度、美国、欧盟、阿根廷、巴西/土耳其(巴西反倾销调查案件数量排名第五，土耳其反倾销措施案件数量排名第五)。

其中，除了美国、欧盟是发达经济体，其他都是发展中国家。WTO 成立之前，对中国反倾销的主要是以美国、欧共体、澳大利亚、加拿大这 4 个发达国家和地区为主；但 WTO 成立以后，越来越多的发展中国家加入到对中国进行反倾销的行列当中。

反倾销对中国对外贸易的影响不像别的贸易摩擦仅仅是针对某一个或某几家企业，或者说某些行业的某些厂商，它最后影响的往往是整个产业、整个行业，因此可以说是致命性的。首先，一旦实施反倾销措施，实施期限就是 5 年，到期之前反倾销国进行复审，如果复审认为继续有必要实施反倾销措施，又是第二个 5 年。如果一个国家失去了 5 年、10 年的出口机会，意味着这个产业可能会遭受灭顶之灾。其次，反倾销措施会株连整个行业内的其他同类厂商，因此，对整个行业造成的损失可以达到几十亿、上百亿。

为应对未来对中国的反倾销，中国要调整传统的出口贸易模式，重视并积极应对以印度为代表的发展中国家对中国的反倾销，努力降低全球对中国的反倾销成功率，减轻反倾销导致的损失，适度强化中国的对外反倾销。

（资料来源：人大重阳经济论坛，2018 年 6 月 19 日）

6. 中国在世界贸易中的地位和作用不断加强

近年来，在世界贸易的增长中，中国的增长引起了世界的广泛关注。自改革开放以来，中国对外贸易经历了波澜壮阔的发展历程，逐渐从一个贸易小国发展成为在国际市场中地位突出的贸易大国。特别是 2001 年中国加入 WTO 以来，传统的进口替代战略转向出口导向战略，中国的对外贸易呈现出新的发展特征与趋势。中国进一步融入国际分工，贸易结构不断改善，贸易伙伴覆盖全球 231 个国家与地区，对外贸易活力持续增强，极大地拉动了中国经济的增长。2017 年，中国超越美国成为世界货物贸易第一大国。

具体来看，1990 年以来中国的对外贸易发展大致可以分为 3 个阶段：

（1）1990—2011 年为对外贸易平缓增长阶段。该时期中国在国际市场竞争中面临相对较高的关税壁垒，此形势下中国主要采取进口替代战略。从 1990—2016 年中国贸易进出口总额（图 1-7）来看，1990—2011 年，中国贸易进出口总额仅由 1990 年的 1252.4 亿美元增长到 2001 年的 5815.5 亿美元，增长了 3.6 倍左右，对 GDP 增长的贡献率（即占比）历年平均为 18%。从对外贸易增长率来看，该时期进出口增长率波动较大，历年进口和出口平均增长率分别为 14.1% 和 15.2%，出口增长率与 GDP 增长率的比值平均为 1.4，低于世界平均水平。

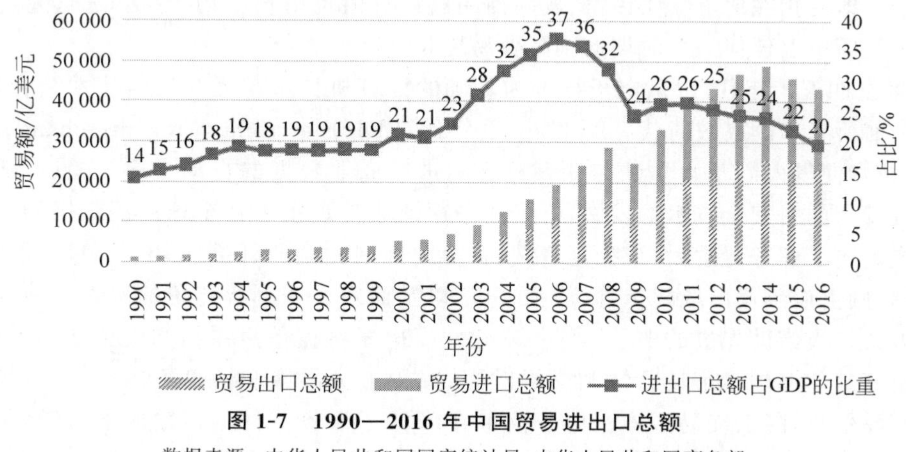

图 1-7　1990—2016 年中国贸易进出口总额

数据来源：中华人民共和国国家统计局、中华人民共和国商务部

(2) 2002—2008年是中国对外贸易飞速发展阶段。中国加入WTO以后，一方面作为成员国开始享受WTO成员国优惠关税政策，另一方面积极把握经济全球化的发展趋势，采取出口导向战略，全面拓展国际市场，对外贸易一直保持良好的发展势头。2002—2008年，中国出口总额从2002年的3650.0亿美元增长到2008年的15 749.5亿美元，增长了3.3倍左右；进口总额从2002年的3412.7亿美元增长到2008年的10 851.2亿美元，增长了2.2倍左右；对外贸易对经济增长的贡献率也一度达到30%以上，高于世界平均水平。进口和出口贸易平均增长率也分别达到了24.5%和26.9%的较高水平。

(3) 2008—2016年为中国对外贸易发展调整复苏阶段。金融危机对中国贸易的发展同样产生了较大的负面影响。2009年，中国对外进出口贸易额自1990年以来首次出现下滑。金融危机后，各国经济复苏迟缓，国际需求下降。2010年之后，进出口贸易额有所回升，但增长速度持续下降，2009—2016年进口和出口平均增长率分别只有6.9%和5.8%。尤其是在2014年之后大宗商品价格下降，美元贬值，中国以及世界的对外贸易在经历短暂复苏之后再次出现下滑。在当前复杂多变的国际形势下，中国及时调整经济发展政策，在采取扩大内需政策的同时调整对外贸易发展动力，积极寻求对外贸易从高速增长向高质量增长转型。

近年来，随着经济全球化的发展，中国与世界的联系日益紧密。中国全面实行对外开放政策，不断探索与世界其他国家的合作与发展，如亚太经济合作组织、中国-东盟自贸区、上海经济合作组织等。2013年，习近平主席分别提出了建设“丝绸之路经济带”和“21世纪海上丝绸之路”(简称“一带一路”)的合作倡议，标志着中国对外经济贸易合作发展到了一个新的阶段。“一带一路”联结了亚太、欧亚、中东、非洲地区，包括65个国家，总人口超过44亿人，占全世界人口的63%，经济总量超过20万亿美元，占全球经济总量的30%。“一带一路”倡议的实施，是中国“走出去”战略迈出的坚定一步，拓宽了中国与其他亚欧国家的合作交流，促进了区域一体化和经济全球化的进程。

7. 电子商务时代的到来促进了国际贸易的高速发展

电子商务的蓬勃发展为外贸企业注入了强大的活力，使国际贸易呈现出蓬勃发展的态势。1950—2000年，全世界的商品出口总值从约610亿美元增加到61 328亿美元，增长了约100倍。即使扣除通货膨胀因素，实际商品出口总值也增长了约15倍，远远超过了工业革命后乃至历史上任何一个时期的国际贸易增长速度。

20世纪四五十年代，以微电子技术为基础的计算机技术与光纤通信技术结合，使人类进入一个前所未有的高效时代。20世纪70年代，EDI(Electronic Data Interchange，电子数据交换)技术使得人们开始尝试在计算机之间进行商业数据的自动交换。随后，随着宽带技术的普及与网络安全技术的发展，电子商务逐渐成为近年来在全球广泛应用的一种新型商务模式。电子商务诞生后，依托互联网、企业内部网和企业外部网，电子单证、网络传输、网络营销、网上谈判逐渐取代传真、信函、电话以及面对面谈判等传统的费时费钱的国际贸易交易方式。人借助先进的电子网络技术建立了电子数据信息系统和电子交易系统，通过互联网更好地掌握国际市场行情和交易动态，减少人为因素和信息不畅通问题，最大程度地了解交易信息，降低交易成本。电子商务还降低了商务文件的传输成本，提高了文件处理效率。据统计，EDI使文件成本降低44%，文件处理成本降低38%，由于错误信息造成的商贸损失减少 40%，市场竞争能力提高 34%，根据联合国贸易和发展会议的统计，全球电子商务交易总额在 1994 年达到 12 亿美元，2000 年增加到 3000 亿美元，2006 年已达到 12.8 万亿美元，2011 年达到了 40.6 万亿美元。

【国际贸易博览 1-7】

2017 年中国电商发展活跃

近年来，世界经济正向数字化转型，大力发展数字经济成为全球共识。党的十九大报告明确提出要建设"数字中国""网络强国"，中国数字经济发展进入新阶段，市场规模位居全球第二，数字经济与实体经济深度融合，有力促进了供给侧结构性改革。电子商务是数字经济的重要组成部分，是数字经济最活跃、最集中的表现形式之一。2017 年，在政府和市场共同推动下，中国电子商务发展更加注重效率、质量和创新，取得了一系列新的进展。

2017 年，中国电子商务交易规模继续扩大，并保持高速增长态势。国家统计局数据显示，2017 年全国电子商务交易额达 29.16 万亿元，同比增长 11.7%；网上零售额 7.18 万亿元，同比增长 32.2%。中国电子商务优势进一步扩大，网络零售规模全球最大，产业创新活力世界领先。数据显示，截至 2017 年底，全国网络购物用户规模达 5.33 亿，同比增长 14.3%；非银行支付机构发生网络支付金额达 143.26 万亿元，同比增长 44.32%；全国快递服务企业业务量累计 400.6 亿件，同比增长 28%；电子商务直接从业人员和间接带动就业人员达 4250 万人。

2017 年，中国电子商务市场结构持续优化，行业发展质量不断提升。电子商务交易额中服务类交易增长快，在总交易额中的占比持续提升。在电子商务交易额中，对企业的交易占 60.2%，对个人的交易占 39.8%，均保持加速增长态势。实物商品网络零售对社会消费品零售总额增长的贡献率达 37.9%，对消费的拉动作用进一步增强。农村网络零售额同比增长 39.1%，农产品网络零售额同比增长 53.3%，农村电商有效缓解了农民"卖难"问题，推动了农业结构升级。海关验放的跨境电子商务商品出口增速达 41.3%，跨境电子商务出口日益成为中国商品出口的重要通道。

2017 年，数字技术驱动电子商务产业创新，不断催生新业态、新模式。大数据、云计算、人工智能、虚拟现实等数字技术为电子商务创造了丰富的应用场景，正在驱动新一轮电子商务产业创新。零售企业依托数字技术进行商业模式创新，对线上服务、线下体验以及现代物流进行深度融合，推动零售业向智能化、多场景化方向发展，积极打造数字化零售新业态。

（资料来源：商务部《中国电子商务报告(2017)》，2018 年 6 月 3 日）

复习思考题

1. 国际贸易与对外贸易有何异同？
2. 国际贸易有哪几种分类？
3. 统计国际贸易的指标有哪些？
4. 工业革命对国际贸易有何影响？
5. 近年来国际贸易呈现出哪些特点和趋势？

第 2 章

古典国际贸易理论

2.1 绝对优势理论

2.1.1 绝对优势理论产生的历史背景

绝对优势理论也称为绝对成本理论或绝对利益说，是英国古典经济学家亚当·斯密于 1776 年在其《国民财富的性质和原因的研究》（通行的译名为《国富论》）一书中提出的。在斯密所处的时代，英国的工业革命逐渐展开，资产阶级原始资本积累已经完成，经济实力不断增强，新兴的工业资产阶级迫切要求在国民经济各个领域中迅速发展资本主义，但受到了中世纪遗留下来的封建行会制度和资本原始积累时期建立起来的重商主义政策体系的重重束缚，重商主义的极端保护思想严重束缚了新兴的工业资产阶级资本主义全面扩张的要求，阻碍了新兴资产阶级从海外获得廉价原材料与开拓海外市场的道路以及自由竞争与自由贸易的思潮兴起。在此背景下，亚当·斯密站在资产阶级立场上，在 1776 年发表的《国富论》一书中批判了重商主义，创立了自由放任的自由经济理论，在国际贸易领域提出了绝对优势理论，用以解释国际贸易的动因。

2.1.2　绝对优势理论的假设

绝对优势理论产生时，经济学的分析工具与方法尚不完善和发达，因此绝对优势理论并没有提出明确的理论假设和分析模型，只是含糊地包含在论述中，而由后来的经济学家挖掘和提炼出来，概括为以下 8 点：

(1) 理论分析模型是 221 模型：世界上只有两个经济实力接近的国家——本国和外国；两国间只交换两种产品，发生贸易时各自只能生产彼此需要的产品；劳动力是唯一的同质投入生产要素，且各国的劳动力需求不能超过自身的劳动力供给。

(2) 生产要素只限于国内流动，在国际间不能流动。

(3) 两国的资源都已得到充分利用。一国某个部门资源的增加，就意味着另一个部门资源的减少。两国处于充分就业的状态。

(4) 完全竞争市场。产品市场及劳动力市场都是完全竞争的。

(5) 规模报酬不变。贸易各国生产的规模报酬不变，产出与投入按同一速度增加，投入的边际产量是固定的。

(6) 完全自由贸易，没有运输成本和其他交易成本。这使生产成本或商品价格的国际差异仅仅表现为劳动生产率的国际差异。

(7) 进出口贸易值相等，贸易达到平衡。

(8) 两国生产技术存在差异，生产同一种产品的生产成本或劳动生产率不同。

由以上可见，绝对优势理论对国际贸易作出了非常理想化的抽象假设，因而这是一个理想模型。

【国际贸易博览 2-1】

亚当·斯密

亚当·斯密(Adam Smith，1723—1790)是英国古典政治经济学的主要代表人物之一。他的代表作《国富论》已被翻译成十几种文字，全球发行，而他本人也因此被奉为现代西方经济学的鼻祖。

亚当·斯密出生于苏格兰克科第的一个海关官员家庭。他 14 岁考入格拉斯哥大学，学习数学和哲学；17 岁时转入牛津大学。他毕业后，于 1748 年到爱丁堡大学讲授修辞学与文学。1751 年，他返回格拉斯哥大学讲授逻辑学和道德哲学。他的伦理学讲义经过修订，在 1759 年以《道德情操论》为名出版，为他赢得了声誉。1764 年，他辞去了大学教授的职务，担任布克莱公爵的私人教师，并陪同公爵到欧洲大陆旅行。在法国巴黎，他认识了启蒙思想家伏尔泰、重农学派代表魁奈和杜尔哥等名流，这对他的经济学说的形成有很大的影响。1767 年，他辞去私人教师的职务，返回家乡克科第埋首于《国富论》的写作。

亚当·斯密并不是经济学说的最早开拓者，他最著名的思想中有许多也并非新颖、独特的创见，但是他首次提出了全面系统的经济学说，为该领域的发展打下了良好的基础。

因此，完全可以说《国富论》是现代政治经济学研究的起点。

该书的伟大成就之一是摒弃了许多过去的错误概念。亚当·斯密驳斥了旧的重商学说。这种学说片面强调国家储备大量金币的重要性。他否决了重农主义者"土地是价值的主要来源"的观点，提出了劳动的基本重要性。亚当·斯密重点强调劳动分工会引起生产的大量增长，抨击了阻碍工业发展的一整套腐朽的、武断的政治限制。

《国富论》的中心思想是看起来似乎杂乱无章的自由市场，实际上自由市场是一个自行调整机制，自动倾向于生产社会最迫切需要的货品种类的数量。例如，如果某种需要的产品供应短缺，其价格自然上升；价格上升会使生产商获得较高的利润；由于利润高，其他生产商也想要生产这种产品；生产增加的结果会缓和原来的供应短缺，而且随着各个生产商之间的竞争，供应增长会使商品的价格降到"自然价格"，即其生产成本。谁都不是有目的地通过消除短缺来帮助社会，但是问题却解决了。用亚当·斯密的话来说，每个人"只想得到自己的利益"，但是又好像"被一只无形的手牵着去实现一种他根本无意要实现的目的……他们促进社会的利益，其效果往往比他们真正想要实现的还要好"(《国富论》，第四卷，第二章)。

亚当·斯密的经济思想体系结构严密，论证有力，使经济思想学派在几十年内就被抛弃了。实际上亚当·斯密把他们的所有优点都吸收到自己的体系中，同时也系统地论述了他们的缺点。亚当·斯密的接班人，包括托马斯·马尔萨斯和大卫·李嘉图这样著名的经济学家，对他的体系进行了精心的充实和修正(没有改变基本纲要)。这个体系今天被称为经典经济学体系。虽然现代经济学说又增加了新的概念和方法，但这些大体说来都是经典经济学的自然产物。在一定意义上说，甚至卡尔·马克思的经济学说(自然不是他的政治学说)都可以看作经典经济学的继续。

除了亚当·斯密观点的正确性及对后来的理论家的影响之外，他对立法和政府政策也有巨大影响。《国富论》一书技巧高超，文笔清晰，拥有广泛的读者。亚当·斯密反对政府干涉商业和商业事务，赞成低关税和自由贸易，这一观点在整个19世纪对政府政策都有决定性的影响。事实上他对这些政策的影响今天人们仍能感觉出来。

(资料来源：《世界上最有影响的100人》)

2.1.3 绝对优势理论的主要内容

1. 贸易的分析基础

亚当·斯密认为，一国拥有更高的劳动生产率或更低的生产成本，则该国拥有这一产品的绝对优势(absolute advantage)，两国的贸易基于绝对优势。绝对优势来自两国间劳动生产率的差异，劳动生产率的差异决定了生产成本的高低，而生产成本的高低又决定了价格的差异，因此绝对优势的衡量可以从劳动生产率、生产成本和价格3个方面着手。

假设一国某种产品的产量为Q，要求的劳动力投入量为L，工资率为W。劳动生产率$=Q/L$，数值高表明具有绝对优势；生产成本$=L/Q$，数值低表明具有绝对优势；价格$=WL/Q$，数值低表明具有绝对优势。可见，这3个指标中任何一个都可以用来衡量绝对优势，而且效果是等同的。

2. 基本内容

亚当·斯密首先批判了重商主义。他认为重商主义将财富混同于金银货币的观点是错误的,一国的财富应该用生产出来的产品和劳务衡量;他认为重商主义关于国家对经济的干预才能保证增强国家力量的观点是错误的,国家只有采取自由放任的政策,才能发挥人们的聪明才智,合理配置自然资源和生产资源,才能使国家的物质财富的产出达到最大;他认为重商主义通过持续贸易顺差增强国力的观点也是错误的,那将会限制各国按照有利的自然禀赋或后天的有利条件生产劳动力成本绝对低的商品。

亚当·斯密认为,各国因拥有不同的自然条件和自然禀赋而形成各自的自然优势,一国在生产特定商品时所具有的自然优势有时是非常巨大的,以致其他国家无法同其竞争。只有在自由贸易的条件下,各国才能充分享受到地域分工的利益。

亚当·斯密绝对优势理论是建立在国际分工基础之上的。绝对优势理论认为,国际贸易产生于各国劳动生产率的绝对差别。每个国家由于先天或后天的自然条件不同,导致在某一种产品的生产上有绝对优势。一个国家把自己拥有的全部生产要素集中到具有绝对优势产品的生产上,在自由贸易条件下,与其他国家具有绝对优势的产品交换,则各国资源都能被充分、有效地利用,贸易双方都能获利。

由于自由贸易的利益是非零和的,因此亚当·斯密主张实行自由贸易政策,反对国家对外贸的干预。他认为一切限制贸易自由化的措施都会影响国际分工的发展,并降低社会劳动生产率和国民福利。国家之所以要保护某些产业,是因为该产业没有国际竞争力,生产效率较低。这种保护表面上有利于本国的产业,但实质上是使本国的资源从效率高的部门转移至效率低的部门,从而造成了资源的不合理配置。

显然,劳动价值论是绝对优势理论的基础,即承认劳动是产品价值形成的唯一因素,社会必要劳动时间的大小决定产品价值量的高低,因此产品价格的差异完全由劳动生产率来决定。

2.1.4 理论推导与实例论证

亚当·斯密采用了由个人和家庭推及整个国家的方法来论证绝对优势理论。

1. 个人和家庭之间的分工

亚当·斯密认为,分工能够提高劳动生产率,增进社会财富。如果每人都用自己擅长生产的东西去交换自己不擅长生产的东西,对交换双方都有利。亚当·斯密说:“如果一件东西在购买时所付的代价比在家里生产时所费的少,就永远不要想在家里生产,这是每个精明的家长都知道的格言。裁缝不会为自己做鞋子,鞋匠不为自己缝衣服,他们都感到应当把自己的全部精力集中用于比他人处于有利地位的职业,然后用自己的产品去交换其他产品,会比自己生产一切物品更有利。”[①]“裁缝之所以自己不去做鞋子,是因为从鞋匠那里购买鞋子比自己在家里生产要便宜,而裁缝擅长做衣服,在做衣服方面裁缝比鞋匠能干,裁缝应该用衣服来换鞋子。”他说:“如果每一个私人家庭的行为是理性的,那么整个国家的

---

① 亚当·斯密.国民财富的性质和原因的研究[M].北京:商务印书馆,1979:424.

行为就很难是荒唐的。如果一个国家能以比我们低的成本提供商品，那么我们最好用自己有优势的商品同他们交换。”[①]亚当·斯密首次从消费者（裁缝）的角度强调“进口”（从鞋匠那里购买鞋子）的利益（比自己在家里生产要便宜），他从分工交换的好处来分析贸易所得。

2. 国家之间的分工

亚当·斯密认为，适用于家庭之间的分工原则也适用于国家之间。国际贸易的基础是由于各国之间生产技术的绝对差异而导致的劳动生产率的绝对差异，每一个国家都有其适宜于生产某种产品的绝对有利的生产条件，进行专业化生产，然后彼此进行交换，这对所有参与交换的国家都有利。亚当·斯密进一步论证了劳动生产率或生产成本的绝对差异来自两个方面：一是自然禀赋的优势，即一国在地理、土壤、气候、矿产等自然条件方面的优势；二是特殊的技巧和工艺，它是通过训练和教育而获得的后天优势。一国如果拥有其中一种或两种优势，那么它在劳动生产率或生产成本上就拥有绝对优势。

3. 实例论证

根据绝对优势理论作出以下假设：世界上只有英国和美国两个国家，两个国家都只生产小麦和布两种产品，劳动力 L 是唯一的同质投入要素。两国有相同的劳动力资源，都是 20 单位。在没有国际贸易的情况下，两国的劳动力投入量、产出量、劳动生产率和生产成本情况如表 2-1 所示。

表 2-1　分工前英国和美国劳动力投入量、产出量、劳动生产率和生产成本对比

指标 / 国家	小麦				布			
	劳动力投入量 L_1	产出量 Q_1	劳动生产率（Q_1/L_1）	生产成本（L_1/Q_1）	劳动力投入量 L_2	产出量 Q_2	劳动生产率（Q_2/L_2）	生产成本（L_1/Q_1）
英国	15	120	8	0.13	5	100	20	0.05
美国	5	120	24	0.04	15	100	6.67	0.15
合计	20	240			20	200		

从表 2-1 可以看出，生产 120 单位的小麦和 100 单位的布，英国和美国投入的劳动量是不同的，即两国的劳动生产率是不同的。英国生产小麦和布的劳动生产率分别为 8 和 20，美国生产小麦和布的劳动生产率分别为 24 和 6.67，显然，英国在布的生产上劳动生产率较高，成本较低，有绝对优势；而美国在小麦的生产上有绝对优势。根据绝对优势理论，英国应该把全部生产要素，即 20 单位的劳动力，都投入到布的生产中，而美国应把 20 单位的劳动力投入到小麦的生产中，两国进行专业化分工和生产。这种国际分工将导致两国的产出发生变化，如表 2-2 所示。

从表 2-2 中可以看出，进行国际分工之后，整个世界小麦的产出量增加到 480 单位，比原来的 240 单位增加了一倍；布的产量增加到 400 单位，也比分工前增加了一倍。这说明国际分工使两国的资源得到了更有效的利用。假定英国用 200 单位布与美国 240 单位小麦进行交换，交换后两国的国内消费量如表 2-3 所示。

① 亚当·斯密.国民财富的性质和原因的研究[M].北京：商务印书馆，1979：425.

表 2-2　分工后英国和美国的劳动力投入量和产出量

指标 国家	小麦		布	
	劳动力投入量	产出量	劳动力投入量	产出量
英国	0	0	20	480
美国	20	480	0	0

表 2-3　交换后英国和美国的国内消费量

消费量 国家	小麦	布
英国	240	200
美国	240	200

从表 2-3 可以看出，进行国际分工和国际贸易之后，英国和美国的两种产品的国内消费量都增加了 120 单位和 100 单位，这说明两国开展贸易后都从中得到了利益。贸易利益总体表现如下：

第一，两种产品的总产量增加了，劳动生产率提高了。分工前，两国共生产了 200 单位布和 240 单位小麦；而分工后，在同样多的劳动力投入下，两国共生产了 400 单位布和 480 单位小麦。

第二，两国的消费量增加了。英国和美国的小麦和布的消费量均为 240 单位和 200 单位，都比分工前增加了 120 单位和 100 单位。

因此，亚当·斯密认为，按照绝对成本优势进行国际分工和国际贸易，各国都能发挥生产中的绝对优势而获得贸易利益，劳动生产率的绝对差异是国际贸易产生的基础和原因。

2.1.5　对绝对优势理论的评价

绝对优势理论是建立在劳动价值论基础之上的，是从一个新的视角来研究国际贸易产生的原因，对社会经济现象的研究从流通领域转到生产领域，揭示了国际分工和专业化生产能使资源得到更有效的利用，从而提高劳动生产率的规律，并第一次论证了贸易是互利和双赢的。这些观点虽然经历了 200 多年的历史，但仍然没有过时。在当今经济全球化的背景下，各国积极对外开放，参与国际分工，推动贸易自由化进程，该理论仍然具有指导意义。

然而，绝对优势理论也存在明显的局限性。第一，它不能解释国际贸易的全部，只能解释国际贸易的一种特殊情形。亚当·斯密的绝对优势理论存在一个必要的假设：一国要参加国际贸易，就必然要拥有一种产品绝对优势地位。在上面的例子中，如果美国在小麦和布的生产上都具有绝对优势，而英国在小麦和布的生产上都具有绝对劣势，那么英国和美国之间还会不会产生贸易呢？如果两国发生贸易，英国能不能从贸易中获利呢？利益又从何而来？绝对优势理论无法回答，后来大卫·李嘉图用比较优势理论更好地解释了这些问题；第二，它只能从供给视角分析问题，缺乏对需求的分析。在现实中贸易是供给和需求共同决定的，因而绝对优势理论具有一定的片面性。

2.2 比较优势理论

2.2.1 比较优势理论产生的历史背景

绝对优势理论认为,如果一个国家在两种产品的生产上均处于绝对优势地位,另一个国家均处于绝对劣势地位,则这两个国家之间不会进行贸易。这显然与国际贸易的现实不符。1815 年,托伦斯(Robert Torrens)在其《论对外谷物贸易》一书中首次提出比较利益理论。1817 年,大卫·李嘉图发表了《政治经济学及赋税原理》一书,在书中他对托伦斯的思想进行了完善,提出了比较优势理论(The Theory of Comparative Advantage)。其核心思想是:尽管一国在两种产品的生产上都处于绝对劣势,但可以选择两种产品中劣势相对较小的那种产品组织专业化生产并出口,同样能够获得贸易利益。这样,贸易的可能性和范围得以大大拓展。

亚当·斯密与大卫·李嘉图生活在英国资本主义原始积累完成,以机器生产逐步替代手工生产为标志的第一次工业革命的时代,他们对自由贸易使贸易国双方均获益的结果深信不疑。应该说,比较优势理论是亚当·斯密与大卫·李嘉图共同创建的,他们共同创建了劳动价值论,并以该理论为基础解释了自由贸易的合理性与可行性。比较优势理论直接来自绝对优势理论,是绝对优势理论的补充与发展。也有后人把绝对优势理论包含在比较优势理论中,把比较优势理论称为古典贸易理论。

比较优势理论是在英国资产阶级争取自由贸易斗争中产生与发展起来的。1815 年,英国政府为维护地主贵族阶级的利益而实行了《谷物法》。《谷物法》颁布后,英国粮价上涨,地租猛增,这对地主贵族有利,却严重损害了工业资产阶级的利益。工业资产阶级在各国各地组织反《谷物法》同盟,鼓吹谷物自由贸易的好处;而地主贵族阶级则千方百计维护《谷物法》,反对谷物自由贸易。

这时,作为工业资产阶级代言人的大卫·李嘉图提出了"比较成本说",从理论上论述了谷物自由贸易的优越性。他认为,英国要从国外大量进口粮食,因为英国在纺织品生产上的优势比在粮食生产上的优势更大,英国应专门发展纺织品的生产,并以出口纺织品换取本国所需要的粮食。

比较优势理论在历史上曾起过积极作用,它为自由贸易政策提供了理论基础,促进了当时英国的资本积累和生产力发展。在这个理论影响下,1846 年,英国议会终于废除了《谷物法》,这是 19 世纪英国自由贸易政策取得的最伟大的胜利。

【国际贸易博览 2-2】

大卫·李嘉图

大卫·李嘉图(David Ricardo,1772—1823)于 1772 年出生于英国伦敦一个富有的交易所经纪人家庭。他所受的学校教育不多,14 岁就开始跟随父亲在交易所做事。后来,他因婚姻和宗教问题与父亲脱离关系,自己经营交易所,干得非常成功,10 年之后就拥有了 200 万英镑的财产。功成名就后,他利用空闲时间学习了自然科学;1799 年,李嘉图在巴思逗留期间偶然得到一本《国富论》,他成为这本书的一个真正"赞赏者"。同时,当时英国脱离金

本位制的特定环境使李嘉图对政治经济学产生了很大的兴趣。最终,他在分析、批判前人经济理论的基础上,结合时代提出的问题,将经济理论推进到一个新的阶段。

李嘉图对经济理论的研究和著作几乎涉及经济学的所有方面。他首先研究的是货币。李嘉图是货币数量论的倡导者。他在1809—1811 年发表的几篇文章和几个小册子中批判了当时的货币流通制度,并且拟定了一个纲领,甚至提出要创立新的国家银行。他的货币理论思想主要有:①稳定货币流通是发展经济的最重要条件;②这种稳定只有以黄金为基础才有可能实现;③在流通中黄金可以在相当大程度上甚至完全为按固定平价兑换黄金的纸币所取代。随后,他出版了《论谷物低价对资本利润的影响》。在该书中,他主要研究了价值理论。他以斯密的价值理论为出发点研究价值问题,力图在基本点上纠正斯密价值学说的混乱和矛盾。他坚持耗费劳动量决定商品价值的原理,并将这一原理始终贯穿在他的经济理论中。他考虑了劳动性质与价值的关系,认为:各种不同性质的估价由市场决定,并且主要决定于劳动者的相对熟练程度和所完成的劳动的强度;最不利条件下的劳动决定价值;决定商品价值的是劳动总量,即不仅包括生产该商品时所需的劳动,而且包括生产用于该过程的资本物所需的劳动。

李嘉图对国际贸易理论有开创性的贡献。他是贸易自由的坚决支持者。在他的主要著作《政治经济学及赋税原理》中,李嘉图以一个有关国际贸易的一般理论支持了自己的观点。该理论包括了比较优势学说——该学说或许可以说成是政治经济学中最广泛地为人所接受的“真理”。在《政治经济学及赋税原理》的《论对外贸易》一章中,他对苏格兰和葡萄牙的外贸进行了研究,并用精彩的例子——“葡萄酒”和“棉布”说明了比较成本,得到了贸易的结果使贸易参与国更加富裕的结论,即后来所谓的比较优势原则。这个基本思想在后来被无数经济学者引用并发展。他还从比较耗费原则得出了与他的在贸易自由条件下和谐发展国际经济关系理论相适应的结论。

终其一生,李嘉图都以严谨的思维、数学逻辑性和精确性著称。他是古典政治经济学的集大成者。他发展了斯密的工资、利润和地租的观点,即社会三个主要阶层最初收入的观点。他认为,地租只是从利润中扣除的部分,从而利润是收入的最初的基本形式,而资本是收入的基础,即利润实质上就是剩余价值。这又是他在科学上取得的光辉成就之一。1817 年 4 月,他的名著《政治经济学及赋税原理》出版。该书包含了他丰富的经济思想,在经济史上有重要的地位。1819 年,他成为一名议员,积极参与讨论银行改革、税收提议等问题,并成为伦敦政治经济俱乐部的奠基人。

(资料来源:《新帕尔格雷夫经济学大辞典》第 4 卷)

2.2.2 比较优势理论的假设

与亚当·斯密的模型假设基本相同,大卫·李嘉图在阐明他的比较优势理论时对复杂的经济状况作了一些简化:

(1) 只考虑两个国家、两种产品、一种生产要素。

(2) 两国的生产技术存在相对差异,存在生产成本或劳动生产率的相对差异。

(3) 生产要素只能在国内流动，在国家间不能流动。

(4) 两国生产规模报酬不变。

(5) 资源被充分利用，两国国内充分就业。

(6) 世界市场是完全竞争市场。

(7) 自由贸易且贸易平衡。

(8) 无贸易限制。

可见，比较优势理论与绝对优势理论在基本假设上基本相同，只是前者强调两国存在生产成本或劳动生产率的相对差异而非绝对差异。

2.2.3 比较优势理论的主要内容

1. 贸易的分析基础

大卫·李嘉图认为，生产技术上的相对差异导致了相对劳动生产率的不同，进而导致了相对生产成本和相对价格的不同，于是产生了贸易的可能性。衡量相对优势，也可以从相对劳动生产率、相对生产成本和相对价格 3 个方面着手。

假设甲国在 A 产品上的产量为 Q_1；所要求的劳动力投入为 L_1；乙国在 A 产品上的产量为 Q_2，所要求的劳动力投入为 L_2；两国劳动力的工资率均为 W。

A 产品的相对劳动生产率$=(Q_1/L_1)/(Q_2/L_2)$。比值越高，表示甲国在 A 产品的生产上相对于乙国来说越具有优势。

A 产品的相对生产成本$=(L_1/Q_1)/(L_2/Q_2)$。比值越低，表示甲国在 A 产品的生产上相对于乙国来说越具有优势。

A 产品的相对价格$=(WL_1/Q_1)/(WL_2/Q_2)=(L_1/Q_1)/(L_2/Q_2)$。比值越低，表示甲国在 A 产品的销售上相对于乙国越具有优势。

这 3 个指标中，任何一个都可以用来衡量相对优势，效果是等同的。

2. 比较优势理论的基本内容

在上述假设基础上，大卫·李嘉图认为，各国不一定要专门生产成本绝对低、劳动生产率绝对高的产品，也可以专门生产成本相对低、劳动生产率相对高的产品，这样也可以进行对外贸易并能够从中获取利益。

比较优势理论认为，在两国都能生产同样两种产品的条件下，如果其中一国在两种产品生产上的劳动生产率均高于另一国，该国可以专门生产并出口优势较大的产品，而处于劣势地位的另一国可以专门生产并出口劣势较小的产品，这样通过国际分工和贸易，双方仍然可以从贸易中获利。

2.2.4 理论推导与实例论证

1. 个人之间的分工

与亚当·斯密一样，大卫·李嘉图也首先论述了个人分工的必要性，然后再扩展到国际分工中去。他说："如果两个人都能制造鞋和帽，其中一个人在两种职业上都比另一个人强些，不过制帽时只强 1/5 或 20%，而制鞋时则强 1/3 或 33%，那么这个较强的人专门制鞋，那个较差的人就专门制帽，岂不是双方都能获利？”①他认为这样的分工对双方都有利，也是资源的最佳配置。

2. 国家之间的分工

大卫·李嘉图由个人推及国家，认为国家之间也应该按照“两利相权取其重，两害相权取其轻”的比较优势原则进行分工。大卫·李嘉图以英国和葡萄牙都生产毛呢和葡萄酒为例具体说明这一原则：“英国的情形可能是生产毛呢需要 100 人一年的劳动力，如果要酿制葡萄酒，则需要 120 人劳动同样长的时间，因此英国发现对自己有利的办法是输出毛呢以输入葡萄酒；葡萄牙生产葡萄酒可能只需要 80 人劳动一年，而生产毛呢却需要 90 人劳动一年，因此对葡萄牙来说输出葡萄酒以交换毛呢是有利的。虽然葡萄牙能够以 90 人的劳动力生产毛呢，但它宁可从一个需要 100 人的劳动力生产毛呢的国家输入，因为对葡萄牙来说，与其挪用种植葡萄的一部分资本去织造毛呢，还不如用同样的资本来生产葡萄酒，因为由此可以从英国换得更多的毛呢。”②这就是国际贸易产生和发展的主要原因。

因此大卫·李嘉图认为，所谓比较优势就是更大的绝对优势和更小的绝对劣势，在各种产品的生产上都占有绝对优势的国家，应集中资源生产优势更大的产品；而在各种产品的生产上都处于绝对劣势的国家，应集中资源生产劣势更小的产品。通过对外贸易，双方都能取得比自己以等量劳动所能生产的更多的产品，从而实现社会劳动的节约，给双方带来利益。

3. 实例论证

比较优势理论与绝对优势理论在假设条件上基本相同：假设世界上只有英国和美国两个国家，每个国家都只生产小麦和布两种产品，劳动力 L 是唯一的同质投入要素。两国在分工前的劳动力投入量、产出量、劳动生产率、相对劳动生产率和相对生产成本如表 2-4 所示。

表 2-4　分工前英国和美国的劳动力投入量、产出量、劳动生产率、相对劳动生产率和相对生产成本对比

指标 \ 国家	小麦					布				
	劳动力投入量 L_1	产出量 Q_1	劳动生产率（Q_1/L_1）	相对劳动生产率	相对生产成本	劳动力投入量 L_2	产出量 Q_2	劳动生产率（Q_2/L_2）	相对劳动生产率	相对生产成本
英国	10	120	12	4	0.25	10	100	10	2	0.5
美国	40	120	3	0.25	4	20	100	5	0.5	2

从表 2-4 中可以看出，生产同样产量的小麦或布，美国需要投入的劳动力更多，即美国的劳动生产率相对较低。美国在小麦和布上的劳动生产率是 3 和 5，都低于英国在小麦和布上的劳动生产率 12 和 10，处于绝对劣势地位。但美国在小麦上的相对劳动生产率是 0.5，相比之下，0.5＞0.25，美国在布上的绝对劣势要小一些，即相对于小麦具有比较优势。相应地，英国在小麦和布的生产上都具有绝对优势，但在小麦上的相对劳动生产率是 4，而

① 大卫·李嘉图.政治经济学及赋税原理[M].北京：商务印书馆，1976：114.

② 大卫·李嘉图.政治经济学及赋税原理[M].北京：商务印书馆，1976：115.

在布上的相对劳动生产率是 2，相比之下，小麦的绝对优势比布的绝对优势大，因此，英国在小麦上相对于布具有更大的比较优势。在这种情况下，两国之间分工和贸易的模式就是：美国将所有的劳动力集中于生产布，英国将所有的劳动力集中于生产小麦。两国在分工后的劳动力投入量和产出量如表 2-5 所示。

表 2-5　分工后英国和美国的劳动力投入量和产出量

国家 \ 指标	小麦		布	
	劳动力投入量	产出量	劳动力投入量	产出量
英国	20	240	0	0
美国	0	0	60	300

从表 2-5 中可以看出，两国的总产出量有所增加。布的总产出量由分工前的 200 单位增加到分工后的 300 单位，增加了 100 单位；小麦的总产出量与分工前一样，还是 240 单位。如果假定英国以 120 单位小麦与美国 150 单位布进行交换，交换后两国布的消费水平比国际分工前都增加了 50 单位，小麦的产出水平和消费水平没有变化，如表 2-6 所示。

表 2-6　交换后英国和美国的国内消费量

国家 \ 消费量	小麦	布
英国	120	150
美国	120	150

由表 2-4 至表 2-6 可见，即使在没有绝对优势的情况下，双方仍然可以通过开展对外贸易获得利益，分工使各国经济总量增加，消费者获得更多的消费品，而且各国可以通过从事专业化生产达到规模效应。比较优势理论意味着不但在发达国家之间，而且在发达国家和发展中国家之间都可以展开自由贸易并从中受益。

2.2.5　对比较优势理论的评价

1. 积极意义

比较优势理论有以下积极意义：

(1) 比较优势理论在历史上曾起过进步作用。它为英国工业资产阶级争取自由贸易提供了理论基础，促进了当时英国的资本积累和生产力的发展。在这个理论影响下，1846 年，英国议会废除了《谷物法》。此后的数十年是英国工业资产阶级的黄金时代，使英国成为“世界工厂”，在世界工业和贸易中占据首位。

(2) 比较优势理论比绝对优势理论更全面、更深刻地揭示了国际贸易的产生根源。该理论揭示了比较利益的原则，证明了国际贸易的产生不但在于绝对成本的差异，而且在于比较成本的差异。这为处于不同发展阶段的国家参与国际贸易和国际分工提供了理论基础，对世界市场的扩大和社会生产力的进步具有积极的促进作用。

(3) 比较优势理论说明了贸易利益来源于生产而非流通领域。大卫·李嘉图把财富区分为价值和使用价值，他认为，对外贸易只能增加一国的使用价值量，而不能增加一国的价值量，价值只能在生产领域创造。这奠定了资本主义自由竞争时期国际贸易理论的基础。

(4) 比较优势理论为此后对贸易条件的研究提供了启示。从大卫・李嘉图的模型中可以看出，双方的商品交换在可以接受的范围内才可能是互利贸易。

2. 理论缺陷

比较优势理论有以下缺陷：

(1) 比较优势理论不能正确解释为什么在国际间不等量的劳动可以相互交换。虽然大卫・李嘉图以劳动价值论为基础，但其劳动价值论是不彻底的。大卫・李嘉图对于“葡萄牙与英国同等劳动而产生不同交换”这一问题解释说：“这种交换在同一国家中的不同个人间是不可能发生的”“支配一国商品相对价值的规律不能支配两个以上或更多国家相互交换的商品的相对价值”“葡萄牙用多少葡萄酒来交换英国的毛呢？不是由各自生产上所用的劳动量决定的，情形不像两种商品都在英国或都在葡萄牙生产那样”[①]。那么，不由这种规律支配，又是由什么规律支配呢？大卫・李嘉图没有能够作出科学的说明。

(2) 比较优势理论把国际分工看作不受社会生产方式制约的自然的永恒范畴。国际分工是社会生产力发展到一定阶段的产物，但是生产力又总是在一定生产关系下发展的，国际分工的实质和内容不能不受社会生产方式的制约。国际分工发生和发展的最重要因素是社会生产力。劳动力、自然条件等因素对国际分工的形成有一定的影响，但不是唯一的和根本的因素。

(3) 比较优势理论把世界看作永恒的、不变的，这是不符合历史事实和经济发展规律的。比较优势理论只考虑两个国家、两种产品，坚持劳动价值论等因素，作为论述的前提条件，把多变的经济情况抽象为静态的和短期的是不客观的。一个国家经济贸易发展的长期战略既要以比较优势为基础，又不能被其静态的和短期的利益观念所束缚，要逐步提高本国在国际分工中的地位，最大限度地获取国际分工和国际贸易利益是非常重要的。

【国际贸易博览 2-3】

警惕比较优势陷阱

世界经济论坛最新公布的年度全球竞争力报告显示，在全球 102 个国家和地区，中国排名第 46，比去年下滑 2 个名次，这不但与中国世界前列的贸易地位极不相称，而且也提醒中国贸易需要警惕比较优势陷阱。

发展中国家片面崇拜比较优势理论，在国际分工中过于偏重劳动密集型产品，虽然依旧能获得些许利益，但长此以往却会落入贸易结构不稳定、总是落后于人的比较优势陷阱。这一陷阱以两种方式出现：一是发展中国家由于长期在国际分工中处于低附加值环节，使得贸易利润下降，缺乏改善贸易结构的物质基础，并形成了对劳动密集型产品生产的路径依赖；二是发展中国家在发展高新技术产业贸易时过于依赖发达国家的技术引入，进而缺乏创新能力，以至于长期陷于技术跟进状态，被迫受制于人。

中国已经面临踏入比较优势陷阱的风险。加工贸易在中国贸易方式中占据半壁江山，

① 大卫・李嘉图.政治经济学及赋税原理[M].北京：商务印书馆，1976：112.

以及外国企业在中国贸易中的绝对主流地位，都客观说明了中国贸易对劳动力资源丰富这一传统比较优势的较强依赖，这不仅使得中国在国际分工中处于弱势地位，而且也让中国贸易长期形成了对劳动力比较优势的依赖，这为中国贸易转型、走高附加值道路带来了困难，而这也正是通向比较优势陷阱的第一条潜在道路。

此外，中国在发展高新技术产业贸易时，依旧走加工、组装的老路，在技术变革上过于依赖进口更新，造成了产品顺差、技术逆差的尴尬现状，这为中国树立自我品牌、寻求自主技术创新带来了结构性瓶颈，中国高新技术贸易的长期可持续性发展因此受到制约，而这也构成了通往比较优势陷阱的第二条潜在道路。

在并非耸人听闻的比较优势陷阱面前，中国进出口贸易总额的数量辉煌褪色不少，基础结构的单一性风险使得中国贸易的前景并不如想象中那么阳光灿烂。应该说，中国贸易在总量数字已经进入世界前列的条件下，进一步扩大进出口贸易额带来的边际效用已经比较小了，中国贸易更需要在保持总量适度增长的前提下进行贸易基础结构的改革。最重要的，就是需要不断更新、深化对比较优势的理解和应用。比较优势是一国的天然禀赋，但这并不意味着它是一成不变的。通过对人力资本和知识经济的投入，中国完全有能力实现比较优势的多样化，创造新的知识性比较优势，而在当今世界信息经济、知识经济引领增长的趋势下，唯有不断创新，才能在国际贸易中真正分享最大收益。当然，中国作为发展中国家，在发展高新技术时需要长期自主性投入较大的时间、人力、物力，这意味着贸易增长可能会因此在短期中减弱前进动力，而能否目光长远地忍受贸易表现的短期阵痛，用长期努力换得比较优势转型，是中国贸易能否做强的关键所在。

中国贸易在贸易方式、产品结构和企业性质上不同于发达国家的中国特色使中国贸易遭遇了大而不强的尴尬，而这也让中国贸易直面比较优势陷阱的鬼魅身影。为减小对劳动力比较优势的习惯性依赖，真正让中国由贸易大国向贸易强国转变，中国贸易需要增强创新能力，完善品牌意识，在面对贸易总额不断扩大的利好消息时保持“不以物喜，不以己悲”的清醒头脑。

（资料来源：上海证券网，2004 年 12 月 28 日）

复习思考题

1. 简述亚当·斯密的绝对优势理论并加以评论。
2. 举例说明比较优势理论并比较它与绝对优势理论的异同。
3. 试说明有比较优势为何不一定有绝对优势。

第3章

新古典国际贸易理论

3.1 赫克歇尔-俄林理论

3.1.1 理论产生的背景与假设条件

1. 理论产生的背景

赫克歇尔-俄林理论又称H-O理论、要素禀赋理论或要素比例理论，最早是由瑞典经济学家伊利·赫克歇尔(Eli F Heckscher)与伯利蒂·俄林(Bertil Gotthard Ohlin)师生共同提出的，该理论从生产要素的丰裕程度来解释国际贸易产生的原因。俄林批判地继承了大卫·李嘉图的比较成本说，他认为，李嘉图只用劳动支出这一因素的差异来解释国际贸易是片面的。在生产活动中，除了劳动起作用外，还有资本、土地、技术等生产要素，考查各国产品成本的不同，必须同时考虑到各个生产要素。为此，他向英国古典经济学派提出了挑战。他在1933年出版的《区域贸易和国际贸易》一书中系统地提出了自己的贸易学说，标志着要素禀赋理论的诞生。赫克歇尔-俄林理论又被称为新古典贸易理论，其理论模型被称为H-O模型。

【国际贸易博览 3-1】

赫克歇尔-俄林-萨缪尔森定理的3位创始人

1. 伊利·赫克歇尔

赫克歇尔(Eli F Heckscher,1879—1959)于1879年生于瑞典斯德哥尔摩的一个犹太人家庭。1897年起,他在乌普萨拉大学(Uppsala University)学习历史和经济,并于1907年获得博士学位。毕业后,他曾任斯德哥尔摩大学(University of Stockholm)商学院的临时讲师;1909—1929年任经济学和统计学教授。此后,因他在科研方面的过人天赋,学校任命他为新成立的经济史研究所所长。他成功地使经济史成为瑞典各大学的一门研究生课程。

他对经济学的贡献主要是在经济理论上的创新和在经济史研究方面引入了新的方法论——一种定量研究方法。

他在经济理论方法方面最重要的贡献是他最著名的两篇文章:《外贸对收入分配的影响》和《间歇性免费商品》。1919年发表的《外贸对收入分配的影响》是现代赫克歇尔-俄林要素禀赋国际贸易理论的起源。他集中探讨了各国资源要素禀赋构成与商品贸易模式之间的关系,并且一开始就运用了总体均衡的分析方法。他认为,要素绝对价格的平均化是国际贸易的必然结果。他的这篇文章具有开拓性的意义,其后,这个理论由他的学生俄林进一步加以发展。

《间歇性免费商品》(1924年)一文提出的不完全竞争理论比琼·罗宾逊和爱德华·张伯仑早了9年。他在这篇文章中还探讨了不由市场决定价格的集体财富(即所谓的公共财物)的问题。

在经济史方面,赫克歇尔更享有盛名,主要著作有《大陆系统:一个经济学的解释》《重商主义》《古斯塔夫王朝以来的瑞典经济史》《历史的唯物主义解释及其他解释》《经济史研究》等。

赫克歇尔通过对史料提出更广泛的问题或假定进行深入的批判性研究,从而在经济史和经济理论两者之间架起了桥梁,并把两者有机地结合起来。他是瑞典学派的主要人物之一。

2. 伯利蒂·俄林

俄林(Bertil Gotthard Ohlin,1899—1979)于1899年4月生于瑞典南方的一个小村子——克利潘(Klippan)。他于1917年在隆德大学(Lund University)获得数学、统计学和经济学学位。1919年在赫克歇尔的指导下获得斯德哥尔摩大学工商管理学院经济学学位。1923年,他在陶西格(Taussig)和威廉姆斯(Williams)的指导下获得哈佛大学文科硕士学位。1924年,他在卡塞尔(Cassal)指导下获得斯德哥尔摩大学博士学位。1925年,他任丹麦哥本哈根大学经济学教授,5年后回瑞典,在斯德哥尔摩大学商学院从事教学,1937年在加利福尼亚大学伯克利分校任客座教授。俄林最为著名的工作是他对国际贸易理论

的现代化处理，他由此获得1977年的诺贝尔经济学奖。1979年8月，俄林于书桌前逝世。

他的研究成果主要在国际贸易理论方面，包括1924年出版的《国际贸易理论》、1933年出版的《区间贸易和国际贸易论》、1936年出版的《国际经济的复兴》和1941年出版的《资本市场和利率政策》等。俄林的理论受到他的老师赫克歇尔关于生产要素比例的国际贸易理论的影响，并在美国哈佛大学教授威廉姆斯(T. H. Williams)的指导下，结合瓦尔拉斯和卡塞尔的总体均衡理论进行分析论证，在《区间贸易和国际贸易论》中最终形成。俄林的国际贸易理论又被称为赫克歇尔-俄林理论。

(资料来源：《新帕尔格雷夫经济学大辞典》第2卷、第3卷)

3. 保罗·萨缪尔森

萨缪尔森(Paul Anthony Samuelson，1915—2009)于1915年出生于美国印第安纳州。他于1935年和1941年分别获得芝加哥大学的学士学位和哈佛大学的博士学位。从1940年开始，他一直在麻省理工学院任教。他对经济理论的几乎所有方面都作出了根本性的贡献，因而获得了一个经济学家所能获得的所有荣誉：第一个克拉克奖章获得者(1947年)；第二个诺贝尔经济学奖获得者(1970年)；他曾担任美国经济学会会长(1961年)、经济计量学会会长(1951年)和国际经济学会会长(1965—1968年)；他还获得了许多其他奖励和荣誉。萨缪尔森为人谦逊，曾把前辈们比喻为牵引他的火车头。他学识渊博，精通经济学、数学、历史等，是第一个对经济学进行定量分析的经济学家，并对其他学科也有自己独到的见解。萨缪尔森充满活力、才华横溢，从1938年起发表的文章数量达到每年5篇，这样断断续续地持续了半个世纪。

萨缪尔森著作极丰，包括《经济分析基础》(1947年出版，反映了他对经济学的许多最新观点)、《经济学、线性规划和经济分析》(1958年出版，与多尔夫曼和索洛合作)及收录了他的388篇论文的5卷本《科学论文集》。萨缪尔森的学术成就都体现在他丰富的著作中。

在消费理论方面，他最主要的成就是显示偏好理论。

在国际贸易方面，萨缪尔森有不少具有巨大影响力的论文，涉及贸易与收入分配、价值转移与贸易条件问题、李嘉图模型、赫克歇尔-俄林-萨缪尔森模型、瓦伊纳-李嘉图模型、特定要素模型等各个方面。他最早的一篇国际贸易的论文是1941年的《保护与实际工资》，提出了斯托尔珀-萨缪尔森定理。在1948年发表的《国际贸易和要素价格均等化》以及1953年发表的《一般均衡中的要素价格和商品价格》这两篇文章中，他在更普遍的意义上讨论了国际贸易与收入分配问题。萨缪尔森对贸易理论的贡献是经典的，他还与赫克歇尔和俄林共同奠定了新古典贸易模型的分析框架。

在宏观经济学方面，萨缪尔森的主要贡献包括他的乘数和加速器模型。该模型出于他就读于哈佛大学时与汉森合作写成的《乘数分析与加速原理之间的相互作用》，确立了他在动态分析方面的声望。该模型在应用数学模型来说明由变量假设值的变化所产生的不同结果时更具有特殊重要性。在该文结尾，萨缪尔森强调了通过数学模型来表达经济模型的重要性。他在博士论文中也贯彻了这一信念，应用数学模型重新表达了一些经济思想，在学术界有广泛影响，奠定了他在经济学界的地位。他在推动经济学沿着数字化方向演进作出了非凡的贡献。

他的新古典贸易理论综合代表了“二战”后直至20世纪80年代的宏观经济学派的主流观点，这是他对宏观经济学的最大贡献。他认为，货币和财政政策可以被运用于保持经济接近充分就业，而且货币和财政政策可以混合运用来决定投资率。他的消费贷款模型提供了简单的、易于驾驭的一般均衡结构，用以模拟生活周期最大化的实际问题，因而影响巨大，广为流行。

值得一提的还有他著名的教科书——《经济学》，几十年来一直流行不衰，以完善的体系与跟随时代不断发展的实例改版吸引了无数经济学学生。

（资料来源：《新帕尔格雷夫经济学大辞典》第4卷）

2. H-O模型的假设条件

新古典贸易理论的假设条件比古典贸易理论更贴近现实，论证更为严谨。其理论假设主要有以下几点：

(1) 2×2×2模型。

① 世界上只有两个国家。这两个国家的总体经济实力比较接近。

② 生产两种商品，且要素密集度不同。若发生贸易，双方均有充分的出口供给能力，能提供对方所需要的商品。

③ 使用两种生产要素。双方的相对资源供给，即相对要素禀赋是存在差异的。

实际上，放宽这一假设，如果是多个国家、多种商品、多种生产要素，那么H-O模型得出的结论仍然适用。

(2) 生产要素只限于国内流动，商品在国际自由流动。生产要素不能在国际自由流动，只能在国内各部门间自由流动，这一假设意味着国家之间生产要素的价格差异一直存在。

(3) 商品与生产要素市场完全竞争。

① 商品的生产者和消费者、生产要素的使用者和供给者都是市场价格的接受者。

② 从长期看，生产者不会获取任何超额利润。

③ 信息充分对称，即所有的生产者、消费者、生产要素的使用者和供给者对商品价格和要素价格都有充分的了解。

(4) 两国生产技术相同。生产函数具有两个特征：一是规模报酬不变，二是每种生产要素的边际报酬是递减的，或单位产出的边际成本是递增的。这一假设意味着两国不可能以增加生产要素投入的方式来获得比较优势，也排除了因国际技术的差异导致的生产成本差异与商品价格差异，从而把商品价格差异的原因归于生产要素禀赋的差异。

(5) 两国生产要素均充分利用，且生产要素密集度不可逆转。生产要素被充分利用，这一假设意味着两国不能以增加生产要素总量的方式增加产品总量。生产要素密集度不可逆转，是指一种商品相对于另一种商品始终是资本密集型或劳动密集型的。假设衣服为劳动密集型产品，汽车为资本密集型产品，那么劳动力和资本价格的变动、生产要素投入结构的调整等都不会改变衣服的劳动密集型和汽车的资本密集型的性质。这一假设意味着对生产要素密集度的界定对一切生产要素价格比率均适用。

(6) 两国消费者需求偏好相似。即两国的无差异曲线的位置和形状是完全相同的。也就是说，在任何相对价格下两国都有相同的效用函数，不受收入水平的影响。这都说明两国需求收入弹性不变,每种商品的需求收入弹性相等。这一假设意味着商品价格变动不是由需求变动和收入水平变动引起的,从而将商品相对价格的国际差异的原因归于供给,尤其是生产要素禀赋的差异方面。

(7) 完全自由贸易。没有运输成本和交易成本,也没有任何限制贸易的关税壁垒和非关税壁垒。如果存在着贸易限制,那么贸易的结果是两国的价格差等于单位贸易商品的关税、运输等成本。这一假设意味着在不存在贸易限制,贸易会使两国的相对或绝对商品价格完全相等,这便于分析问题,也不影响分析结果的准确性。

(8) 贸易达到平衡。只有商品贸易且贸易是平衡的,出口恰好等于进口。这一假设意味着,两国都必须有一种商品出口,其另一种商品进口,即使其中一国处于全面优势或全面劣势状态。

由以上假设可知,两国除生产要素禀赋不同外,其他条件都是相同的。

3.1.2 H-O 模型的分析基础

1. 要素禀赋和要素价格

要素禀赋(factor endowment)是指一个国家或经济体所拥有的可供利用的经济资源的总量,一般包括劳动力、资本、土地、企业家才能等。依据要素禀赋的多寡,如劳动力与土地资源的总供给量等,可将一国区分为资源丰富的国家和资源贫乏的国家。

要素价格(factor price)是指生产要素的使用费用或要素的报酬。例如,土地的价格是租金;劳动力的价格是工资;资本的价格是利息;企业家才能体现的是管理水平,而管理的价格是利润。

2. 相对要素丰裕度

相对要素丰裕度(relative factor abundance)也称相对要素禀赋(relative factor endowment),是指一个国家所拥有的经济资源的相对充足程度,或者说是一个国家的相对资源供给量,也可以说是一个国家所拥有的两种生产要素的相对比例。这是一个相对的概念,与一国所拥有的生产要素的绝对数量无关。它可以用以下 3 个指标来度量:

(1)相对要素价格。

假设本国土地和劳动力的价格分别为 R 和 W,外国土地和劳动力的价格分别为 R^* 和 W^*,在其他因素不变的条件下,则 W/R、W^*/R^* 表示相对要素价格。如果 $W/R > W^*/R^*$ 成立,则本国劳动力要素相对丰裕。

用相对要素价格定义的相对要素丰裕度,主要是从要素的需求与供给角度考虑。前面已经假设两国消费者偏好相似,生产技术相同,因此这个指标能够成立。

(2) 相对要素供给量。

假设本国资本和劳动力要素的可供给量分别为 TK 和 TL,外国资本和劳动力要素的可供给量分别为 TK^* 和 TL^*。在其他要素不变的条件下,TK/TL 表示本国资本的相对要素供给量,TK^*/TL^* 表示外国资本的相对要素供给量。如果 $TK/TL > TK^*/TL^*$,成立,则本国资本要素相对丰裕。

用相对要素供给量定义相对要素丰裕度主要是从要素的供给角度考虑。前面已经假设两国生产技术相同,生产函数相同,因此这个指标也能成立。

(3) 相对人均要素存量。

假设本国和外国的人口数分别为 Q 和 Q^*,在其他要素不变的条件下,TK/Q 表示本国的相对人均资本存量,TK*/Q^* 表示外国的相对人均资本存量。如果 TK/Q>TK*/Q^* 成立,则本国资本要素相对于外国而言是丰裕的。这只是一个相对的概念。例如,美国无论在资本存量还是劳动力绝对数量上都远远高于瑞士和墨西哥这两个国家。但与瑞士而言,美国的人均资本存量低于瑞士,因此相对于瑞士来说,美国属于劳动力要素丰裕的国家;与墨西哥相比,美国的人均资本存量要高于墨西哥,因此相对于墨西哥而言,美国属于资本要素丰裕的国家。

这一指标在实际测算时有时难以操作,因为各国大都没有关于资本存量的直接统计数据,而且各国的货币单位不同,无法直接进行比较。

3. 等产量线

在经济学中,等产量线是指在技术水平不变的条件下可以获得相同产量的两种生产要素的各种组合点的连线。等产量线有两层含义:一是产品的生产是由两种生产要素组合而成的;二是生产同一产量的产品时可以采用多种生产要素的组合形式。等产量线的形状表明了两种生产要素在生产某种特定商品时的相互替代程度,即边际技术替代率。边际技术替代率为等产量线斜率的绝对值。

4. 相对要素密集度及要素密集型产品

相对要素密集度(relative factor intensity)是指单位产品的生产要素投入比例。如果某种生产要素投入比例大,则称该要素密集度高。根据产品生产所投入的占比最大的生产要素种类的不同,可以把产品划分为不同种类的要素密集型产品。例如,生产小麦投入的要素中土地占的比例最大,则称小麦为土地密集型产品;生产纺织品投入的要素中劳动力占的比例最大,则称纺织品为劳动密集型产品。

产品的相对要素密集度是由生产该产品的技术决定的,它不会随国家的不同而发生变动,这也是由要素密集度不发生逆转这一假设规定的。

3.1.3 H-O 模型的主要内容

H-O 模型的主要内容包括要素供给比例理论和要素价格均等化理论。

1. 要素供给比例理论

俄林提出,商品价格的国际绝对差异是国际贸易产生的直接原因,"贸易的首要条件是某些商品在某一地区生产要比另一地区便宜。而在某一地区出口品中,包含着该地区比在其他地区相对较便宜的大量的生产要素,而进口别的地区较便宜生产的商品"。①

要素供给比例理论的主要内容是:一国的比较优势是由其要素丰裕度决定的,一国应生产并出口密集使用丰裕要素生产的产品,进口密集使用稀缺要素生产的产品。例如,资本相对丰裕的国家应当出口资本密集型产品,进口劳动密集型产品。

① 俄林.地区间贸易和国际贸易[M].北京:商务印书馆,1986:23.

这一观点的推理过程如下：

(1) 商品价格的国际绝对差异是国际贸易产生的直接原因。所谓商品价格的国际绝对差异是指同种商品在不同国家中的价格差异，这是国际贸易产生的利益驱动力。价值规律引导着各种商品从价格低的地方流向价格高的地方，商品经营者便会从中获利，进出口国都会在这种国际贸易中获利。

(2) 商品价格的国际绝对差异主要来源于两国生产成本的差异。因为成本决定价格，各国生产同一产品的成本不同，必然导致其价格不同。

(3) 各国商品成本或价格比例不同是国际贸易产生的必要条件。商品价格的国际绝对差异是国际贸易产生的直接原因，但并不是只要有商品价格的国际绝对差异，国际贸易就一定能够发生。国际贸易还必须具备一个必要条件，即交易双方必须国内商品价格比例不同，也就是说，必须符合比较优势的原则。例如，A、B 两种商品在美国和日本两国国内的价格之比是 1∶2 和 3∶6，价格比例相同，此时不存在比较优势，不会产生国际贸易。

(4) 产品成本的差异是由生产要素的价格不同造成的。生产要素价格是指劳动力、资本、土地等生产要素的价格或报酬，产品成本的差异主要是两方面原因导致的：一是生产要素禀赋不同导致要素供给价格的差异，即劳动、土地与资本 3 种生产要素在两个国家的天然供给情况存在相对差异，供给丰富的要素价格相对低，而稀缺要素的价格则相对高；二是不同产品生产过程中所使用的要素比例不同(要素密集度不同)。

总之，生产要素价格的差异或生产过程中投入不同价格要素的比例不同导致了产品成本比例的不同。正是这两方面因素的共同作用导致产品绝对成本差异，进而影响了产品的国际价格，在国际绝对价差的驱动下，贸易开始产生。

2. 要素价格均等化理论

要素价格均等化理论进一步论述了两国在发生贸易之后要素禀赋将会发生怎样的变化。

1) 要素价格均等化定理

俄林认为："贸易的直接后果是各地商品价格趋于一致，只要没有运输成本或其他贸易阻碍，一切商品在各地区一定要有相同的价格。"[①]两地间的商品流动可以被解释为生产要素的流动，商品的流动部分地替代了生产要素的流动。其结果是，贸易前相对丰富的生产要素价格上涨，相对稀缺的生产要素价格下降，最终导致生产要素价格的均等化。

这一结论由美国经济学家沃尔夫冈・斯托尔帕(Wolfgang Stolper)与萨缪尔森在 1941 年合写的经典文章《保护与实际工资》中重新提出并论证，并被称为斯托尔帕-萨缪尔森定理。其主要内容是：自由贸易不但会使商品价格均等化，而且会使生产要素的价格均等化，致使两国所有的工人都能得到同样的工资率，所有的土地都能得到同样的土地报酬率，而不管两国生产要素的供给和需求模式如何。对进口竞争品的保护会提高该部门密集使用的生产要素的收入，即自由贸易的任何人为的障碍都会阻止要素价格均等化的实现，表现为要素价格均等化的停滞或反向运动，这也可以说是要素价格均等化定理(The Factor Price Equalization Theorem)的完整论述。

① 俄林.地区间贸易和国际贸易[M]. 北京：商务印书馆，1986：23.

后来,彼得·林德特在其《国际经济学》一书中将要素价格均等化定理描述为"根据一系列前提假设,自由贸易不但会使商品价格均等,而且会使生产要素价格均等,以至两国的所有工人都能获得同样的工资率,所有的土地都能获得同样的土地报酬率"。[①]

2) 要素价格均等化的过程

由上面的分析可知,国际贸易是由相对价格差异引起的,而国际贸易又促使了各贸易国的商品价格趋于均等,同时生产要素的价格也会趋于均等。

由于各国的要素禀赋是不同的,从而一国比较丰裕的生产要素价格较低,而比较稀缺的生产要素价格较高。国际贸易会使一国的生产结构发生变化,各国会较多地生产并出口密集使用本国较丰裕要素生产的产品,较少地生产并进口密集使用本国较稀缺要素生产的产品,这使各国对不同生产要素的需求程度发生了变化,这种生产要素需求程度的变化又进一步影响到各国生产要素的价格,从而使本国比较丰裕的生产要素价格水平上升,比较稀缺的生产要素价格水平下降。即国际贸易的扩大将会减少两国间生产要素价格的差异,从而导致两国生产要素的相对价格和绝对价格趋于均等。

例如,印度劳动力相对丰裕,劳动价格相对英国便宜,生产的劳动密集型产品具有比较优势;英国资本相对丰裕,资本价格相对印度便宜,生产的资本密集型产品具有比较优势。如果英国与印度发生贸易,印度输入资本密集型产品,英国输入劳动密集型产品,随着贸易量的增大,印度越来越多的劳动力被用来生产劳动密集型产品以供出口,印度劳动力需求增加,劳动力价格开始上升,与英国劳动力价格之间的差距越来越小;而英国越来越多的资本被用来生产资本密集型产品以供出口,英国对资本的需求增加,资本价格开始上升,与印度资本价格之间的差距也越来越小。最终价格会在两国间日趋相等。

3) 要素价格均等化的限制条件

如果这一理论能够实现,意味着将出现"世界大同"的乐观景象。按照这一模型,各国之间不必进行生产要素的国际流动,只要通过国际贸易,各国的劳动力、资本和土地都可以获得完全相等的报酬或收入,那么国际间的贫富差距将消失。但在现实生活中,世界各国的要素价格并不相等,甚至差距非常大。例如,英国和德国的医生、工程技师、机械师和秘书的工资要高于其在中国和墨西哥的同行。那么,是什么原因导致理论与现实不相符呢?问题主要出在该理论的假设上。

该理论所依赖的一些假设在现实中是不存在的:

(1) 当今世界没有一国完全是自由贸易,贸易壁垒的存在使各国价格不等。

(2) 各国的生产技术不同,不同的技术带来不同的产品,使工资出现差异。

(3) 各国产品不同质,使用的生产要素也不同质。

(4) 许多企业处于不完全竞争的市场中,有垄断价格的存在,等等。

因此,尽管国际自由贸易程度在提高,然而各国生产要素的价格依然存在差距。

尽管如此,国际贸易在缩小各国要素收入的绝对差异中还是发挥了作用。如果说国际贸易减少了同质要素报酬的国际差异,而不是将其完全消灭了,是比较符合实际的。因此,要素价格均等化理论仍然是有用的,它确定了影响生产要素价格的重要因素。

① 彼得·林德特,查尔斯·金德尔伯格.国际经济学[M].上海:上海译文出版社,1985:64-65.

3.1.4 对 H-O 模型的评价

H-O 模型从资源丰裕度角度来解释国际贸易的原因，在继承了传统的古典比较优势理论基础上又有新的创新，对当时的经济学界影响很大。在很长时间内，H-O 模型被认为是现代国际贸易理论的基础。

1. 进步性

H-O 模型在以下两方面体现了进步性。

(1) H-O 模型发展和深化了比较优势理论。

H-O 模型是建立在比较优势基础上的，它对比较优势理论有两大发展和深化：第一，比较优势理论是以单一要素为分析前提的；而 H-O 模型是由两种生产要素的投入为分析前提的，它从多种生产要素的角度来解释国际贸易问题，与现实更加接近。第二，比较优势理论是建立在各国劳动生产率差异基础上的；而 H-O 模型排除了这一假设，它假设各国生产同一产品的技术水平是相同的，各国间生产同一产品的成本差异是由各国不同的要素禀赋而不是技术水平和劳动生产率造成的，按要素禀赋的国际差异组织专业化分工生产和贸易，将使两国的总体贸易利益得到改善，这与比较优势理论模型的结论一致。

(2) 正确指出了生产要素在各国对外贸易中的重要地位。

H-O 模型从资源丰裕度上来解释国际贸易的原因，又通过要素价格均等化定理来分析国际贸易对经济结构的影响。在各国对外贸易竞争中，土地、劳动力、资本、技术等要素起着重要作用，对一国如何利用本国资源优势参与国际分工具有积极的意义。

2. 理论缺陷

H-O 模型存在以下理论缺陷。

(1) H-O 模型忽略了需求要素，与当代发达国家间贸易迅速发展的实际情况不符。

与古典国际贸易理论一样，H-O 模型也从供给角度探讨国际贸易产生的原因，影响了其对现实问题的分析。按照该模型的理论，国际贸易应发生在要素禀赋不同和需求格局相异的工业国家与初级产品生产国之间，但当代国际贸易的一个特点却是大量贸易发生在要素禀赋相似、需求格局相近的工业国家之间，而发达国家与发展中国家之间的贸易发展却比较缓慢。

(2) 要素禀赋差异并非国际贸易发生的充分条件。

H-O 模型强调静态，结果排除了技术进步等其他因素，很多国家参与国际贸易的原因不一定是要素禀赋的差异，特别是在“二战”后的国际贸易模式中，技术的差异或经济规模的不同都是国际贸易产生的原因。

(3) H-O 模型的诸多假设与现实不符。

与比较优势理论一样，H-O 模型也是建立在一系列假设基础之上的，这些假设与现实有很大的差距，影响到该理论对国际贸易的解释力，同时在实证检验中也发现理论与现实的矛盾之处，如“里昂惕夫之谜”。

【国际贸易博览 3-2】

“荷兰病”之殇

一国(特别是中小国家)经济的某一初级产品行业异常繁荣而导致其他行业衰落的现象被称作“荷兰病”。

虽然“荷兰病”的概念起源于20世纪中叶,但影响深远。油价的起伏让如今的俄罗斯一直难以保持稳定的经济增长;因过度依赖石油和天然气,各种“诊断”报告也指向了加拿大已患“荷兰病”的可能性;而澳大利亚更是有过之而无不及……

这些迹象告诉我们,必须警惕“荷兰病”向大国蔓延的态势。就中国来说,一些城市过度依赖房地产、煤炭等单一资源的经济发展模式尤其需要当心。同时,随着刘易斯拐点的到来,人力资源减少,中国产品的竞争力面临新的挑战。这也可以称为“荷兰病”,只是这里的丰富资源不是石油、煤炭等,而是人。

要避免中国经济出现普遍性的“荷兰病”,就必须找到转变增长方式的新路径。

(资料来源:和讯新闻,2015年5月19日)

3.2 “里昂惕夫之谜”及其解释

3.2.1 理论产生的背景与主要内容

1. 理论背景

要素秉赋理论是国际经济学领域最有影响力的理论之一,被认为是继比较优势理论之后国际贸易理论史上的又一里程碑,奠定了现代国际贸易理论的基石。但从20世纪50年代初开始,经济学家对要素禀赋理论所做的实证检验工作更加广泛与深入,这一理论与现实的相悖之处也逐渐显现。美国经济学家瓦西里·里昂惕夫对要素禀赋理论的适用性进行了检验,检验结果与H-O模型的结论相反,被称为“里昂惕夫之谜”,他的研究工作对H-O模型的后续发展产生了重要影响。

【国际贸易博览 3-3】

瓦西里·里昂惕夫

瓦西里·里昂惕夫(Wassily W.,Leontief,1906—1999),俄裔美国经济学家。他生于圣彼得堡。他于1925年获列宁格勒大学文学硕士学位,同年留学德国,1928年获柏林大学哲学博士学位。他曾任德国基尔大学世界经济研究所研究助理。1931年,他由德国移居美国,先后任美国全国经济研究局研究助理、哈佛大学经济学教授、纽约大学经济学教授和经济分析研究所所长。1973年,获诺贝尔经济学奖。

里昂惕夫最重要的贡献是从20世纪30年代开始研究的投入产出分析法,即在编制反映各部门间产品交流情况的投入产出表基础上,用数学方法研究各部门产品生产和分配的关系。这种方法在

世界各国迅速传播并广泛运用，并被联合国规定为国民经济核算体系中的一个重要组成部分。他在 20 世纪 70 年代领导一个小组从事世界经济模式的研究，对 2000 年的世界经济进行了预测。他著有《美国经济结构，1919—1929》《美国经济结构研究：投入产出分析中理论和经验的探索》《投入产出经济学》《经济学论文集：理论与推理》《经济学论文集：理论、事实与政策》等。

（资料来源：百度百科）

2.“里昂惕夫之谜”

H-O 模型说明，只要知道贸易国要素丰裕度的差异，便可以判定各国生产优势和贸易优势的差异或国际竞争力的差异，进而预见各国的专业化方向和贸易方式，也就是说，要素禀赋的差异是确定国际分工方向和建立贸易方式的充分且必要条件。按照 H-O 理论，美国应该出口资本密集型产品，进口劳动密集型产品。

里昂惕夫于 1953 年运用投入产出分析法调查了美国 200 家企业，并着重对外贸统计数字进行了分析，对 1947 年美国生产每百万美元出口商品和每百万美元进口替代品所需资本和劳动力数量进行了计算，计算结果如表 3-1 所示。

表 3-1　1947 年美国每百万美元出口商品和进口替代品的资本和劳动力需求

投入产出贸易结构	出口商品	进口替代品
资本/美元	2 550 780	3 091 339
劳动力/人	182	170
资本-劳动力比率/(美元/人)	14 015	18 184

（资料来源：Dominick Salvatore,《国际经济学》(第 5 版)）

由表 3-1 可知，1947 年，美国出口每 100 万美元的商品，使用资本 2 550 780 美元，使用劳动力 182 人，每人每年耗资 14 015 美元。与此同时，生产每 100 万美元进口替代品，使用资本 3 091 339 美元，使用劳动力 170 人，每人每年耗资 18 184 美元。由此可知，在 1947 年，用平均每人每年耗资表示的进口替代品的资本-劳动力比率（18 184 美元/人）和出口商品的资本-劳动力率（14 015 美元/人）之比为 1.3∶1。也就是说，美国参与国际分工是建立在劳动密集型生产专业化基础上的，而不是建立在资本密集型生产专业化基础上的。换言之，美国利用对外贸易来节约资本和安排剩余劳动力，而不是相反。这个验证结果与 H-O 模型的结论大相径庭，完全出乎里昂惕夫本人的预料，也引起了经济学界的极大关注，被称为“里昂惕夫之谜”或“里昂惕夫悖论”。

1956 年，里昂惕夫利用投入产出分析法和美国 1951 年的贸易统计资料对美国贸易结构进行了第二次验证，验证结果以《生产要素比例和美国贸易结构：进一步理论和检验分析》为题于同年发表。在该文中里昂惕夫验证了 1951 年美国贸易统计资料，得到的进口替代品的资本-劳动力比率和出口商品的资本-劳动力比率之比为 1.06∶1，这与 1953 年的结论基本相同。

1959 年，日本经济学家建元正弘和市村真一对日本的贸易结构进行了分析。1962 年，印度经济学家巴哈德瓦齐对印度的贸易结构进行了分析。他们都得出一样的结论。印度与美国进行双边贸易时,向美国出口的是资本密集型产品,从美国进口的是劳动密集型产品,与“里昂惕夫之谜”的结论一致;而在与其他国家进行双边贸易时,出口的是劳动密集型产品,进口的是资本密集型产品,与 H-O 模型的结论一致。1961 年,加拿大经济学家沃尔通过对加拿大与美国的贸易结构进行研究,也得出了与“里昂惕夫之谜”一致的结论。还有许多国家的经济学家对此进行了验证,结果是既未肯定也未否定 H-O 模型。

“里昂惕夫之谜”的出现使 H-O 模型处于一种颇为尴尬的境地。问题究竟出在哪里?这吸引了许多经济学家试图从各个方面来解释这一谜题,这种探索推动了“二战”后国际贸易理论的巨大发展。

3.2.2 “里昂惕夫之谜”的解释

“里昂惕夫之谜”引起世界各国经济学家的极大震惊和兴趣,由此产生了许多围绕这一谜题的国际贸易理论,这些理论从不同角度解释了“里昂惕夫之谜”。

1. 人力资本说

人力资本(human capital)是指资本与劳动力结合而形成的一种新的生产要素,人力资本是体现在人身上的技能和生产知识的存量,人力资本投资的收益或报酬在于提高一个人的技能和获利能力,在于提高市场经济和非市场经济中经济决策的效率,包括所有能够提高劳动生产率的教育投资、工作培训、保健费用等开支。一般来说,资本丰裕的国家往往也是人力资本丰裕的国家,在贸易结构和流向上也是出口人力资本要素密集型产品。许多西方经济学家认为,资本包括无形与有形两部分。肯恩等人认为,产生“里昂惕夫之谜”的一个重要原因是里昂惕夫所定义的资本仅仅包含物质资本(如机器、设备、厂房等),而完全忽略了人力资本。如果把人力资本的价值加在物质资本的价值上,那么美国出口的便是资本密集型产品,进口的便是劳动密集型产品,这样“里昂惕夫之谜”就不存在了。

里昂惕夫本人也认为,自己没有认真评估美国的要素禀赋,想当然地认为美国是资本丰裕的国家。而事实上,同一要素之间有很大的不同,一个农民和一个工程师一小时的劳动是不同的,甚至不能相互替代。因此,他从有效劳动的角度作出如下解释:由于劳动素质各有不同,在同样资本的配合下,美国工人的劳动生产率比他们的外国同行要高得多。例如,1947 年美国工人的劳动生产率大约是其他国家的 3 倍,因此,在计算美国工人的人数时,应将美国实际工人数乘以 3 倍,这样美国拥有的资本量与按照劳动生产率计算的美国工人数之比就符合劳动力相对丰富而资本相对短缺的国家的特点了,“里昂惕夫之谜”也就不存在了。

受此启发,后来一些学者在要素禀赋理论的框架下引入人力资本这一因素。由于质量上的差异,劳动力可区分为熟练劳动力和非熟练劳动力两类。其中,熟练劳动力是指具有一定技能的劳动力,这种技能不是先天具备的,而是通过后天教育、培训等手段积累起来的,是需要投资的,所以称熟练劳动力为人力资本。这样一来,资本的含义更广泛了,它既包括有形的物质资本,又包括无形的人力资本。美国在人力资本上的投入远远超过了其他国家,这就意味着美国劳动力含有更多的人力资本,这使美国出口商品的资本密集度要大于进口商品的资本密集度。因此,在加入人力资本后,“里昂惕夫之谜”也就可以解释了。

2. 需求偏好差异说

该学说认为，赫克歇尔-俄林理论的假设条件不成立。该理论成立的一个假设是贸易国双方的需求偏好相似，消费结构相同，因此忽略了两国需求偏好差异对贸易方式的影响。然而，实际上贸易各国国民需求偏好是不同的，而且这种偏好会强烈地影响国际贸易方式。“里昂惕夫之谜”之所以会在美国发生，正是由于美国人对于资本要素密集产品的强烈偏好，而这使美国不得不进口资本要素密集的商品，而出口劳动要素密集的商品。

3. 要素密集度逆转说

在 H-O 模型中，无论生产要素的价格比例的实际情况如何，某种商品总是以某种要素密集型的方式生产的，即不论在中国还是美国，布的生产都是劳动密集型的，彩电的生产都是资本密集型的。但在现实生活中，假如布在中国是劳动密集型产品，但美国由于资本丰裕而劳动力稀缺，有可能在布的生产中使用更多的资本，而更少使用劳动力，这样布在美国就变成了资本密集型产品。这说明要素密集度在现实中是可能发生逆转的。

要素密集度逆转说最先是由罗纳德·琼斯(Ronald Jones)提出的。他认为，由于各国的生产要素丰裕度和要素价格不同，各国在生产同一种商品时可能会采用不同的方法，因而投入的要素比例也就不同。这样，同一商品可能在不同的国家就表现为不同的要素密集型产品，例如在劳动资源丰富的国家为劳动密集型商品，在资本资源丰富的国家则变为资本密集型商品。西方经济学家将这种情形称为要素密集度逆转。

由于同一种商品的生产可以存在要素密集度逆转，因此，当劳动力的相对价格提高时，美国的进口竞争部门会使用相对便宜的资本替代相对昂贵的劳动力。由于资本替代劳动力的能力很大，或者说进口竞争部门较之出口生产部门有很高的资本与劳动力替代弹性，致使该部门生产的产品由劳动力的相对价格提高前的劳动密集型产品变为资本密集型产品，从而会有美国出口劳动密集型产品、进口资本密集型产品的结果。

然而，要素密集度逆转只存在于少数行业中，在现实中不具有普遍性。美国经济学家格鲁贝尔(H.G.Grubel)在 1962 年对 19 个国家的 24 个行业进行了统计分析，发现有 5 个行业存在生产要素密集度的逆转。里昂惕夫对他所研究的资料进行了定量分析，发现要素密集度逆转的发生率只有 1%，也就是说它对 H-O 模型无实质性影响。

4. 自然资源说

自然资源说的主要代表人物有凡涅克(Jaroslav Vanek)和波斯特纳(Harry Postner)等。他们认为，“里昂惕夫之谜”之所以产生，一个重要的原因就是里昂惕夫在对美国的对外贸易进行经验验证研究时，拘泥于要素禀赋理论关于贸易模型只包含资本和劳动力两种要素的假定，忽略了自然资源这样一种非常重要的要素。一旦将自然资源要素纳入理论讨论的范畴，“里昂惕夫之谜”也就解开了。

就此，凡涅克指出了两点：

(1) 在美国，有些自然资源的确是相对稀缺的，或者美国为了对本国的自然资源加以“战略性保护”而使其显得相对稀缺。因此，美国每年都从国外大量进口自然资源密集型商品。

(2) 在实际的生产过程中，自然资源要素投入同资本要素投入之间一般说来存在极强的互补关系，而且，在大多数情况下，资本要素和自然资源要素不能相互替代。也就是说，对于需要耗费大量自然资源的商品，在其生产过程中，一般也要投入大量的资本要素。

凡涅克认为，从以上两点认识出发，“里昂惕夫之谜”是不难理解的。美国进口商品中资本要素的相对密集度较高只是一种表面现象，从中不能推出美国变成了一个资本要素相对稀缺的国家，因而需要从国外进口资本密集型商品的结论。这种现象只是反映了美国大量进口的自然资源密集型商品同时又是资本密集型商品的客观现实。

1975 年，波斯特纳根据凡涅克的自然资源说，重新验证了加拿大 1970 年的对外贸易结构和商品流向。波斯特纳发现，无论是从加拿大对外贸易的总体情况考查，还是只考查加拿大同美国的双边贸易，自然资源要素在加拿大的对外贸易中都占据着重要的地位。作为一个自然资源要素相对丰裕的国家，加拿大主要出口自然资源密集型商品。由于自然资源密集型商品生产过程中自然资源要素投入同资本要素投入之间存在相互跟进的关系，导致加拿大出口商品中的资本要素密集度相对提高，因而看起来加拿大好像是在出口资本密集型商品。

5. 贸易保护说

很多经济学家认为，“里昂惕夫之谜”是美国贸易保护的结果。H-O 模型是建立在完全自由竞争的假设之上的，而现实的国际贸易中存在着大量的关税壁垒和非关税壁垒，是一个不完全竞争市场。尤其是在“二战”初期，美国贸易政策的制定会受到多种利益集团的影响，贸易政策一般是限制高技术产品的出口，阻碍劳动密集型产品的进口。一些研究表明，美国进口劳动密集型产品比进口资本密集型产品受到更严格的进口壁垒限制，特别受到保护的是技术落后的产业和非熟练、半熟练的劳工集团。经济学家罗伯特温的研究表明，如果美国进口商品不受限制，那么进口商品的资本和劳动力之比会比实际高 5%。然而，这一结果只能对“里昂惕夫之谜”作出部分解释，但不能够改变其结论。

3.3 对“里昂惕夫之谜”的评价

“里昂惕夫之谜”揭示的 H-O 理论脱离国际贸易现实的情况引起了西方经济学界的广泛兴趣与思考，引发了从各个理论角度解释这一谜题的探索浪潮，进而推动了“二战”后国际贸易理论的迅速发展，为后续一系列国际贸易新理论的产生奠定了基础。

复习思考题

1. 简述 H-O 模型的基本假设，并说明这些假设的必要性。
2. H-O 模型中的要素供给比例理论是从哪几个层次进行分析的？
3. 简述要素价格均等化定理。
4. 简述“里昂惕夫之谜”及其产生。
5. 人们对“里昂惕夫之谜”的解释有哪些？

第 4 章

当代国际贸易理论

4.1 当代国际贸易理论产生的背景

古典国际贸易理论和新古典国际贸易理论是建立在完全产业竞争和产业间贸易基础之上的，但是 20 世纪中期第三次工业革命的出现大大推进了世界经济的发展，同时也对国际贸易格局产生了巨大的影响。这次工业革命使国际贸易量、贸易的商品结构和地理方向发生了根本性变化，而传统的国际贸易理论已经无法解释这些贸易现象。

1. 知识密集型产品在国际贸易总量中的比重不断上升

在古典国际贸易理论和新古典国际贸易理论的分析中，利用有形商品来阐述理论内容，这些商品可以解释以劳动密集型产品、土地密集型产品为主体的初级产品的贸易实践。但是在当代国际贸易结构中，初级产品贸易比例下降，以资本密集、技术密集、知识密集为特征的产品贸易比例上升，国际竞争力日益取决于科技竞争力。

知识密集型产品与传统有形商品的

不同之处体现在以下 3 方面：

(1) 价格需求弹性较高。单位价格和收入的变动会引发需求量更大程度的变动，同时这些产品的需求者主要集中在发达国家。

(2) 价值增值效益十分显著。在知识密集型产品生产中高度使用资本、技术和知识等要素，这些要素比劳动力、自然资源更具增值空间，甚至可以以极低的边际成本扩大生产和市场规模。例如，一项技术专利的发明与应用可以给无数拥有专利使用权的厂商带来经济效益。

(3) 国家间的比较优势动态化，由比较优势向竞争优势方向转化。知识和技术成为国际竞争力的决定性因素，使国家间的比较优势变得更加不确定和动态化，传统的静态比较优势理论已经无法解释这一动态比较优势的变化。

2. 发达国家之间相互贸易的比重迅速上升

按照赫克歇尔-俄林理论，由于发达国家与发展中国家间要素禀赋差异明显，发展贸易的潜力巨大，因此国际贸易应主要集中在发达国家与发展中国家间。但现实贸易中，发达国家间的贸易量在世界贸易的比重越来越高，这些国家不但资本、技术与知识资源丰裕，而且收入水平也十分接近。20 世纪 60 年代初，北美、西欧和日本之间的贸易量占世界总贸易量不到 40%，1983 年这一比重增加到 41%，1993 年为 47%左右。如果把新加坡、韩国等新兴工业国家算上，这一比例更高。1999 年，全部工业国家 73%的出口产品销往其他工业国家，有 68%的产品从其他国家进口。目前这一数据一直高于 75%。

3. 产业内贸易越来越成为贸易的主要形式

现代贸易不但包括用本国纺织品换取外国葡萄酒的产业间贸易，而且也包括用本国汽车换取外国汽车的产业内贸易和跨国公司各个分公司间的公司内贸易，后两种贸易占世界总贸易量的比重不断上升，并成为国际贸易的主导倾向。2005 年，公司内贸易约占世界贸易的 1/3，产业内贸易占世界贸易的 60%以上。目前跨国公司内部贸易约占世界贸易的 80%。各国不再追求产品的所有生产环节，而是选择本国最具优势的环节生产，以便获得经济全球化的最大收益。

4. 跨国公司对全球许多产业形成垄断

商品市场中完全竞争很少，而不完全竞争是常态。一些跨国公司由于规模报酬递增而获得市场垄断地位，从而促进了跨国公司内部分工的发展。而传统的国际贸易理论无法对此作出解释。

4.2 国际贸易新要素理论

古典国际贸易理论和新古典国际贸易理论对生产要素的分析仅限于劳动力、资本和土地 3 种。随着现代国际经济的发展，西方经济学家认为，生产要素除了劳动力、资本和土地，还包括技术、人力资本、研究与开发、信息、规模经济与管理等新型生产要素。国际贸易新要素理论从要素的国际移动、要素密集度的转变等方面来说明国际贸易的基础和贸易格局的变化。

4.2.1　国际贸易新要素理论的内容

1. 技术要素说

传统的生产要素把工艺流程、方式方法等技术排除在生产要素之外，定义为生产过程的投入物。但是技术作为生产过程中的知识、技巧和熟练程度的积累，不仅可以提高劳动力、资本和土地要素的生产率，而且可以提高三者作为一个整体的全部要素的生产率，从而改变劳动力、资本和土地在生产中的相对比例关系。从这个意义上看，技术也是一种独立的生产要素。

技术作为生产要素可看成是相关的生产要素的数量增加。技术使得单位产品成本下降，或者同样的投入能有更多的产出。技术在现代经济活动中的地位越来越重要。技术可以提高要素的生产率，节约要素的使用，降低商品成本和价格，优化产品质量效能，提高生产经营水平，增强国际市场竞争力。当今国际经济的竞争很大程度上是技术水平的竞争，技术进步会对各国生产要素禀赋的比例产生影响，从而影响各国的相对优势，进而影响贸易格局的进步。

2. 人力资本要素说

人力资本要素是美国经济学家舒尔茨提出的，他利用人力资本的差异来说明国际贸易产生的原因和一国的对外贸易格局。

舒尔茨和许多西方经济学家认为，各国劳动力要素生产率的差异实质上就是人力技能的差异。因此技能也是一种生产要素。另外，由于人力技能是人力投资的结果，因此人力技能又可称为人力资本。人力资本丰裕的国家，如美国、日本，在知识和技术密集型产品的生产和出口上具有比较优势，而大多数发展中国家处于劣势地位。

根据人力资本要素说，把劳动分为两大类：一类是简单劳动，即无须经过专门培训就可以胜任的非技术性的体力劳动；另一类是技能劳动，即必须经过专门培训形成一定的劳动技能才能胜任的技术性劳动。要对劳动者进行专门培训，就必须进行投资，人力资本投资的效果实际上就是人力资本效用发挥的程度。

人力资本丰裕状况对国际贸易格局、流向、结构和利益等方面具有重要的影响作用。人力资本论者(如基辛、凯南等)认为，资本丰裕的国家同时也是人力资本丰裕的国家。因此，这些国家的比较优势实际上在于人力资本的丰裕，这是它们参与国际分工和国际贸易的基础。在贸易结构和流向上，这些国家往往出口人力资本要素密集型的产品。例如，美国最丰裕的是人力资本，而不是物质资本，于是美国贸易结构中技能密集型产品出口占主体，劳动密集型产品进口占主体。

【国际贸易博览 4-1】

基辛的比较分析

美国学者基辛(D.B. Keesing)根据美国 1960 年人口普查资料，把企业人员按照技术熟练程度分为 8 个等级：科学家和工程师、技术员和制图员、其他专业人员、经理、机械工人和电工、其他熟练工人、推销人员和职员、半熟练和非熟练工。前 7 级是熟练劳动，第 8 级是非熟练劳动。基辛将这种技术熟练程度的分类应用到美国等14个国家的1962年进出口情况的分析中。基辛计算的美国等5个国家制造出口产品和进口替代产品所使用的熟练劳动和非熟练劳动的比例(其他9个国家或地区的比例从略)详见表4-1。

表4-1 美国等5个国家进出口产品上所花费的熟练劳动与非熟练劳动的比例

国家＼指标	出口/%		进口/%	
	熟练劳动	非熟练劳动	熟练劳动	非熟练劳动
美国	54.6	45.4	42.6	57.4
瑞典	54.0	46.0	47.9	52.1
德国	52.2	47.8	44.8	55.2
意大利	41.1	58.9	52.3	47.7
印度	27.9	72.1	53.3	46.7

从表4-1可以看出,美国出口产品所使用的熟练劳动的比例比进口替代产品的比例高,而非熟练劳动的比例则较低。美国也是出口产品中熟练劳动所占比例最高的国家,这反映了美国技术专业人员及熟练工人相对丰富,在技术含量高的生产部门具有比较优势。

(资料来源:董瑾,《国际贸易理论与实务》)

3. 研究与开发要素说

研究与开发要素说是由西方经济学家格鲁勃、梅达、弗农和基辛等人提出的。研究是指与新产品、新技术、新工艺紧密相关的基础和应用研究,开发是指新产品的设计开发与试制。该学说认为研究与开发也是一种生产要素,但它不同于生产过程中其他形式的要素投入。研究与开发要素是以投入到新产品中的与研究和开发活动有关的一系列指标来衡量的。例如,可以通过研究与开发费用占销售额的比重、从事研究与开发工作的各类科学家和工程技术人员占整个就业人员的比例、研究与开发费用占一国国民生产总值或出口总值的比重等来判断各国研究与开发要素在经济贸易活动中的重要性。

研究与开发要素对一国的贸易结构有很大影响。一个国家越重视研究与开发,投入的资金越多,其产品中知识与技术密集度就越高,在国际市场竞争中的地位就越有利。1965年,基辛在《劳动技能与国际贸易:用单一方法评价多种贸易》一文中,以美国在10个主要工业发达国家不同部门的出口总额中的比重代表竞争能力,分析研究要素与出口竞争力的关系。结果表明,美国产品竞争力强且出口占10国出口总额比重大的部门,投入的研究与开发费用占美国销售额的百分比也大,科学家和工程师的人数占美国该部门全部就业人员的比重也大。这就证明了一种出口产品的国际竞争能力和该种产品的研究与开发要素密集度之间存在着很高的正相关关系。

4. 信息要素说

西方经济学家认为,在现代经济生活中,企业除了需要土地、劳动力和资本等生产要素外,更需要信息,信息已经成为越来越重要的生产要素。信息要素是指来源于生产过程之外并作用于生产过程的能带来利益的信号的总称。信息要素是无形的、非物质的,它区别于传统生产要素，是生产要素观念上的重大变革。

信息要素是一种能够创造价值并能进行交换的无形资源。一方面，由于信息创造价值的能力难以用通常的方法测量，所以其交换价值只能取决于信息市场的自然力量。另一方面，由于信息强烈的时效性，所以信息交换也常常带有不可预见的性质。随着市场在世界范围内的拓宽以及各种经济贸易活动的日益频繁，社会时时刻刻都在产生着大量的信息，这些信息在不同方面、不同程度地影响着社会经济活动，影响着企业生产经营的决策和行为方式，影响着一个国家的比较优势，从而改变一国在国际分工和国际贸易中的地位。

5. 规模经济与管理说

规模经济是指随着生产规模扩大而发生的单位成本下降所带来的利益。西方经济学家认为，规模经济可以影响一国的比较优势，因而是国际贸易的重要基础。

规模经济可以分为内部经济和外部经济。内部经济是指企业在扩大生产规模时由于采用效率更高的特种生产要素和进行企业内部的专门化生产而从企业内部引起的收益增加。外部经济是指企业在扩大生产规模后利用企业外部的各种有利条件而获得的利益。因此，企业要取得规模经济利益，就必须扩大生产规模；而扩大生产规模又必须以广阔的国内市场为条件。由于规模经济能够使单位产品成本下降，因此规模经济和资源丰裕度一样也是国际贸易的基础。

管理是指在一定技术条件下保持最优的组织、配置和调节各种生产要素之间的比例关系。管理既可以看成是生产要素的一个单独要素，也可以看成是劳动要素的特殊分类。但值得注意的是，管理是生产要素的补充而不是替代，它与其他生产要素之间不存在相互替代关系。

管理需求随生产规模扩大而增强。在现实经济活动中，管理通过相应的管理人员（如经理等）的工作而体现。西方经济学家认为，管理水平的差异说明了劳动生产率的差异。一般来说，经济水平落后的国家，管理要素都相对稀缺，表现在管理人员比重小和管理水平比较低等方面。另外，管理资源的丰裕程度影响到生产效率和生产成本，管理也将直接影响到一国的比较优势地位和对外贸易的各个环节。

4.2.2　对国际贸易新要素理论的简评

传统国际贸易理论中一般都假定生产要素在国际间不能流动；但在现实生活中，生产要素不但可以在各国之间流动，而且可以对各国要素市场的供给、需求和社会福利产生影响，改变各国的经济结构，影响各国的贸易模式和贸易量。就分析方法而言，国际贸易新要素理论与传统要素贸易理论无本质的不同。国际贸易新要素理论对第三次工业革命所带来的世界经济的飞速发展和世界贸易格局的革命性改变在理论上给予了新的解释，突破了生产要素的限制，赋予了生产要素更丰富的新含义，并扩展了生产要素的范围，对国际贸易的分析更接近现实。

4.3 技术差距理论与产品生命周期理论

在影响经济发展的各种因素中，技术是最活跃的因素，技术进步通过对经济过程的促进对国际贸易产生复杂的影响。许多经济学家认为，比技术差异更重要的是技术变化，即技术差异的动态因素。20世纪60年代，美国经济学家波斯纳和弗农通过对产品技术变化及其对贸易格局的影响分析，提出了技术差距理论和产品生命周期理论，从动态的角度分析了贸易格局的变化。

4.3.1 技术差距理论

技术差距理论又称技术间隔理论或创新与模仿理论，是由美国经济学家波斯纳于1961年在其《国际贸易与技术变化》一文中提出的，后来格鲁勃和弗农等人进一步对此进行了论证。

1. 基本假设

技术差距理论提出了以下基本假设：

(1) 最初的技术进步必须建立在存在于某国经济中的一系列制度性内生变量的基础之上。所谓制度性内生变量，是指一国同他国相比能够引发技术进步的诸多他国所不具备的因素。以二战之后的美国为例，美国之所以能够长期居于世界科学技术水平的领先地位，主要得益于美国拥有雄厚的总体经济实力、较高的人均国民收入、充足的科技投入和庞大的科技队伍等一系列其他国家不具备的有利条件，这就是美国经济中独有的制度性内生变量。

(2) 技术成果的国际传递受多方面因素的制约，难以顺利进行。所以，在一定时期内，能率先完成某项技术创新的国家，即技术创新国，能较为稳定地保有因技术创新所带来的技术差距比较优势。

2. 技术差距理论的内容

技术差距理论认为，不同国家在生产新产品时存在着技术方面的差距，从而导致了国际贸易的产生。技术领先的国家具有较强的开发新产品和新工艺的能力，在技术上处于领先优势，于是出口某类技术领先产品，导致了该产品的国际贸易。随着贸易的扩大，技术可能通过专利权转让、技术合作、对外投资等多种途径和方式传播，被其他国家引进和模仿，于是与其他国家技术差距缩小，贸易量下降。当技术引进国能生产出满足国内需求数量的产品时，两国间的国际贸易就会终止，技术差距最终消失。

技术差距理论把技术创新国从制造出新产品到技术引进国能完全仿制该种产品进而由技术引进国自己生产的产品完全替代进口该产品所需要的时间称为模仿时滞。模仿时滞由反应时滞和掌握时滞两个阶段构成。反应时滞是指技术创新国生产出新产品到技术引进国决定自行生产该种产品的时间。其长短取决于技术引进国的经济规模、产品价格、收入水平、需求弹性、关税和运输成本等多种因素。其中，反应时滞的前期称为需求时滞。需求时滞是指技术创新国生产出新产品到技术引进国开始形成对该种产品的需求进而进口该种产品的时间。随着技术引进国进口该种产品,技术引进国会逐渐掌握生产该种产品的生产技术,并开始模仿生产该种产品。需求时滞的长短取决于技术引进国消费者对新产品的认识和了解。掌握时滞是指技术引进国从生产该种产品到完全掌握生产该种产品的生产技术进而停止进口该种产品的时间。随着技术的转让、技术合作、对外投资等方式的不断进行,技术引进国会完全掌握该种产品的生产技术,并利用其生产该种产品的成本优势不断扩大产品的生产,进而由国产产品完全替代进口产品,停止进口该种产品。掌握时滞的长短取决于技术创新国技术转移的程度及时间、技术引进国的需求强度以及对新技术的消化吸收能力等因素。

技术差距理论将各国技术变化作为引发国际贸易的单独因素,以动态分析方法探讨了国际贸易的根源。但技术差距理论没有说明技术差距的大小及形成的原因,也就没有解释技术差距如何随着时间的推移而消失,因而无法解释贸易量和贸易结构的变动。在技术差距理论基础上发展而来的产品生命周期理论正好弥补了技术差距理论的这一缺陷。

【国际贸易博览 4-2】

中国制造技术与发达国家差距大

中国工程院副院长邬贺铨,中国工程院院士、清华大学教授柳百成等专家提出,与发达国家相比,中国制造技术存在三大差距。

一是制造技术创新能力不强。航天、轨道交通设备、炼油技术等以自主创新为主,但水平与国外仍有较大差距;通信、家电、发电设备、船舶、军用飞机、载重汽车及钢铁制造等在经历引进之后,国内企业自主开发,创新能力有明显提高;轿车、大型乙烯成套设备、计算机系统软件等处于引进技术消化吸收过程,尚未掌握系统设计与核心技术;大型飞机、半导体和集成电路专用设备、光纤制造设备、大型科学仪器及大型医疗设备等主要依赖购买国外产品。

二是制造技术基础薄弱。设计技术、可靠性技术、制造工艺流程、基础材料、基础机械零部件和电子元器件、基础制造装备、仪器仪表及标准体系等发展滞后,制约了制造业的发展。

三是制造技术创新体系尚未形成。绝大多数企业技术开发能力薄弱,尚未成为技术创新的主体;缺乏一支精干、相对稳定的力量从事产业共性技术的研究与开发;科技中介服务体系尚不健全,没有充分发挥作用。

专家表示,当前,大力提升中国制造业的技术创新能力已迫在眉睫。

(资料来源:《科技日报》,2006 年 11 月 15 日)

4.3.2　产品生命周期理论

产品生命周期理论是美国经济学家弗农在其 1966 年发表的《产品周期中的国际投资与国际贸易》一文中提出的,后经威尔斯、赫希什等人不断发展完善。该理论从产品生产的技术变化出发,分析了产品生命周期各阶段的循环及其对国际贸易格局的影响。产品生命周期理论是对技术差距理论的进一步完善和深化。

1. 基本假设

产品生命周期理论提出了如下假设：国与国之间的信息传递受到限制；生产函数是可变的，而且当生产达到一定水平后会产生规模经济；产品在不同的生命周期阶段所表现的要素密集特点是各不相同的；不同收入水平的国家在需求和消费结构上是有差异的。

2. 产品生命周期理论的内容

弗农假设参与贸易的国家可分为 3 类：第一类是技术创新国家，如美国等，它们是技术、知识与资本丰裕型国家；第二类是工业发达国家，如西欧、日本，它们是资本丰裕型国家；第三类是发展中国家，它们是劳动力丰裕型国家。

产品生命周期理论认为，在产品的整个生命期间，生产所需要的要素是会发生变化的，从技术创新角度讲，可假设产品的生命周期由产品创新阶段、产品成熟阶段、产品标准化阶段 3 个阶段构成。产品的生产需要很多不同的投入，随着技术的变化，在产品生命周期的不同阶段，各种投入在成本中的相对重要性将会改变。由于各国生产要素的比较优势不同，因此各国在产品不同阶段的比较优势不同，从而使得各国在国际贸易中的地位不同。

(1) 产品创新阶段。这一阶段主要进行新产品的研究和开发、试制、试销。这一阶段技术尚处于发明创新阶段，研究与开发费用在成本结构中占据最大比重，生产技术尚不确定，产量较少，成本很高，消费量也很少。技术创新国家由于劳动力相对稀缺，资本相对丰富，具有良好的教育条件与雄厚的科技力量，有着完备的知识产权保护体系和有利于创新的外部环境，并且承担风险的能力也较强，因此能够集中大批高素质的科技人员从事研究与开发活动，从而在这一阶段拥有比较优势。技术创新国家发明新产品后，由于对本国市场熟悉，首先在国内市场批量生产与销售，根据消费者动态，及时调整产品生产和营销策略，使新产品尽早走向成熟。新产品最初投入国内市场时，其收入弹性较高，属于高档或奢侈性产品，这一阶段的产品主要满足本国高收入阶层的特殊需求。

(2) 产品成熟阶段。经过一段时间之后，技术创新国家生产技术趋于成熟，国内消费者普遍接受创新产品，由于新进入的厂商不会受到技术上的限制，收入水平相近的国家开始消费新产品，由于国外需求增加，生产规模扩大，新产品进入成长期。此阶段企业间竞争十分激烈，为扩大生产和销售，企业进行大量的资本投入，产品从技术密集型转化为资本密集型，于是工业发达国家开始拥有该产品生产上的比较优势，并且逐渐取代技术创新型国家而成为主要生产国和出口国。技术创新国家的厂商一方面继续在本国生产并出口新产品，另一方面在国外以许可形式组织生产，或直接投资在国外设分厂生产并销售。随着分公司的设立，技术创新型国家对工业发达国家的直接出口下降乃至消失。而发展中国家此时还不完全具备生产能力，仍然需要从国外进口。

(3) 产品标准化阶段。新产品进入该阶段的标志是产品由资本密集型转化为劳动密集型。一方面，产品的技术已经完成了其生命周期，生产过程已经标准化，操作也变得简单；另一方面，生产该产品的机器本身也因成为标准化的产品而变得便宜。因此这一阶段技术和资本逐渐失去重要性，劳动力成本成为决定生产是否有比较优势的主要因素，于是生产的比较优势转移到了劳动力丰裕的发展中国家。产品在标准化初期，主要由工业发达国家生产并出口；在标准化晚期，由劳动力丰裕的发展中国家生产并出口。

产品生命周期各阶段的比较优势及贸易流向见表 4-2。

表 4-2　产品生命周期各阶段的比较优势及贸易流向

阶　段	比较优势	贸易流向		
		技术创新国家	工业发达国家	发展中国家
产品创新阶段	产量小，成本高，是技术密集型产品，依靠技术比较优势竞争	在国内生产和销售以满足本国市场需求，对外出口增加，价格高	进口由增加到减少	进口逐步增加
产品成熟阶段	规模日益扩大，并达到适度规模，是资本密集型产品，依靠规模比较优势竞争	随着技术扩散，竞争加剧，出口减少	出口从增加到减少	进口由增加到减少
产品标准化阶段	产品高度标准化，生产成本下降，是劳动密集型产品，依靠价格优势竞争	与其他国家在第三国市场展开产品竞争，随着其他国家生产成本的降低，产品从出口转为进口	在与发展中国家竞争中逐步退出出口市场	成为主要出口国

可见，由于技术的传递和扩散，不同国家在国际贸易中的地位不断发生变化，新技术和新产品出现在技术领先的某发达国家，而后传递和扩散到其他发达国家，再到发展中国家。近年来，新技术扩散的速度逐渐加快，使得新产品的生命周期变得越来越短。

4.3.3　产品生命周期理论的现实意义

产品生命周期理论结合了市场营销理论和传统的国际贸易理论等，运用了动态分析方法，从技术创新和技术传播等角度分析了国际分工的基础和国际贸易格局的演变，是“二战”后最具影响力的国际贸易理论之一。

(1) 它对贸易格局有着很大的影响。它引导企业通过对产品的生命周期的把握，了解和掌握出口的动态变化，正确制定对外贸易的产品战略和市场战略。

(2) 它对国际投资、跨国公司的生产和经营也有着很大的影响，并与国际投资、技术转让等生产要素的国际移动结合在一起，揭示出比较优势是不断在转移的，每一国都在进行产品创新。模仿引进、扩大生产和扩大经营时，要把握时机，利用不同阶段的有利条件，长久保持比较优势。

(3) 它还反映出企业在当代国际竞争中取胜的重要因素之一在于创新能力和模仿能力的大小。

但是，在当今世界，随着世界经济一体化的深入，很多产品不具备这样的生命周期。随着跨国经营日益全球化，跨国公司的一些产品往往在东道国就地生产、就地销售，已没有这样一个梯度转移的过程；另外，由于科学技术的迅速发展，产品的生命周期大大缩短。因此，该理论的适用性是有局限的，对于发展中国家而言，要加强技术研发和创新，并抓住全球产业转移的机会，引进对国内而言相对先进的产业，并吸引跨国公司来本国设立研发中心。

【案例分析 4-1】

诺基亚巨人的衰落

2014 年 7 月中旬，微软宣布预计在本财年内裁员 1.8 万人，而被微软收入麾下不久的诺基亚业务成为重灾区，约 1.25 万被裁员工来自诺基亚设备与服务部门。据统计，诺基亚北京区有 90％的员工被裁，近 4500 个诺基亚员工失业。

纵观诺基亚发展历史，从当初的手机霸主到今日的惨淡衰落，诺基亚就像一个王朝一样，在手机行业的大战场中被打败投降。那么，诺基亚为何会落个如此惨淡结局？我们不妨来探究一下。

据前瞻产业研究院发布的《2014—2018 年中国手机行业市场前瞻与投资预测分析报告》显示，从 1996 年开始，诺基亚手机连续 15 年占据手机市场份额第一的位置，并且连续推出了 Symbian 和 MeeGo 的智能手机。2003 年，诺基亚 1100 在全球已累计销售 2 亿台。2009 年诺基亚公司手机发货量约 4.318 亿部，当时约占手机市场的 39.3％。2010 年第二季度，诺基亚在移动终端市场的份额约为 35％。然而，盛极必衰的道理也同样发生在了诺基亚身上。2008 年 10 月，由 Google 注资研发的 Android 操作系统的智能手机发布。随后，Android 系统逐渐扩展到平板电脑及其他领域上。2011 年第一季度，Android 系统在全球的市场份额首次超过 Symbian 系统，跃居全球第一；2013 年第四季度，Android 平台手机的全球市场份额已经达到 78.1％。与此同时，自 2007 年乔布斯推出第一代 iPhone 开始，苹果手机开始在手机市场上分羹。

诺基亚面对 Android 系统智能手机和苹果手机的夹击，在 Symbian S60v3 基础上推出了 S60v5，并且在 2010 年分别发布了 MeeGo 和 Symbian 3，然而未能打败 iOS 和 Android，并且手机地位逐渐被竞争厂商苹果和三星超过。2014 年 4 月，诺基亚公司将旗下的移动电话业务移交至微软集团，微软正式完成对诺基亚的收购。

（资料来源：前瞻网，https://www.qianzhan.com/analyst/detail/220/140807-0adcefbe.html）

案例讨论：请阅读相关资料，从产品生命周期的视角分析诺基亚衰落的原因。

4.4 产业内贸易理论

传统的国际贸易理论主要是针对不同产品之间的贸易，但自 20 世纪 60 年代以来，美国经济学家格鲁贝尔等人在研究开发共同市场成员之间贸易的增长时，发现发达国家之间的大量贸易是产业内同类产品的贸易。格鲁贝尔等人认为，当代国际贸易从产品结构上大致可以分为产业间贸易和产业内贸易两大类。他对产业内贸易进行了研究，提出了产业内同类产品贸易增长的特点和原因。继格鲁贝尔后，格雷（Gray）、戴维斯（Devies）、克鲁格曼（Krugman）和兰卡斯特（Lancaster）等对产业内贸易进行了大量的理论性研究，丰富了产业内贸易理论。

4.4.1 产业内贸易的概念和特点

产业间贸易是指各国间的贸易是不同产品间的贸易，例如中国从美国进口汽车，向美国出口纺织品。产业内贸易是指一国同时出口和进口同类型的产品的贸易，例如美国每年出口大量的汽车，同时也向日本、韩国、德国进口大量的汽车。产业内贸易的产品是指国际贸易标准分类中至少前 3 个层次分类编码相同的产品。

一般来说，产业内贸易具有以下特点：

(1) 与产业间贸易相比，它在内容上是产业内同类产品的相互交换，而不是产业间非同类产品的交换。

(2) 产业间贸易的产品流向具有双向性，即同一产业内的产品可在两国间相互进出口。

(3) 产业内贸易的产品具有多样性，既有劳动密集型产品，也有资本密集型产品。

(4) 产业内贸易的产品必须具备两个条件：一是在消费上可以相互替代，二是在生产中需要相近或相似的生产要素投入。

4.4.2　产业内贸易的分类

根据产业内贸易的对象，可将产业内贸易分为同质产品的产业内贸易和差异产品的产业内贸易两种。在同质产品的产业内贸易中，贸易对象完全相同。若一国存在转口、复进口、复出口等贸易方式时，这种产业内贸易现象极易发生。在差异产品的产业内贸易中，贸易对象不完全相同。根据产品的差异，可以将差异产品的产业内贸易分为垂直差异产品的产业内贸易、水平差异产品的产业内贸易和技术差异产品的产业内贸易 3 种。垂直差异产品的产业内贸易是指产品的差异体现在产品的质量方面。水平差异产品的产业内贸易是指进出口商品的质量基本相同，而差异主要体现在产品的外观设计、销售条件、售后服务等其他方面。技术差异是指技术水平提高、新产品出现带来的，处于生命周期不同阶段的同类产品的差异。

4.4.3　产业内贸易理论的假设前提

产业内贸易理论的假设前提如下：

(1) 从静态出发分析。

(2) 分析不完全竞争市场。

(3) 经济中具有规模经济效应。

(4) 考虑需求情况。

显然，产业内贸易理论的假设前提与传统的贸易理论的假设前提是不同的。

4.4.4　产业内贸易指数

一般用产业内贸易指数来测量某个产业或某个国家的产业内贸易程度。对产业内贸易程度的测量有几种方法，如沃顿指数、巴拉萨指数等，目前国际上影响较大的是格鲁贝尔-劳埃德指数，即 G-L 指数。

若用 X_i 表示某国 i 产品的出口额，M_i 为该国 i 产品的进口额，A_i 为该国 i 产品的产业内贸易指数，则产业内贸易指数的计算公式为

$$A_i = 1 - \frac{|X_i - M_i|}{X_i + M_i} \tag{4-1}$$

由式(4-1)可知,A_i 在0至1间变动。A_i 越接近1,说明产业内贸易程度越高;A_i 越接近0,说明产业内贸易程度越低。当该国 i 产品只有出口而无进口(即 $X_i \neq 0, M_i = 0$)或只有进口而无出口(即 $X_i = 0, M_i \neq 0$),则 $A_i = 0$,此时该国该产业不存在产业内贸易。

一般来说,产业内贸易指数受两个因素的影响。一是该产业部门产品的性质,例如化工生产、机械和运输设备等部门就容易发生产业内贸易。二是该产业部门产品的成熟程度,高度发达成熟的产业部门容易发生产业内贸易,而幼稚产业部门内就不容易发生产业内贸易。

从一个国家的角度看,产业内贸易指数由各种产品的产业内贸易指数加权平均数求得,它表示一国产业内贸易在对外贸易总额中的比重,其计算公式为

$$A = 1 - \frac{\sum_{i=1}^{n} |X_i - M_i|}{\sum_{i=1}^{n} X_i + \sum_{i=1}^{n} M_i} \tag{4-2}$$

其是,A 为某国所有产品综合产业内贸易指数,n 为该国产品的种类。

由式(4-2)可知,A 在0至1间变动。A 越接近1,说明该国所有产品综合产业内贸易程度越高;A 越接近0,说明该国所有产品综合产业内贸易程度越低。A 会随着产业范围的大小而变化,产业范围越大,一国越有可能出口该产业的差异产品,A 就越大。

4.4.5 产业内贸易理论的成因

造成产业内贸易现象的主要原因是规模经济、差异产品、需求偏好相似等。各个国家公司或产业的国际竞争力对于产业内贸易的格局起着决定性作用。

1. 规模经济

在规模经济条件下,随着生产规模的扩大,总产量增加的速度将超过要素投入增加的速度,平均成本下降,生产效率提高。

规模经济分为内部规模经济和外部规模经济。内部规模经济不一定会带来市场不完全竞争,而外部规模经济将导致不完全竞争。因为进行国际贸易后,厂商面对更广大的市场,生产规模可以扩大,规模经济使扩大生产规模的厂商的生产成本、产品价格下降,而生产相同产品、规模不变的其他厂商将被淘汰。因此,存在规模经济的某一产业部门内,各国将各自发展该产业部门的某些差异产品,进行产业内贸易,以满足彼此的多样化需求。国家间的要素禀赋越相似,越可能生产出更多相同类型的商品,它们间的产业内贸易量将越大。

2. 差异产品

格鲁贝尔等经济学家将同类产品分为同质产品和异质产品。同质产品是指可以完全互相替代的无差别产品;异质产品是指不能完全替代的产品,这些产品由于各自的特征,相互间不能完全替代,从而使各种产品具有一定的垄断性。由于规模经济的存在,企业希望消费者需求的产品越单一越好;而由于差异产品的存在,消费者的需求呈现多样化的特征。这样,生产的单一性要求和消费的多样化要求就必然发生矛盾。最好的解决办法就是国际分工和国际贸易:一国只生产有限系列的同类商品,获得规模经济效益,然后通过国际贸

易，为消费者的多样化选择提供可能性。

3. 需求偏好相似

需求偏好相似说又称偏好相似说或收入贸易说，是由瑞典经济学家林德（S.B. Linder）在其 1961 年发表的《贸易与变化》一书中提出的，他用国家间需求结构相似来解释工业制成品贸易发展的理论。

林德认为，H-O 模型只适用于解释发达国家与发展中国家间的工业制成品和初级产品贸易，而不能解释发达国家之间的工业制成品贸易，因为前者的贸易发展主要是由供给要素决定的，而后者的贸易发展主要是由需求因素决定的。他认为，影响一国需求结构的因素主要是人均收入。一国的需求结构和人均收入是直接相关的。人均收入越相似的国家，其消费偏好和需求结构越相近，产品的相互适应性就越强，贸易交往就越密切。发达国家间产业结构相似，它们之间的分工大多是部门内产业内分工。这些国家人均收入水平相似，消费结构大体相同，因此需求重合大，发达国家间产业内贸易量也较大。

4.4.6　对产业内贸易理论的简评

产业内贸易理论有以下 3 个优点：

（1）产业内贸易理论更符合实际。

首先，它的假设前提更符合当代实际；其次，如果产业内贸易的利益能够长期存在，那么其他厂商就不能自由进入这一行业，这就说明了自由竞争的市场是不存在的；最后，产业内贸易的利益来源于规模经济，这种分析比较符合实际。

（2）产业内贸易理论考虑了需求因素。

该理论从供给和需求两个方面分析了产业内贸易现象出现的原因。在供给方面，由于参与国际贸易的厂商通常处在垄断竞争的条件下，因此产生了同类产品的差异化；在需求方面，消费者的偏好具有多样性，而且各国之间的消费需求常常存在着相互重叠的现象。

（3）产业内贸易理论对发展中国家具有指导作用。

一方面，发展中国家要在国际贸易中提高地位，仅仅依靠资源丰富是远远不够的，必须从规模经济入手提高国际竞争力；另一方面，政府在产业政策、贸易政策等方面加强干预是十分必要的。

产业内贸易理论是对比较优势理论的补充和发展，但它依然是从静态角度进行分析，这也是它的不足之处。

4.5　国家竞争优势理论

国家竞争优势理论是由美国哈佛大学商学院迈克尔·波特教授提出的。20 世纪八九十年代，迈克尔·波特经过一系列研究，相继出版了《竞争战略》（1980 年）、《竞争优势》（1985 年）、《国家竞争优势》（1990 年）3 本书，分别从微观、中观和宏观 3 个层面较为系统地论述了竞争（企业竞争、产业竞争、国家竞争）问题，系统地提出了竞争优势理论，使得对国际贸易的解释更具有统一性和说服力，形成了一个新的理论框架雏形。

【国际贸易博览 4-3】

迈克尔·波特

迈克尔·波特(Michael E. Porter,1947—)世界管理思想界可谓是"活着的传奇",他是当今全球第一战略权威,是商业管理界公认的"竞争战略之父",在2005年世界管理思想家50强排行榜上,他位居第一。

迈克尔·波特出生于密歇根州的大学城——安娜堡,父亲是一位军官。波特在普林斯顿大学最初学的是机械和航空工程,随后转向商学,获得哈佛大学的MBA及经济学博士学位,并获得斯德哥尔摩经济学院等7所著名大学的荣誉博士学位。

1983年,他被任命为美国总统里根的产业竞争委员会主席,开创了企业竞争战略理论并引发了美国乃至世界的竞争力讨论。他先后获得过大卫·威尔兹经济学奖、亚当·斯密奖和5次麦肯锡奖。迈克尔·波特获得的崇高地位缘于他所提出的"五种竞争力量"和"三种竞争战略"的理论。作为国际商学领域最受推崇的大师之一,迈克尔·波特至今已出版了17本书,发表了70多篇文章。迈克尔·波特的三部经典著作《竞争战略》《竞争优势》和《国家竞争优势》被称为"竞争三部曲"。

迈克尔·波特对竞争情有独钟。他的第一部广为流传的著作是1980年出版的《竞争战略》。他在书中总结了5种竞争力:行业中现有对手之间的竞争和紧张状态、来自市场中新生力量的威胁、替代的商品或服务、供应商的还价能力以及消费者的还价能力,这就是著名的"五力模型"。在激烈的商业竞争中,只有灵活运用战略才能胜出,因此,迈克尔·波特为商界人士提供了3种卓有成效的战略:成本优势战略、差异化战略和缝隙市场战略。公司应视具体情况和自身特点来选择战略方针,同时还应该考虑连接产品或者供给的系列信道,迈克尔·波特首次将这种信道称为价值链,他在每一条价值链上区分出内部后勤、生产或供给、外部物流及配送、市场营销及售后服务5种主要的活动,而每一种活动都伴随着各自的派生活动。每一家公司的价值链相应地融入一个更为广阔的价值体系。

(资料来源:《新帕尔格雷夫经济学大词典》第4版)

4.5.1 国家竞争优势理论产生的经济背景

国家竞争优势理论的产生是以美国国际经济地位的变化为背景的。在"二战"后的20年里,美国经济实力强盛,遥遥领先于世界上其他各国。但此后,由于其他西方国家经济的快速增长,美国各项经济指标在世界经济中的比重不断下降。20世纪70年代以来,欧洲共同市场的形成和壮大以及日本的崛起都对美国在国际经济贸易中的地位构成了严重挑战。美国在国际市场上的竞争优势被严重削弱,就连新兴工业国家和地区(如亚洲"四小龙")都在抢夺美国在世界市场上的份额。到了20世纪80年代,世界经济贸易领域的竞争进一步加剧,美国对外贸易逆差和国际收支赤字有不断增长的态势。迈克尔·波特的国家竞争优势理论正是在这种情况下产生的。

4.5.2　国家竞争优势理论的主要内容

迈克尔·波特认为,一个国家的竞争优势就是企业、行业的竞争优势,也就是生产力发展水平上的优势。一个国家的兴衰,其根本在于能否在国际市场中取得竞争优势,竞争优势形成的关键在于能否使主导产业具有优势,优势产业的建立依赖于生产率的提高,生产率的提高关键在于企业是否具有创新机制。从宏观角度来看,一个国家的竞争优势来源于4个基本因素和两个辅助因素。4个基本因素分别是:要素条件,需求状况,相关产业和支持性产业,企业战略、结构和竞争对手。两个辅助因素分别是机遇和政府。

1. 要素条件

要素条件中的要素是指一国拥有的生产要素,主要包括土地、自然资源、人力资源、资本资源、知识资源和基础设施等。要素可分为初级要素和高级要素、一般要素和专门要素。初级要素是一国先天拥有或不需太大代价便能得到的要素,如自然资源、气候、非熟练或半熟练劳动力等;高级要素是指需通过长期投资或培育才能创造出的要素,如现代化的基础设施、高科技或高素质的人力资源等;一般要素是指一些适用范围广泛的要素,如公路系统和受过高等教育的雇员等;专业要素是指专门领域的人才、特殊的基础设施、特定领域的专门知识等。专门要素比一般要素更能为国家提供持久的竞争优势,因为一般要素提供的仅仅是基本的竞争优势,它们的供给在许多国家都能得到,更容易被取代。

2. 需求状况

需求状况是指本国市场对该项产业提供产品或服务的需求情况。迈克尔·波特认为,国家需求状况的不同会导致各国竞争优势的差异,能够在激烈竞争中生存并发展壮大的企业更能获得竞争优势,在促进企业持续竞争力方面,最重要的是市场的特征而不是市场的大小。不同的国内需求使厂商对买方需求产生不同的看法和理解,并作出不同的反应。本国市场的需求大,将有利于企业快速达到规模经济。如果本国消费者特别挑剔,要求复杂且标准很高,则会促使本国企业努力改变产品质量和服务,进行创新,提供更先进的产品,从而获得竞争优势。国内市场细分的需求结构、老练和挑剔的消费者及前瞻性的消费者需求这3个特征对国家竞争优势有十分重要的影响。另外,独立的消费者数量、需求的增长速度、需求的规模及市场饱和的时间也会对一国企业的竞争优势产生影响。

【国际贸易博览 4-4】

需求条件与国家竞争优势

众所周知,芬兰、瑞典的科学技术水平在国际上处于中游水平,但其属于高科技产品的移动通信产品的生产能力却位居世界前茅,诺基亚、爱立信在全球移动通信产品厂商中位列三甲。其中两国领先的国内需求功不可没。这是因为两国均地处高纬度地带,冬季天气寒冷,积雪覆盖,加之森林密布,使得人们在傍晚和晚上需要随时与家人保持通信联系。但因为气候的原因,两国铺设固定通信设施的费用非常昂贵,因此,两国对移动通信产品的需求便领先于其他国家。20世纪80年中期,美国消费者对移动通信产品的需求率是6%,而这两国达到了14%。领先的需求帮助诺基亚和爱立信在移动通信产品领域迅速发展,并确立了国家竞争优势。

(资料来源：张二震、马野青,《国际贸易学》)

3. 相关产业和支持性产业

相关产业和支持性产业是指因共用某些技术、共享同样的营销渠道或服务而联系在一起的产业或具有互补性的产业。相关产业和支持性产业的表现是指相关产业和上游产业是否具有国际竞争力。一个国家的产业要想获得持久的竞争优势,就必须具有在国际上有竞争力的供应商和相关产业。其重要性不但在于它们能以最有效的方式迅速地为国内公司提供最低成本的投入品,而且它们与主导产业在空间分布上的邻近有利于它们间的信息传递、技术交流,从而有利于企业的科技创新,形成良性互动的"产业簇群"。

4. 企业战略、结构和竞争对手

企业战略、结构和竞争对手是指企业在一个国家里的基础、组织和管理形态以及国内市场竞争的表现,包括公司的建立、组织和管理的环境以及国内竞争的性质。不同国家的公司在目标、战略和组织方式上都大不相同。在现实经济活动中,企业都有自己的规模、组织形式、产权结构和竞争目标,它们构成企业的管理机制。企业要在竞争中获得优势,必须根据内部条件和外部环境作出合适的选择。迈克尔·波特强调,强大的本国竞争对手是企业竞争优势产生并得以长久保持的最有力的刺激。没有任何战略是普遍适用的,战略的适用性取决于某时、某地、某企业的有关工作的适应性和弹性。

5. 机遇

机遇包括重要的发明、重大技术变化、外汇汇率的重要变化、突然出现的世界或地区需求、外国政府的政治决定和战争等。机遇对于竞争优势的重要性在于它可能打断事物的发展进程,改变一个国家在一个产业中的国际竞争地位,使原来处于领先地位的公司的竞争优势无效,使落后国家的公司能够顺应局势的变化,抓住新机会,获得竞争优势。但机遇对竞争优势的影响不是决定性的,同样的机遇可能给不同的企业带来不同的结果,能否利用机遇以及如何利用机遇,还是取决于 4 种基本因素。

6. 政府

政府对国家竞争优势的作用主要在于对 4 种基本因素的影响。政府可以通过补贴、对资本市场加以干预或制定教育政策等影响要素条件;通过确定地方产品标准、制定规则等影响买方需求;政府也能以各种方式决定相关产业和支持性产业的环境,影响企业的竞争战略、结构和竞争状况等。因此政府的作用十分重要。

4.5.3 国际竞争力的发展阶段

各国在其发展过程中,产业的国际竞争会表现出不同的形式和特点,因而产业国际竞争的过程会经历具有不同特征的发展阶段。迈克尔·波特认为,一国国际经济地位上升的过程是其竞争优势逐步形成的过程。他将一国优势产业参与国际竞争的过程分为 4 个依次递进的阶段：要素驱动阶段、投资驱动阶段、创新驱动阶段和财富驱动阶段。其中前 3 个阶段属于产业国际竞争力的上升期,最后一个阶段属于衰落期。

1. 要素驱动阶段

在要素驱动阶段，国际竞争力主要来自一国在基本要素上所拥有的优势，如自然资源、廉价劳动力等。具有竞争优势的产业一般是资源密集型产业和劳动密集型产业。在此阶段，企业参与国际竞争的方式只能是依靠较低的价格取胜，所以参与国际竞争的产业对世界经济周期和汇率敏感，这将直接影响产品的需求和相对价格。一国凭借基本要素上的优势虽然可以在一段时间内维持其竞争优势和经济增长，但是基本要素推动下的竞争优势由于缺乏生产力持续提高的基础，不可能长久地保持下去。按照迈克尔·波特的标准，几乎所有的发展中国家都属于这一阶段。

2. 投资驱动阶段

在投资驱动阶段，竞争优势的取得主要来源于资本要素的投入，取决于企业是否愿意并有能力大量投资现代的、高效的、大规模的生产设施，而且使用国际上先进的技术，从而增强竞争力。在这一阶段，企业仍然在相对标准化的、价格敏感的市场中进行竞争。但随着就业的大量增加，工资和要素成本的大幅度提高，一些价格敏感的产业开始失去竞争优势。因此，政府能否实施适当的政策十分重要。政府可以引导稀缺的资本投入特定的产业，增强其承担风险的能力，提供短期的保护以鼓励本国企业的进入，建设有效规模的公用设施，刺激和鼓励企业获取外国技术以扩大出口等。迈克尔·波特认为，只有少数的发展中国家进入了这一阶段。例如，在投资驱动下，韩国经济曾一度取得了成功。

3. 创新驱动阶段

在创新驱动阶段，具有竞争优势的产业是建立在较高级和较复杂的生产要素、有力的需求条件、坚强的相关支持产业、灵活的企业策略和企业结构等基础之上的。在此阶段中，企业注重对人员的培训，重视研究开发工作，创新意识和创新能力强，并积极地将科技成果转化为商品，以获得持久的竞争优势。企业能在广阔的领域成功竞争，并实现技术的不断升级，由此使国家的产业结构不断优化，经济发展进入良性循环。一国进入创新驱动阶段的显著特点之一是高水平的服务业的国际地位越来越高，这也是产业竞争优势不断增强的反映。高级服务业所需的人力资源及其他要素也发展起来，不仅服务的国内需求随着收入和生活水平的提高而大大增强，而且本国服务业进入国际市场，使该国的国际竞争力也大大增强。政府的直接干预越来越弱，而是鼓励创造更多的高级要素，改善国内需求质量，刺激新的产业领域的形成，保持国内竞争等。按照迈克尔·波特的标准，英国在 19 世纪上半叶就进入了创新驱动阶段，美国、德国、瑞典在 20 世纪上半叶也进入了这一阶段。

4. 财富驱动阶段

财富驱动阶段是产业国际竞争力衰落的时期，其驱动力是过去所积累的财富。企业在创新活动、人员培训等方面的投资减少，产业的创新、竞争意识和竞争能力都明显下降，经济发展缺乏强有力的推动，企业开始失去国际竞争优势。企业依赖于过去的物质积累，丧失了继续创新和投资的动力，企业更注重保持地位，而不是进一步增强竞争力，投资者的目标从资本积累转变为资本保值，有实力的企业试图通过政府来保护自己。财富驱动阶段的突出表现是长期的产业投资不足。此阶段的经济目标主要是提高社会福利,而为了支撑庞大的社会福利制度的运作,政府往往采取高税率,逐渐减少投资和创新活动。按照迈克尔·波特的标准,英国已进入这一阶段,美国、德国等国家在 20 世纪 80 年代也开始进入这一阶段。

4.5.4 国家竞争优势理论与比较优势理论的关系及其意义

国家竞争优势理论所要解释的是企业或行业国际竞争力的来源,因此,国家竞争优势理论直接构成一种国际贸易理论。国家竞争优势理论的追随者往往将比较优势与竞争优势看作完全对立的范畴,或者认为国家竞争优势理论的提出就是为了替代比较优势理论。这种观点属于对比较优势和竞争优势的误解。国家竞争优势理论与比较优势理论既有联系又有区别。

1. 区别

国家竞争优势理论是对比较优势理论的发展和超越,是对当代国际贸易现实的逼近。比较优势理论着眼静态分析,而国家竞争优势理论则强调以竞争、创新为基础的动态分析,可以说是对传统理论的突破,这是两者的根本区别。比较优势理论不重视国内需求状况、相关产业与支持性产业及国内竞争等因素对于企业竞争优势的影响。迈克尔·波特非常肯定地认为,国内因素与竞争优势之间存在因果关系。

2. 联系

在国家竞争优势理论与比较优势理论之间并不存在一种对立或者相互替代的关系。实际上,二者更接近一种相互补充的关系。

(1) 在生产因素方面,比较优势理论和国家竞争优势理论都强调生产因素在企业和产业创造竞争力过程中所发挥的作用。比较优势理论强调一国在其产品、技术和产业选择中充分利用其相对丰富的生产要素,这样才能降低成本,提高竞争力;国家竞争优势理论更加强调高级要素的重要性。因此,遵循比较优势,充分利用现有要素禀赋所决定的比较优势来选择产业、技术、生产活动,是企业和国家具有竞争力的前提。

(2) 在同业竞争方面,国家竞争优势理论认为,激烈的同业竞争能够给企业提供足够的压力,使企业增加对高级要素的投资,有利于推进企业的创新。但是对一个特定的行业来说,只有在该行业符合经济体的比较优势时,同业间的良性市场竞争才有可能实现。

(3) 国家竞争优势理论非常强调相关产业和支持性产业对于企业和产业创造竞争优势的重要性,但这与国家的经济发展战略有关。在违背比较优势的国家经济发展战略下,一个具有良好发展前景的产业簇群是很难出现的。

充分发挥经济的比较优势是国家竞争优势理论 4 种基本要素存在和发挥作用的必要条件,或者说,充分发挥经济的比较优势是国家创造和维持产业竞争优势的基础。比较优势和竞争优势往往同时作用于一国产业的发展,一国往往有的产业具有比较优势,有的产业具有竞争优势;比较优势与竞争优势可以互相转化,有比较优势的产业有利于创造竞争优势,比较优势是竞争优势的基础;两者都是产业竞争力的比较,比较优势侧重产业发展的潜在竞争力,竞争优势强调现实的竞争力。

4.5.5　对国家竞争优势理论的简评

1. 国家竞争优势理论是当代国际经济学理论的重大发展

国家竞争优势理论弥补了其他国际贸易理论的不足，提出了以下基本观点：国家竞争优势应该是国际贸易理论的核心，一国建立国家竞争优势才能获得持久的比较利益。同时该理论突破了传统贸易理论对于在要素基础上形成优势的静态观点，弥补了传统贸易理论就单项因素或其简单组合为出发点来展开理论分析的不足。

2. 国家竞争优势理论在当代国际贸易分工中也具有重要的现实意义

伴随着当今经济从一体化到全球化的发展，国际分工日益深入，国际竞争日益激烈，在这种竞争中，任何一个国家都不再可能依靠要素禀赋条件的比较优势赢得有利的国际分工地位，而只有创造竞争优势，才能提高自己的竞争力，增进本国人民的福利。迈克尔·波特强调国家应加强产业的竞争优势扶持和培育，这对于发展中国家竞争优势的发展无疑具有积极的指导意义。

总之，国家竞争优势理论超越了传统理论对国家优势地位形成的片面认识，首次从多角度、多层次阐明了国家竞争优势的确切内涵，指出国家竞争优势形成的根本原因在于竞争，在于优势产业的确定。从这个意义上说，国家竞争优势理论摆脱了传统理论的孤立性、片面性，建立了国家竞争优势的概念体系和理论框架。

【国际贸易博览 4-5】

中国皮革业低成本比较优势减弱

自 2012 年始，皮革主体行业出口增长进入一位数时代，2014 年出口仍延续低速增长态势。海关统计数据显示，2014 年 1～10 月，全国皮革行业累计完成出口额 758.62 亿美元，同比增长 9.1%，其中，10 月份完成出口额 74.87 亿美元，同比增长 2.1%。

近年来由于中国劳动力成本的迅速上升，中国制造业尤其是劳动密集型的轻工业正在逐渐失去优势，中国已经成为发展中国家里工资最高的国家。据美国国会研究服务机构统计，2000—2013 年，中国工资平均每年增长 11.4%。21 世纪初，中国工人的工资只有墨西哥工人的 30.2%，而 2013 年，中国工人的工资已经比墨西哥工人高出 50.5%，比越南工人高出 168%。专家指出，如果中国经济每年以 7%的速度增长，5 年后，人均收入将达到 1 万美元。

这种现象在皮革行业也有所体现，行业低成本竞争优势减弱，出口高速增长难以为继，增速逐步放缓。越来越多的皮革出口企业受到来自东南亚国家皮革企业的竞争压力。以制鞋业为例，数据显示，2003—2013 年，中国制鞋工人工资增长了约 3.5 倍，而人民币对美元汇率中间价累计升值超过 30%，加上其他成本上涨，利润基本被蚕食。目前国内东部沿海地区工人月薪大约是 500 美元，印尼大约是 300 美元，而越南只有 250 美元左右。

箱包行业情况也大致如此。目前，不管国内箱包企业的规模是大是小，工人的月薪起步价均已上升到 3000 元的水平，劳动力成本的持续上涨已然成为箱包出口加工企业的最大担忧。放弃订单的大有人在，即使接了订单，利润空间也年年都在萎缩。以一个在国外销售千元以上的国外名牌箱包为例，刨去人力成本、原料成本等，加工企业的利润不超过 5 个百分点，甚至停留在几元钱水平。在以中小型企业贴牌加工为主的生产现实背后，小企业出口下降明显，甚至下滑超过50%，盈利能力削减。

随着中国从低成本向中高收入国家过渡，亚洲可能会出现第二次世界大战结束以来的第三次工业大转移。第一次大转移出现在20世纪70年代初，劳力密集型工业从日本转向新加坡、韩国等国家。20世纪90年代发生了制造业向中国转移的第二次工业大转移。而中国经过20年的工业迅猛发展之后，将出现第三次工业大转移浪潮。虽然中国有优越的基础设施、完整的供应链以及技术良好的工人，企业在短期内转移制造基地有困难，可是另辟蹊径已经是大势所趋。不仅是外国公司，就连中国公司也会到海外寻找廉价劳力市场。

根据亚洲鞋业协会调查的结果，自从2008年金融危机爆发以来，随着中国制造成本节节攀升，东南亚鞋业已抢走中国30%的订单。一方面国内原材料和劳动力成本上涨，不断提高皮革企业的生产成本，加剧出口订单向东南亚国家的流失；另一方面中国皮革行业遭受的各类贸易壁垒呈现不断上升趋势，也给皮革企业的出口带来了一定风险。据越南皮革、鞋业和箱包协会统计，2014年上半年鞋和箱包生产线转移的比例比2013年同期高25%，耐克、阿迪达斯、彪马等商家已经将在中国的大量订单转到越南生产，在此背景下，2014年上半年越南鞋业出口48.5亿美元，同比增长22%，延续了高增长态势。

东南亚地区之所以成为皮革产能转移的聚集地，主要得益于这些地区享受的优惠关税、原料成本低廉等优势。以越南为例，2013年，越南对欧盟出口鞋类约34亿美元，占越南鞋类出口总额的33%。2014—2016年，越南出口欧盟产品享受普惠制(GSP)关税优惠，鞋类出口关税由8%～17%降至4.5%，中国则被取消了该项优惠。而越南—欧盟自贸协定有望于2014年10月达成协议，届时，越南将有90%的产品的进出口关税逐步降到零，相比中国产品，其产品价格拥有较强的竞争力，短期来看将对中国皮革出口带来一定的冲击，长期来看这种影响是渐进的。

（资料来源：中国工业新闻网，2018年1月16日）

复习思考题

1. 国际贸易新要素理论包括哪些内容？
2. 试述技术差距理论的主要内容。
3. 试述产品生命周期理论各阶段特点及与国际贸易的关系。
4. 论述产业内贸易理论的内容。
5. 假设某国服装进口额是30单位，出口额是40单位，请计算产业内贸易指数。
6. 什么是规模经济？它能成为国际贸易的基础吗？
7. 请用相关理论解释下列情况：中国是电视机出口大国；美国与日本相互出口汽车；微软公司的产业地位；高科技产品总是首先在发达国家出现；世界上半数的大型喷气式客机是在西雅图生产的。
8. 按照迈克尔·波特的国家竞争优势理论，一国的竞争优势是由哪些因素决定的？比较优势与竞争优势之间是什么关系？评析国家竞争优势理论。
9. 论述国家竞争优势理论在中国外贸中的应用与政策建议。

第5章
贸易保护理论

自亚当·斯密以来的各种自由贸易理论所揭示的理论含义和政策含义都几乎相同,基本结论都是:自由贸易可以促进各国经济发展,而保护贸易政策阻碍经济发展。保护贸易理论始于重商主义,后经过汉密尔顿、李斯特、凯恩斯和普雷维什等人的发展,形成了一个与自由贸易理论相对立的贸易保护理论。本章将系统介绍贸易保护理论及其发展,为全面分析贸易保护提供理论框架。

5.1 贸易保护理论的演进

5.1.1 重商主义

15~17世纪是西欧从封建社会向资本主义社会过渡的时期。为适应商品经济迅速发展的需要,产生了一种新的经济理论,即重商主义。重商主义认为,财富即金银,金银是货币的唯一形态。根据对待金银的态度和获取金银的手段不同,重商主义可分为早期和晚期两个阶段。

早期的重商主义也叫货币差额论,其主要代表人物是英国的斯塔福德(Stafford,1554—1612)和法国的孟克列钦(Montchretien,1575—1622)。他们认为财富积累的主要途径是获得贸易顺差,因此在对外贸易活动中必须使每笔交易和对每个国家都保持顺差,以使金银流入本国,并将其储存起来,不再对外贸易;同时,为了增强本国国力,应阻止本国金银外流。他们在贸易保护政策主张上大多奉行出口垄断、进口高关税和外汇管制等措施。

晚期的重商主义也叫贸易差额论,其主要代表人物是英国的托马斯·孟(Thomas Mun,1571—1641)。他批判了早期的重商主义禁止货币流出,将货币储藏起来的做法,主张将货币投入到有利可图的对外贸易中,认为货币产生贸易,贸易增加货币,只有保持贸易顺差,才可能增加货币并使国家富足。他认为追求贸易顺差的途径应是保持本国对外贸易总额的顺差,而不必使得与每个国家的每笔交易都保持顺差。为了保持贸易顺差,托马斯·孟提出发展英国手工业和航运业、殖民扩张和保护贸易等政策主张,同时主张以优惠条件鼓励工业原料进口、以退还税款方式鼓励商品输出和对出口生产商发放奖金或补助等辅助性措施。

5.1.2 自由竞争时期的贸易保护理论

18世纪后期至19世纪中期是资本主义自由竞争时期。西欧国家和美国陆续完成了工业革命。当时英国的工业水平最高,在国际市场上竞争力最强,因此需要在世界范围内获取丰富而廉价的原材料,开拓新的销售市场,因此极力倡导实行自由贸易政策。而当时工业落后的美国和德国的经济学家极力主张贸易保护政策,代表人物是美国的汉密尔顿(Alexander Hamilton,1757—1804)和德国的李斯特(Georg Friedrich List,1789—1846)。当时美国刚从英国殖民统治下获得独立,由于殖民统治的影响,尤其是受到战争的破坏,经济凋敝,工业落后,在与英国的贸易中,仍以出口本国农林等初级产品、进口本国所需工业制成品为主。这种局势有利于南方种植园主,而北方工业资产阶级经营的制造业难以发展。汉密尔顿是美国贸易保护主义的鼻祖,他代表工业资产阶级的利益,在1791年向国会提交了《保护制造业的报告》,极力主张以较高的关税保护美国的制造业。汉密尔顿提出,美国的经济情况不同于欧洲先进国家,其工业基础薄弱,技术水平落后,工业生产成本高,实行自由贸易政策将不利于美国工业的发展,进而威胁美国经济和政治上的独立地位,因此必须采取关税措施保护美国的工业,尤其是制造业的发展。

李斯特进一步发展了这一思想,他于1841年出版了《政治经济学的国民体系》一书,该书是幼稚产业保护论的代表作,系统地阐述了这一学说。

5.1.3 垄断资本主义时期的贸易保护理论

19世纪末至20世纪初,西方国家进入垄断资本主义时期。垄断资本的统治加速了对外贸易政策的扩张。20世纪30年代,资本主义经济陷入严重危机。自由放任经济的信条受到批判,国家干预经济的思潮兴起,贸易保护被理论学者所尊崇,在贸易保护的具体政策主张上,他们除了继续强调设置传统的关税壁垒外,还对进口配额和其他非关税壁垒的设置给予了广泛的认同。凯恩斯(John Maynard Keynes,1883—1946)的新重商主义成为超贸易保护主义的理论基础。普雷维什(Raul Prebisch,1901—1986)用中心-外围理论强调发展中国家应采取贸易保护措施,以获得经济上的自由主张和政治上的真正独立。

“二战”后，世界经济和贸易迅速发展。20 世纪 70 年代中期，石油危机、货币危机加剧了世界贸易的不平衡，使世界经济进入滞胀阶段，国际贸易中出现了传统自由贸易理论无法解释的一些新现象，贸易保护理论有了新的发展。凯恩斯的新重商主义就是这个时期具有代表性的理论。

5.1.4　当代西方贸易保护理论

20 世纪 80 年代，伴随着经济全球化和科学技术的发展，全球竞争日益激烈，发达国家间的贸易摩擦日益加剧，管理贸易理论、战略性贸易理论等应运而生。美国经济学家瓦尔德曼(R.J.Waldman)于 1986 年出版了《管理贸易》一书，将管理贸易定义为：政府为了更好地“管理”国家经济和国家间的经济而在贸易和投资领域里的直接介入，从而使政府对贸易、投资以及企业决策加强控制。而战略性贸易理论强调政府对本国战略性产业的扶持。这些理论从不同方面阐述了国家运用多种手段干预对外贸易、增强国际市场竞争力的重要性。

5.2　李斯特的幼稚产业保护论

对幼稚产业的保护一直是贸易保护最强有力的论据，也是落后国家推动其产业升级的重要手段。18 世纪后半叶，汉密尔顿在他的《保护制造业的报告》中首次提出了幼稚产业保护论。这一思想在 19 世纪中叶由李斯特加以发展，他在《政治经济学的国民体系》一书中系统深刻地阐述了幼稚产业保护论。

【国际贸易博览 5-1】

弗里德里希·李斯特

弗里德里希·李斯特是古典经济学的怀疑者和批判者，是德国历史学派的先驱者。李斯特生于符腾堡州的一个鞋匠家庭。他在高中毕业后参加文官考试被录取，任下级官吏，后提升为该州(当时称邦)会计监察官。他曾任蒂宾根大学行政学教授。因鼓吹德国统一，废除多邦关卡，不容于当局，被迫辞职。他后来主持德国工商同盟工作，被选为符腾堡州议会议员。他因提出改革方案受迫害，被判处 10 个月监禁。1825 年，他被迫赴美，任当地德文报纸主笔。他将在宾夕法尼亚工业促进协会会刊上发表的文章汇集成书出版，即《美国政治经济学大纲》。他于 1830 年入美籍，曾任美国驻莱比锡、汉堡领事。后旅居德国，继续致力于振兴德国的事业。1834 年，以普鲁士为中心的德意志关税同盟成立，在封建势力控制下，依然实行自由贸易政策。李斯特已无法进行政治活动，特赴巴黎从事写作。1841 年，其代表作《政治经济学的国民体系》问世，数月之内发行 3 版。1846 年，他在去奥地利、匈牙利的旅行途中，因贫病交迫而自杀。

李斯特的奋斗目标是推动德国在经济上的统一，这决定了他的经济学一直服务于国家利益和社会利益。与亚当·斯密的自由主义经济学相左，他认为国家应该在经济生活中起到重要作用。他的观点深受亚历山大·汉密尔顿以及美国学派的影响。李斯特的主要著

作有《政治经济学的国民体系》(1841 年)、《政治经济学的自然体系》(1837 年)、《美国政治经济学大纲》(1827 年)。他的主要思想包括国家主导的工业化、贸易保护主义等。他以具体行动促成德意志关税同盟,废除各邦关税,使德国经济实现统一,并对后世德国的统一产生了影响。

(资料来源:MBA 智库百科)

5.2.1 幼稚产业保护论提出的历史背景

19 世纪初,德国是一个政治上分裂、经济上落后的农业国。拿破仑战争后的德国仍保持着中古时代的封建制度,全境分裂为 38 个小邦,每个小邦都拥有自己的政府、军队、法庭、外交及货币。各邦之间关卡重重,各邦内部省区之间也因为地方税率的差异而彼此分割。直到 1834 年,各邦才建立起统一的关税同盟。1848 年,德国结束封建割据局面,完成政治上的统一。德国发展资本主义经济面临着强大的外部竞争压力。当时的英国已经完成了工场手工业向机器大工业的过渡,法国的工业也有很大的发展,他们竭力提倡在国际市场上开展自由竞争,以大量廉价的商品冲击德国的市场。摆脱外国自由竞争的威胁、促进德国大工业的发展,成为德国资产阶级的急切要求。在这种背景下,李斯特的幼稚产业保护论产生。

5.2.2 幼稚产业保护论的主要内容

1. 经济发展阶段论

李斯特根据国民经济发展程度,把一国经济发展的历程分为 5 个阶段:原始未开化时期、畜牧时期、农业时期、农工业时期、农工商时期。他认为,各国经济发展阶段不同,采用的贸易政策也不同,自由贸易并不适用于不同经济发展阶段。前 3 个阶段要求农业得到发展,应实行自由贸易政策。农工业时期追求工业发展,应采取贸易保护政策,以使本国工业得到发展。农工商时期追求商业的扩张,应实行自由贸易政策。李斯特认为德国处于农工业时期,必须实行贸易保护政策,借助国家的力量,促进生产力的发展。

2. 生产力论

不论是亚当·斯密的绝对优势理论,还是大卫·李嘉图的比较优势理论,都说明了对外贸易产生经济利益。然而李斯特认为,由于自由贸易理论是建立在静态分析和世界主义的立场之上的,自由贸易产生的利益不足以促进贸易的自由化。按照比较优势进行贸易,向外国购买廉价商品,尽管落后国家在短期内可以获得一些贸易利益,但从长远利益来看,该国的生产力得不到发展,而且会长期落后并从属于外国。当自由贸易损害到一国实际或潜在的利益时,该国有权考虑自己的经济利益。落后国家在面对发达国家强有力的竞争时,为了促进生产力的发展,有理由采取产业保护措施。针对当时的经济环境,李斯特提出,像德国这样处于农工业阶段的国家要与处于农工商阶段的英国进行自由贸易,虽然表面上在短期内可以获得贸易利益,但从长远来看,会损害德国的生产力,制约其创造财富的能力,不利于其国际竞争实力的增强。一个国家不仅应该追求财富,更应该追求创造财富的生产力。

3. 国家干预论

李斯特认为，国家的存在比个人的存在更重要。像重商主义一样，幼稚产业保护论也强调国家在贸易保护中的重要作用。他认为，政府不仅要作为“守夜人”，而且要作为“植树人”，应制定积极的产业政策，发展生产力，利用关税等有效手段保护国内市场。

4. 关税保护制度

李斯特认为，应采用关税制度来达到保护贸易的目的。在制定关税制度时，应体现以下 3 点：

(1) 差别关税率。以幼稚产业的保护为出发点，对不同的产业征收不同的关税。例如，通过禁止输入或征收高关税来保护国内的幼稚产业，同时采用免税或低关税手段来鼓励进口国内不能自行生产的机械设备。对于在国内生产比较方便又普遍提供消费的产品，征收较高的关税；对于在国内生产比较困难、价格昂贵又容易走私的产品，税率应按照情况逐级降低。

(2) 有选择性的保护。保护是有条件的，并非对所有工业都加以保护。只有那些经过保护可以成长起来，能够获得国际竞争力的产业，才对其加以保护；对于那些通过保护也不能成长起来的产业则不予以保护。

(3) 保护期限。对幼稚产业的保护不是无休止的，是有期限的。李斯特提出的保护时间最高年限是 30 年，如果在此期限内被保护的产业始终发展不起来，则放弃保护。

需要注意的是，李斯特保护论并不是绝对的。他不否认自由贸易政策的一般正确性。他认为，当一个国家解决了落后问题，即实现工业化以后，是可以选择自由贸易政策的。这是幼稚产业保护论与重商主义理论以及凯恩斯的新重商主义理论之间的一个不同之处。

5.2.3 幼稚产业保护论简评

李斯特发展了重商主义和汉密尔顿的贸易保护理论，以生产力为基础，充分论证了落后国家实行贸易保护的必要性、阶段性与动态性，形成了贸易保护的完整理论体系。

李斯特主张根据本国的实际情况选择实行自由贸易政策或保护贸易政策，而不是一刀切地实行自由贸易政策；主张从经济成长的长远利益出发，根据经济发展的需要调整贸易政策，而不是一成不变地实行保护贸易政策；主张从维护本国经济运行的稳定性出发，对不同部门实行不同的贸易政策，而不是对所有部门均实行保护贸易政策；主张对产业的保护要有时间限制，而不是无限制地实行保护。李斯特认为，实行保护贸易政策的立足点在于保护和促进本国的经济增长和发展生产力，以增强本国经济的国际竞争力。

李斯特的保护贸易学说对德国资本主义的发展起到了积极作用，有利于资产阶级反对封建主义的斗争。他的理论对经济不发达国家制定对外贸易政策有积极的参考价值。他的关于保护对象是有条件的、保护是有时间限制的、保护本身不是目的而是以自由贸易为最终目的等主张是具有积极意义的。

尽管李斯特的幼稚产业保护论具有合理性和进步性，但仍存在缺陷。第一，李斯特的生产力概念十分庞杂，他将政体、公共管理、自由程度、政治保障和法律的稳定性等各种社会制度，可供利用的物资以及劳动力的素质和科学技术水平都放在了生产力的定义中。他对影响生产力发展的各种因素的分析十分混乱。李斯特把各种不同的社会范畴、技术范畴和政治范畴混杂在一起作为生产力增长的源泉,因而不能揭示生产力和经济发展的根本原因。第二,李斯特对经济发展阶段的划分缺乏科学性。李斯特的经济发展阶段论是按一定部门在经济发展中的地位和作用来划分的,把社会历史的发展归结为国民经济部门的变迁,而忽视了生产关系这个根本因素,因此不能反映社会经济形态变化的真实情况。

【案例分析 5-1】

幼稚产业保护论的运用

保罗·克鲁格曼在《国际经济学》一书中提出了保护幼稚工业理论的几点问题。

第一,保护幼稚工业理论常常使得一些国家今天所保护的是将来才具有比较优势的产业。假定一个国家目前劳动力丰富,劳动密集型产品具有比较优势,资本处在积累的过程之中,只有当其资本积累到丰富的程度,该国的资本密集型产品才具有比较优势。这并不意味着这个国家目前就需要发展资本密集型产业,必须对这类产业进行保护。例如,20世纪80年代韩国开始出口汽车,这并不意味着在20世纪60年代韩国就需要保护汽车制造业,当时它的资本和有技术的劳动力都很缺乏。

第二,除非一个国家为了帮助某一产业提高竞争能力,否则保护制造业并不是什么好事。例如,印度和巴基斯坦对于它们的制造业保护了几十年,直到近年来制造业才开始出口产品。然而,它们所出口的都是一些轻工业产品,如纺织品,而不是它们重点所保护的重工业产品。这是一个很典型的例子,它们所出口的是它们从来没有保护的产业生产的产品,而长期保护的产业却没有产品出口。在这一例子中,幼稚工业的保护似乎是成功的,但是它们付出了巨大的成本和昂贵的代价。

第三,所谓"建立一个产业是昂贵的、需要花费时间的"并不能成为政府干预的理由,除非国内市场失灵。

在以下情况下,政府不需要进行保护,而应当做其所需要做的事情。

其一,如果一个发展中国家没有一系列的金融体系(如有效率的股票市场和银行),那么需要一些传统的部门(如农业部门)进行资本积累,将这些资金投入新的部门(如制造业),于是新的产业的成长受到当前这一产业的企业不能获得利润的限制。最初较低的利润阻碍了人们对这一新的产业的投资,即使从长远的观点来看,这一部门的投资利润将来是很高的。在资本市场正常运转的条件下,政府不需要进行干预。企业家应该意识到,在企业建立的最初几年里,不可避免地会出现亏损;但是,经过一定时期,成本将逐渐下降,达到国际竞争的水平,将来的利润会增加。这些企业可以通过出售股票或者从银行贷款中得到资金的支持。因此,最好的办法是建立一个完善的资本市场,而不是政府的贸易保护政策。

其二,当一个新的产业建立时,一些最早进入该产业的企业会付出"初建"的成本代价。例如,它们需要对地方的基础设施、开辟新的市场进行投资,而后继的企业可以在没有支出这一类成本的条件下享用现有的条件。如果最早进入新产业的企业所付出的代价得不到回报,那么,没有企业愿意较早地进入一个新的产业。关于这一问题,最佳的选择是政府对这些作出贡献的企业进行补贴。

除克鲁格曼以外，还有许多经济学家持有类似的观点。他们认为，促进幼稚工业发展的最佳办法不是保护，而是发展和改善本国的金融市场，或对这些产业进行补贴。

（资料来源：王俊宜、李俊，《国际贸易》）

案例讨论：为什么有的国家保护幼稚工业比较成功，促进了本国工业的成长壮大，而有的国家对本国幼稚工业长期实施保护政策，本国工业却始终未能发展起来？

5.3　凯恩斯的新重商主义

约翰·梅纳德·凯恩斯是英国资产阶级经济学家，是凯恩斯主义的创始人。凯恩斯生活在世界经济制度发生巨大变化的时代。资本主义经济以垄断代替了自由竞争，尤其是1929—1933 年空前严重的经济危机爆发后，经济萧条，世界市场问题进一步尖锐化，各国相继放弃自由贸易政策，改为奉行贸易保护政策，强化了国家政权对经济的干预作用。在这种背景下，凯恩斯的经济立场也发生了变化，由原来的支持自由贸易转为赞同保护贸易，并积极提供理论依据。1936 年，凯恩斯出版了《就业、利息和货币通论》一书（简称《通论》）。在该书中，他对自由贸易理论进行了批评，对重商主义的一些政策进行了重新评价，并以有效需求不足为基础，以边际消费倾向、边际资本效率和灵活偏好 3 个所谓心理规律为核心，以国家干预为政策基点，创立了新重商主义。

【国际贸易博览 5-2】

约翰·梅纳德·凯恩斯

约翰·梅纳德·凯恩斯是英国经济学家和现代经济学最有影响的经济学家之一。他创立的宏观经济学、弗洛伊德创立的精神分析法和爱因斯坦发现的相对论一起并称为 20 世纪人类知识界的三大革命。

1936 年，其代表作《就业、利息和货币通论》出版。凯恩斯另外两部重要的经济理论著作是《论货币改革》（1923 年）和《货币论》（1930 年）。他因开创了经济学的“凯恩斯革命”而称著于世，被后人称为宏观经济学之父。

凯恩斯认为，传统贸易理论以各项生产要素，包括劳动力已经充分就业为前提，宣扬按照比较成本原理进行贸易，既有充分就业，又享分工之利。而现实生活中并不存在这一前提，却经常存在大量非自愿失业。如果一国按照传统理论自由贸易，虽可从事有比较优势部门的专业化生产，取得某些分工之利，但放弃或缩小比较优势不大或无比较优势部门的生产，则必然使失业更趋严重。因此，凯恩斯断然宣称传统贸易理论不适用于现代资本主义。

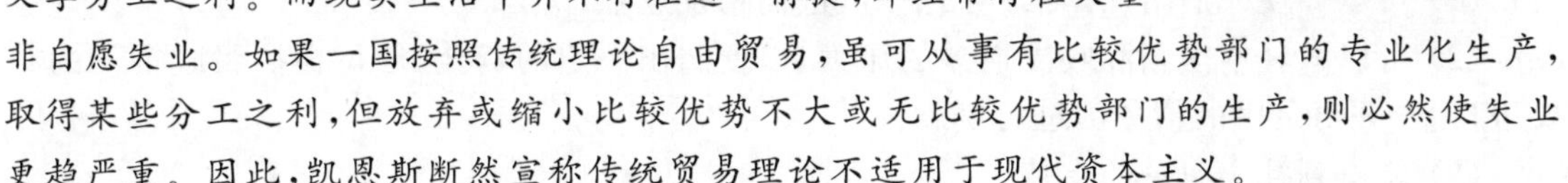

他还认为，传统理论只注重分工的利益和强调对外收支均衡的自动调节过程，而完全忽略贸易差额对国民收入就业的影响。他认为，就一国而言，后者较前者更重要，因为顺差能增加收入，使资金流入，利率降低，投资提高，就业扩大；反之，“若为逆差，则可能很快就会产生顽固的经济衰退。”

由此，凯恩斯赞成贸易顺差，并重新推崇起重商主义，认为“重商主义学说中包含真理成分。”不过，他在肯定重商主义某些观点的同时，也承认“实行重商主义所能取得的好处仅限一国，不会泽及全世界”。

（资料来源：《新帕尔格雷夫经济大词典》第 4 版）

5.3.1 新重商主义的主要论点和政策主张

1. 批判古典学派的自由贸易理论

古典自由贸易理论假定国内充分就业，国家间贸易以出口抵偿进口，进出口平衡；偶尔出现差额，也会由于黄金价格变化而引发的物价变动而得到调整，使进出口复归于平衡。凯恩斯认为，古典学派的贸易理论已经过时。首先，古典自由贸易理论前提条件不符合现实要求，即充分就业事实上并不存在，现实社会中存在着大量的失业状况。其次，传统理论只用国际收支自动调节机制来证明贸易顺差、逆差的最终平衡过程，忽视了在调节过程中对一国国民收入和充分就业的影响。

凯恩斯的新重商主义认为，总投资包括国内投资和国外投资，国内投资额由资本边际收益和利息率决定，国外的投资量由贸易顺差大小决定。贸易顺差可为一国带来黄金，也可扩大支付手段，压低利息率，刺激物价上涨，扩大投资，这有利于国内危机的缓和与扩大就业率。贸易逆差会造成黄金外流，使物价下降，利息率提高，导致国内经济趋于萧条和增加失业人口。因此，凯恩斯在一国对外贸易上赞成贸易顺差，反对贸易逆差，提倡运用各种措施，扩大出口，减少进口，以获得贸易顺差。

2. 提出贸易主张

凯恩斯认为，现代社会中存在着 3 种失业状态：摩擦性失业、自愿失业和非自愿失业。非自愿失业是政府必须解决的问题。失业产生的主要原因是社会的有效需求不足。有效需求是由消费需求和投资需求两部分组成的。消费需求取决于边际消费倾向，投资需求是由资本边际效率和灵活偏好决定的。投资需求又包括国内投资需求和国外投资需求。前者取决于利息率，后者取决于贸易收支状况。如果贸易顺差，国外投资增加，并由此导致国内货币供给增加，利率下降，刺激国内投资增加；如果贸易逆差，则情况相反。所以，保持贸易顺差可以增加有效需求，解决失业问题，促进经济繁荣。因此，凯恩斯积极主张国家对经济生活进行全面干预，实行贸易保护政策，改变国际收支状况，提高一国国民收入。

3. 支持保护关税制度

凯恩斯认为，保护关税制度有 3 个好处：

（1）可以促使人们增加国内产品消费，进而增加就业。

（2）可以减轻本国国际收支逆差的压力，以便腾出一定的资金，偿付在扩张政策下的必要进口量，并对贫困的债务国进行贷款。

（3）能得到社会舆论的支持。

因此，他曾督促英国政府放弃自由贸易政策，恢复保护关税制度，采取直接措施来限制输入，奖励输出。

5.3.2 对外贸易乘数理论

为了进一步说明投资对就业和国民收入的影响，强调政府干预的必要性，凯恩斯提出了著名的乘数理论,也称倍增理论,即投资量的变动给国民收入带来的影响要比投资量的变动本身大得多。他指出,新增加投资会引起对生产资料需求的增加,从而引起从事生产资料生产的人数和工资的增加;人们的收入增加会引起对消费品需求的增加,从而引起从事消费品生产的人数及工资的增加。其结果是:国民收入的增加量将为新增加投资的若干倍,而增加倍数的多少取决于边际消费倾向。这个理论用公式表示为

$$k=\frac{1}{1-\frac{\Delta C}{\Delta Y}}=\frac{1}{\frac{\Delta S}{\Delta Y}}=\frac{\Delta Y}{\Delta S} \tag{5-1}$$

式中,k 为乘数;Y 为国民收入,ΔY 为国民收入增量;C 为消费,ΔC 为消费增量;S 为储蓄,ΔS 为储蓄增量;$\frac{\Delta C}{\Delta Y}$为边际消费倾向;$\frac{\Delta S}{\Delta Y}$为边际储蓄倾向。若$\frac{\Delta C}{\Delta Y}=0$,则没有倍增作用;若$\frac{\Delta C}{\Delta Y}=1$,则倍增作用无穷大;在 $0<\frac{\Delta C}{\Delta Y}<1$ 时,$0<k<\infty$。

从式(5-1)可以看出,乘数 k 的大小主要取决于边际消费倾向或边际储蓄倾向,k 与边际消费倾向成正比,与边际储蓄倾向成反比。

凯恩斯主义者把乘数理论运用到对外贸易领域,建立了对外贸易乘数理论。他们认为:一国的出口和国内投资一样,属于“注入”,有增加国民收入的作用;而一国的进口与国内储蓄一样,属于“漏出”,有减少国民收入的作用。为此,只有当贸易出超或国际收支顺差时,对外贸易才能增加一国的就业量,提高一国国民收入。此时,国民收入的增加量将为贸易顺差的若干倍,用公式表示为

$$\Delta Y=[\Delta I+(\Delta X\text{-}\Delta M)]k \tag{5-2}$$

式中,ΔY 为国民收入增量;ΔI 为投资增量;ΔX 为出口增量;ΔM 为进口增量;k 为乘数。在 ΔI 与 k 一定时,贸易顺差越大,ΔY 越大;反之,如果贸易存在逆差,则 ΔY 要减小。因此,一国的贸易顺差越大,对本国经济发展的作用越大。由此可见,凯恩斯及其追随者的对外贸易乘数理论为保护贸易政策提供了理论依据。

5.3.3　新重商主义理论简评

凯恩斯的新重商主义是传统贸易保护理论在当代的发展。该理论说明发达国家如何通过实施贸易保护理论,实现国内充分就业,提高国民收入,以保持其在国际贸易中的竞争优势。该理论不同于传统的贸易保护理论,它是以保护国内成熟的工业,增强其在国际市场的垄断地位为目标,而不是以保护国内幼稚产业为宗旨;是倡导积极地、大规模地扩张本国商品的出口以最大限度地占领国际市场,而不是只通过抵制外国商品的进口以保护本国商品;是通过对外贸易促进国内经济发展的良性循环,而不是为了简单维持国际收支平衡。凯恩斯的新重商主义代表了垄断资本主义的利益,是发达国家推行超保护贸易理论的依据。

凯恩斯的新重商主义的一些论点是有研究价值和借鉴意义的。该理论把国际贸易作为整个经济运行的一个重要因素,主张通过对外贸易促进国内经济发展的良性循环,扩大就业。对外贸易乘数理论揭示了贸易量与一国宏观经济各主要变量之间的相互关系,在一定程度上指出了对外贸易与国民经济发展之间的某些内在规律性。

新重商主义也存在一些局限性。首先,该理论是在20世纪30年代资本主义大危机的特定环境下产生的,因而只注重研究有效需求问题,单方面强调需求以解决资本主义经济危机,忽略了解决供给问题的重要性。其次,对外贸易乘数理论把贸易顺差看作国内投资,作为对国民经济体系的一种"注入",可以对国民收入产生倍增效应。但事实上,贸易顺差不同于国内投资。投资增加会形成新的生产能力,使供给增加,而贸易顺差增加实际上是出口相对增加,并不能形成生产能力。因此,投资增加和贸易顺差增加对国民收入增加的倍增作用并不等同。再次,对外贸易倍增效应常常会受一国闲置资源和其他因素影响,资源稀缺会限制该国国民收入的下一轮增长。最后,这一理论忽视了对外贸易发挥倍增作用的条件。只有在世界总进口增加的条件下,一国才能继续扩大出口,从而增加国民收入和就业。如果世界的总进口不变或减少,一国将无法增加出口,除非降低出口商品价格。但降低出口商品价格,企业会因利润下降而不愿扩大生产。因此,增加产量以增加出口也无从谈起。

5.4 普雷维什的"中心-外围"理论

普雷维什是阿根廷经济学家,被誉为发展经济学的十大先驱之一。在1981年获得第一届第三世界基金奖。他曾任阿根廷财政部长、农业财政问题顾问、中央银行总裁和联合国拉丁美洲经济委员会执行书记、贸易与发展会议秘书长等职。普雷维什站在发展中国家的立场上提出了"中心-外围"理论。

【国际贸易博览5-3】

劳尔·普雷维什

劳尔·普雷维什(Raúl Prebisch,1901—1986),阿根廷著名的经济学家,是20世纪拉丁美洲历史上最有影响的经济学家,被公认为发展中国家的理论代表。普雷维什是拉丁美洲发展主义理论的创始人,是世界经济新秩序的积极倡导者。1981年,他荣获第三世界经济和社会研究基金会颁发的第三世界基金奖。他既是政策制定者又是经济理论家。1923年,他在获得经济学博士学位后,先是进入阿根廷统计局工作(1925年),然后任阿根廷财政部副部长(1930—1932年)、阿根廷中央银行行长(1935—1943年)、拉丁美洲经济委员会执行秘书(1949—1963年)、联合国贸易和发展会议第一任秘书长(1964—1969年)、联合国特别顾问及经济和社会事务副秘书长(1973—1976年)、《拉丁美洲经济委员会评论》杂志主编(1976—1986年)。他提出了贸易条件恶化论和"中心-外围"理论。

贸易条件恶化论是普雷维什针对1929年大危机后拉丁美洲国家初级产品的贸易条件的不断恶化,在1949年5月向联合国拉丁美洲经济委员会提交的一份题为《拉丁美洲的经济发展及其主要问题》的报告中提出来的。该理论提出后,经过索洛的历史考察和辛格的进一步完善,得到了大多数发展主义经济学家的认同。该理论认为:由于技术变迁以及市

场容量、需求弹性、收入弹性等一系列条件的变化对发展中国家的初级产品的出口产生了不利影响，在国际市场上，存在着发展中国家初级产品价格相对于发达国家工业制成品的价格长期恶化的趋势，这对发展中国家经济的发展十分不利。

1949年5月，普雷维什在《拉丁美洲的经济发展及其主要问题》的报告中系统和完整地阐述了他的"中心-外围"理论。在这份报告中，普雷维什指出："在拉丁美洲，现实正在削弱陈旧的国际分工格局，这种格局在19世纪有很大的重要性，而且作为一种理论概念，直到最近仍继续发挥着相当大的影响。在这种格局下，落到拉丁美洲这个世界经济体系外围部分的专门任务是为大的工业中心生产粮食和原材料。"

（资料来源：百度百科）

5.4.1 "中心-外围"理论的提出

第二次世界大战从根本上撼动了帝国主义的殖民体系，这就为一些殖民地国家（发展中国家）摆脱帝国主义、殖民主义的统治和奴役创造了新的极其有利的形势。发展中国家为了实现民族经济的独立和发展，极其渴望脱离旧的国际经济秩序，尤其是旧的国际分工和贸易体系。在这一历史背景下，代表落后国家民族经济利益的经济学家以不平等交换理论为基础，从不同角度批判传统自由贸易理论，认为它会损害发展中国家的利益，致使贸易条件呈现长期恶化的趋势。在这些理论流派中，最具有代表性的是普雷维什提出的"中心-外围"理论。

5.4.2 "中心-外围"理论的主要论点

1. 世界经济体系分为中心和外围两部分

普雷维什认为，世界经济体系被分为两个部分：一部分是由发达国家构成的中心，另一部分是由广大发展中国家构成的外围。中心国是技术的创新者和传播者，外围国是技术的模仿者和接受者；中心国主要生产和出口制成品，外围国主要从事初级产品的生产和出口；中心国在整个世界经济中居于主导地位，外围国则处于依附地位并受中心国的控制和剥削。在这种世界经济贸易关系下，中心国享有大部分国际贸易的利益，而外围国则很少享受甚至享受不到这种利益。

2. 外围国贸易条件不断恶化

普雷维什考察了1876—1938年英国进出口产品的平均价格指数。在普雷维什看来，英国作为世界经济的中心，进口的主要是初级产品，出口的多为制成品，所以它的进口和出口可以分别代表这一时期初级产品和工业制成品的世界价格。他将1876—1880年的价格指数设为100，计算出以后各年的原材料价格与制成品价格之比，即发展中国家初级产品的贸易条件。计算结果表明，除了1881—1935年的价格比例略有上升(102.4)以外，其余时期的价格比例均呈现下降趋势，到1936—1938年已降至64.1。也就是说，一定量的原材料在19世纪70年代所能购买的制成品，到20世纪30年代只能买到其中的64.1%。普雷维什由此得出结论，发展中国家初级产品的贸易条件不断恶化。

普雷维什认为，外围国贸易条件不断恶化的原因有以下几方面：

(1) 技术进步的利益分配不均。在“中心-外围”体系中,技术进步首先发生在中心国,工业制成品生产部门容易吸收新技术,因而会提高生产率,使工业的要素收入增加,造成制成品价格较高。而初级产品生产部门技术落后,劳动生产率较低,投入要素的边际收益递减,从而使初级产品的价格较低。

(2) 经济周期对中心国和外围国产生的影响不同。普雷维什认为,在经济周期上升阶段,制成品和初级产品的价格都会上涨;但在经济周期的下降阶段,由于制成品市场具有垄断性质,初级产品价格下跌的程度要比制成品严重得多。这就意味着,随着经济周期的反复出现,初级产品与制成品之间的价格差距被不断拉大,从而使外围国的贸易条件趋于恶化。

(3) 工会的作用不同。对于中心国,在经济周期的上升阶段,由于企业家之间的竞争和工会的压力,中心国工人的工资会随着企业利润的增加而上涨;在危机期间,由于工会力量的强大,上涨的工资并不会因为利润的减少而下调。而外围国的情况不同,由于初级产品部门缺乏工会组织,没有谈判工资的能力,再加上存在大量剩余劳动力的竞争,外围国工人的工资和收入水平在危机期间会被压低。这样,外围国贸易条件的不断恶化将不可避免。

(4) 初级产品的需求收入弹性大大低于制成品。实际收入的提高会引起制成品需求较大程度的增加,因而工业品的价格也会有较大程度的上涨。相反,初级产品的需求收入弹性比较低,它们的价格不但呈现周期性的下降,而且还会出现结构性下降。因此,以出口初级产品为主的外围国的贸易条件存在长期恶化的趋势。

3. 外围国必须实行工业化,独立自主地发展民族经济

普雷维什认为,外围国由于长期奉行初级产品出口战略,形成了不同于中心国的经济结构,其本身缺乏经济增长的动力,加上初级产品贸易条件存在长期恶化的趋势,使外围国的处境更是雪上加霜。外围国要摆脱由于初级产品出口战略所导致的不发达状态,要改造其落后的经济结构,就必须通过实施进口替代战略来实现工业化。

4. 外围国为了实现工业化,应实行保护贸易政策

普雷维什认为,外围国为实现工业化,应采取保护贸易政策。只有通过征收关税以及采用配额、许可证、外汇管制等非关税手段限制进口,削弱外国商品的竞争力,才能保证工业化的顺利进行。

普雷维什指出,外围国的保护贸易政策与中心国的保护贸易政策性质是不同的。外围国的保护政策是有节制的、有选择的,是为了发展本国的工业,有利于世界经济的全面发展;而中心国的保护贸易政策则是对外围国的歧视和遏制,不但对外围国不利,而且也不利于整个世界经济的发展。

5.4.3 “中心-外围”理论的特征

“中心-外围”理论具有3个明显的特征,分别是整体性、差异性和不平等性。

1. 整体性

“中心-外围”理论体系是一个统一的、动态的体系,具有整体性。普雷维什强调,不论是中心还是外围,都是整个资本主义世界经济体系的一部分,而不是两个不同的经济体系。他认为,现存的世界经济体系是资产阶级工业革命以后,随着资本主义生产技术和生产关系在整个世界的传播形成的，维持这一体系运转的是在 19 世纪获得很大重要性的国际分工。以这种国际分工为基础，技术进步的国家就成为世界经济体系的中心，落后国家则沦为这一体系的外围。中心和外围的形成具有历史必然性，究其原因是技术进步及其成果在资本主义世界体系中发生和传播的不平衡性所导致的必然结果。

2. 差异性

中心和外围在生产结构上存在很大差异。普雷维什认为，技术进步首先发生在中心，并且迅速而均衡地传播到它的整个经济体系，因而中心的经济结构具有同质性和多样性。外围的经济结构则完全不同。一方面，外围国家的经济结构是专业化的，绝大部分的生产资源被用来不断地扩大初级产品的生产部门，而对工业制成品和服务的需求大多依靠进口；另一方面，外围国家的经济结构是异质性的，即生产技术落后、劳动生产率极低的经济部门与使用现代化生产技术、具有较高劳动生产率的部门同时存在。

3. 不平等性

中心和外围的关系是不平等的。普雷维什认为，从资本主义"中心-外围"理论体系的起源、运转和发展趋势上看，中心和外围之间的关系是不对称的，并且也是不平等的。

5.4.4　"中心-外围"理论简评

普雷维什的"中心-外围"理论对发展中国家的国际贸易理论做了开拓性研究。他从发展中国家的利益出发，对当代国际分工体系和国际贸易体系中存在的发达国家控制与剥削发展中国家的实质进行了深刻的分析，从理论和实践上揭示了发达国家与发展中国家间的不平等关系，丰富了国际贸易理论宝库。

普雷维什的"中心-外围"理论对"二战"后的世界经济格局分析是正确的，它使发展主义经济学家对"二战"后国际经济关系的不平等认识上升到新的高度，为发展中国家打破旧的经济秩序、争取建立新的经济秩序提供了思想武器。他的发展中国家贸易条件不断恶化的论点得到了普遍的证实。

普雷维什关于发展中国家实行进口替代战略、采取保护贸易政策、促进工业化发展的观点，对"二战"后拉丁美洲和其他发展中国家的经济发展具有积极的指导意义。但是这一理论的某些论点的分析与解释仍存在局限性。该理论只从技术进步利益分配不均、发达国家工会对产品价格施加影响、制成品与初级产品需求收入弹性不同来解释发展中国家的贸易条件不断恶化的情况，而没有从发达国家实行的贸易政策等方面进行深入的分析。实际上，发达国家长期对本国初级产品实行保护贸易政策，人为地压缩了对发展中国家初级产品的需求，也是发展中国家贸易条件恶化的重要原因之一。另外，初级产品技术含量低、加工程度低、附加值低和替代产品增加等也会促使发展中国家贸易条件恶化。

5.5　战略性贸易政策理论

战略性贸易政策理论是 20 世纪 80 年代初期由斯潘塞(Barbara Spencer)和布兰德(James Brander)等人首次提出的，后来经过巴格瓦蒂(Bagwaiti)和克鲁格曼(Krugman)等人的进一步研究,形成了比较完善的理论体系。

战略性贸易政策理论认为,由于国际市场的不完全竞争性质和规模经济的存在,一国政府可以通过补贴或保护国内市场的手段扶植本国战略性产业的成长,增强其在国际市场上的竞争力,以获得规模经济的收益,并借机扩大市场份额和增加工业利润。实施战略性贸易政策不但有利于经济发展,而且可以增进一国的总体福利。

5.5.1 战略性贸易政策理论的提出

传统的国际贸易理论是建立在完全竞争这一假设基础之上的,即排除了产品差别化、规模经济和进入障碍等原因。传统国际贸易理论假定资源禀赋、消费偏好和技术水平等固定不变,因而国与国之间在资源禀赋、消费偏好和技术水平等方面的差异会导致每一个国家都在特定产品上对其他国家具有比较优势。因此,国际贸易格局主要体现在各国优势产品之间的交换,例如,发达国家出口工业制成品,不发达国家出口原材料。总之,传统国际贸易理论基本排除了通过个体的经济活动或者国家政策改变原有分工格局,形成动态比较优势的可能性,结果导致政府通过贸易政策或产业政策提高本国福利的空间小。

随着产业内贸易理论和寡头垄断竞争产业的出现,更多的理论被纳入到主流国际贸易理论之内。产业内贸易理论致力于解释具有相似产业结构的国家之间进行相互贸易以及它们交换的产品构成具有很明显的相似性的原因。这一理论与垄断竞争、产品细分和规模递增相联系。

在当今社会,存在众多规模经济报酬递增的产业,这与传统的比较优势理论中关于规模经济报酬递减的结论不相符。规模经济报酬递增的产业往往具有很高的规模门槛,使得后进入这一产业的厂商被拒之门外,而原有厂商则因排他性的竞争优势而获得垄断利润。因此,国家可以利用贸易与产业政策形成有利于自己的分工格局。经济学家利用新产业组织理论分析国际贸易现象,形成了新的国际贸易理论。1985 年,斯宾塞、布兰德和克鲁斯曼等以不完全竞争和古诺双寡头为条件,运用产业组织理论、市场结构等工具,提出了以下观点:在一定条件下自由贸易的最优性未必存在,而利用补贴、征收反倾销税、运用关税等手段,以国家干预为出发点,可以提高该国的经济福利。

5.5.2 利润转移理论

利润转移理论认为,在规模经济和不完全竞争市场的某些条件下,一国政府可以采取相关政策措施提高本国的福利。例如,可以利用关税分享外国垄断厂商的垄断利润,利用出口补贴为本国垄断厂商夺取市场份额,利用进口保护作为促进出口的手段,以此来加强本国厂商的竞争地位,扩大本国厂商的国际市场份额,从而实现垄断利润由外国向本国的转移,增加本国的国民净福利。

1. 利用关税分享外国垄断厂商的垄断利润

垄断竞争是当今国际竞争的主要特点。在许多情况下,商品的国际市场是由少数几家大企业控制的。由于进口产品大部分是由少数几家外国企业提供的,这些企业能够利用他们在进口国市场上一定的垄断力量将产品的价格定在高于其边际成本的水平上,并获得超额利润。这种利润是通过较高的价格从消费者手里赚取的。而政府可以通过征收关税的措施分享外国垄断厂商的垄断利润。

2. 以补贴促进出口

在具有规模经济的条件下，拥有较高国际市场份额的国家从国际市场上获得的超额利润就较多。因此，对国内企业实施出口补贴，可以获取更大的外国市场份额，在实现规模经济的条件下，阻止国外竞争对手进入该产业，确保本国企业获得垄断利润。政府的保护政策可以使本国企业在国际竞争中获得占领市场的战略性优势并使得整个国家受益。

3. 以限制进口促进出口

一国政府对进口征收较高的关税或实行配额等以减少来自外国垄断企业的进口。在规模经济作用下，本国企业可以通过扩大产量降低边际成本，形成相对于外国厂商的规模经济优势，从而扩大国内市场份额，提高出口竞争力。这样以进口保护来促进出口，可以把利润从外国厂商手里转移到本国厂商手里，增加本国福利。

5.5.3　外部经济理论

战略性贸易政策理论强调的外部经济是指单个厂商的发展使本产业或相关产业中其他厂商获得了收益，表现为成本的降低和利率的提高。

外部经济分为两个方面。一是技术的外部经济，即单一企业的生产行为带来的知识或专有技术可以为其他企业带来收益。技术的外部经济是通过直接的技术信息传播、技术人员的流动等方式实现的。二是资金的外部经济，即厂商的聚集使同一产业或相关产业厂商获得市场规模带来的收益。这些收益表现为可以从产业的集中与扩展中便捷、廉价、可靠地获取原材料、中间产品和技术工人，从而提高效率，降低成本。

一国政府在资源有限的条件下，应选择具有显著外部经济性的产业加以保护和扶持。这种保护和扶持不但有利于这些产业增强国际竞争力，而且可以带动其他相关产业的发展。

具有显著外部经济性的产业往往是那些企业投资巨大，但不能独享全部投资收益的产业，其投资的一部分收益以技术外溢的形式为社会共享，促进了整个国家的技术进步。高科技产业是典型的具有显著外部经济性的产业，因此一国政府应该对高科技产业采取补贴等一系列支持性政策。

5.5.4　战略性产业的选择原则

战略性产业的选择主要基于以下原则：

(1) 选择具有广泛外部经济效应的产业。

(2) 选择具有巨大内部规模经济特征的产业。

(3) 选择具有巨大外部规模经济特征的产业。

(4) 选择可能取得出口垄断地位的产业。

(5) 选择重要的、尖端的研发性产业。

从战略性产业的选择原则来看，战略性贸易政策是保护那些影响深远的高新技术产业和重要的基础工业部门。战略性贸易政策对这些产业进行扶持的目的，不仅是追求产业自身的发展,也是利用产业的外部效应。

5.5.5 战略性贸易政策理论简评

战略性贸易政策理论是国际贸易新理论在国际贸易政策领域的反映和体现。战略性贸易政策理论论证了一国可以在不完全竞争的条件下通过实行贸易干预政策,促进本国战略性产业的发展,增强其在国际市场的竞争力。该理论强调政府干预的重要性,摆脱了纯粹自由主义的阴影,为一国政府发展本国经济与对外贸易提供了有益的指导,因而具有一定的积极意义。

战略性贸易政策理论广泛借鉴和运用了博弈论的分析方法,是国际贸易理论研究方法的重要突破。但是该理论仍有许多缺陷与不足之处。

第一,该理论只涉及了不完全竞争和规模经济两个实施战略性贸易政策的必要条件,忽略了其他限制条件。例如,政府必须拥有充分可靠的信息,接受补贴的企业必须与政府行动保持一致,且能在较长的时间保持自身垄断地位;保护目标市场不会诱使新厂商加入,以保证企业的规模经济效益不断提高;其他国家不会实施报复措施;等等。

第二,该理论背弃了自由贸易理论,提出了富于想象力和进攻性的保护措施,以掠夺他人市场份额与经济利益。该理论往往被贸易保护主义者片面夸大与曲解,助长了贸易保护主义。因此,经济学家指出,必须全面认识和正确把握该理论。一般认为,在知识技术密集型的高科技领域,政府干预是最重要的。对高新技术产业实行战略性保护还可以通过外部经济效应使全世界从中受益。

5.6 主张贸易保护的其他论点

5.6.1 改善国际收支论

改善国际收支论也是贸易保护的一种论点。对外贸易有进有出,当贸易顺差时带来外汇收入,外汇储备增加;当贸易逆差时用外汇对外支付,外汇储备减少。改善国际收支论认为,实行贸易保护可以减少进口,从而减少外汇支出,增加外汇储备。

利用贸易保护实现贸易顺差是改善国际收支状况直接而迅速的途径,但实施起来需要考虑两方面问题。第一,其他国家采取的措施以及该措施对本国的影响。因为贸易活动涉及双方,一国实行保护,别国会采取相应的措施。不管是报复还是进口能力下降,都会导致本国出口减少。其结果是,虽然减少进口节约了支出,但同时也因出口而减少了收入,国际收支改善不大。第二,通过贸易保护来追求贸易顺差会引起与贸易逆差国家的贸易摩擦。在国际贸易实践中,巨额贸易顺差往往会引起贸易逆差国家的不满,是贸易摩擦产生的重要原因。

5.6.2 改善贸易条件论

改善贸易条件论认为,用增加关税等贸易保护手段限制进口、减少需求可以降低进口商品的价格。由于贸易条件是出口商品的国际价格与进口商品的国际价格的比率,进口商品的国际价格降低可以使贸易条件得到改善,即同样数量的出口商品可以换回更多的进口商品，从而使整个国家获利。

一国能否成功地通过贸易保护改善贸易条件，需要看其是否具备以下两个条件。第一，该国对国际市场的影响力。只有在某种商品的进口中占有相当份额的大国，才能通过限制进口来降低进口价格，而贸易小国对国际市场不产生影响。第二，其他国家不采取报复措施。如果一国为了改善贸易条件而实行贸易保护，引起别国的报复，不但不能改善贸易条件，而且会使贸易量下降，致使进口商品的消费者和出口商品的生产者受到损失。

改善贸易条件论主要是针对发展中国家而言。但在实践中，发展中国家对世界市场价格水平的影响力很小，往往是世界市场价格的接受者，如果提高关税，会导致其他国家的报复，因此，为改善贸易条件而采取增加关税的措施难以奏效。

5.6.3　政府收入论

政府收入论又称关税收入论或幼稚政府论。该论点认为，新独立国家或发展中国家因其他税源缺乏或无法征得足够的收入，所以就以征收简单、易行的关税作为政府收入的主要来源，这种做法可部分减轻政府在基本公共服务方面的开支负担。

以征收关税来增加政府收入，对落后国家的生产和社会的发展有一定意义。征收关税比增加国内的各种税收容易。国内的各种税收，无论是收入税还是销售税，国内的生产者和消费者都能直接体验到，阻力十分大，而征收关税相对比较容易。但是，以增加财政收入为目的而收取的关税往往会导致资源配置严重扭曲，使经济成长受阻，进口和出口的能力因而下降，关税收入最终将减少。所以，以关税增加政府收入的主要来源是一种杀鸡取卵的做法。以健全的税制来促进经济增长才是政府收入长期可靠的来源。

5.6.4　收入再分配论

收入再分配论者主张通过贸易限制对一国的收入进行重新分配，以保护国内生产，矫正不利的收入分配后果，缩小贫富差距。通过关税、配额等限制措施，可使生产者剩余增加，消费者剩余减少，即部分社会收入由消费者转移至生产者那里，从而保护特定产业的国内生产。另外，根据要素价格均等说，自由贸易对一国供给丰富的生产要素的报酬有利，而对稀缺的生产要素的报酬不利。因此，稀缺要素所有者和相对密集使用稀缺要素于生产的进口替代产业商可能会请求政府的保护，以避免收入下降。

但是，在一些国家，实行贸易限制是为了"劫富济贫"，缩小贫富差距。这类国家常常通过对奢侈品的进口征收高关税，使富人向政府缴纳高税额；同时对必需品的出口征税，以保证国内市场供给，降低价格。但这种方法往往违背政府实行限制的初衷。因为对奢侈品进口征收高关税和对必需品出口征税的结果，导致国内生产者增加价格高的奢侈品的产量，而对廉价必需品的生产缺乏积极性。限制贸易虽然可实现社会收入在不同利益集团间的再分配，使特定利益集团的收入增加，但并未减轻公众负担。因此，对于收入分配不均，或因国际贸易所导致的不利的收入再分配结果，或贫富差别等问题，应以国内政策来救济，而不应限制贸易，使贸易利益丧失，社会整体福利水平下降。

5.6.5　国内扭曲论

国内扭曲论认为，在国内市场不完善、形成扭曲（生产扭曲、消费扭曲或要素扭曲）的情况下，应采取征税或提供生产补贴等保护措施来纠正或消除扭曲，以增进福利。

当国内存在扭曲的情况时，应针对扭曲的根源采取相应的措施，才能纠正该情况。对于生产要素市场不完善(如部门存在着各种差异)所形成的要素扭曲的对策是对生产要素降低税收与增加补贴；纠正产品市场不完善(如产品市场存在外部效应)所形成的生产扭曲的最优措施是生产补贴；对消费市场不完善(如消费存在外部效应)所形成的消费扭曲的纠正办法是消费税收；对于对外贸易的不完善(如存在垄断)所形成的贸易扭曲，最优政策是关税。

5.6.6 公平贸易论

随着一批新兴工业化国家和地区在20世纪六七十年代的崛起并且在某些产业领域对发达国家的产业发展构成竞争压力，发达国家的理论学者开始主张在发达国家与发展中国家间开展“公平贸易”，要求发展中国家必须以本国市场的对等开放来回应发达国家市场的开放，借此为发达国家的贸易保护行为寻找新的借口。为此，他们拟定了两项判断标准来裁决贸易活动的公平与否：一是“基于规则”标准，即以国际公认的贸易规则为前提；二是“基于结果”标准，即以与贸易结果有关的其他考虑为前提。其中，“基于结果”标准是以一国政府对本国贸易活动的经济效应的主观判断为依据的，它为一国贸易保护措施的实施提供了论据；“基于规则”标准也在很大程度上具有主观臆断性，它是以一国从自身角度出发对规则的理解为依据的。因此，发达国家根据自身政治经济需要而对国际规则的牵强附会和名义盗用现象时而发生。

5.6.7 保护就业论

保护就业论认为，保护关税或配额的实施可以减少对国外的需求，增加国内有效需求，从而使生产扩张，本国就业和收入水平因而提高。这一论点对短期内缓解就业压力有一定的效果，尤其是在严重失业时期，例如20世纪30年代。保护在一定程度上是缓解失业压力的有效补救措施，但是，保护并不是解决失业的最佳途径，因为它受制于贸易国的制约措施，甚至会遭到贸易国的报复。另外，从长期来看，一个国家必须有进口，才能维持出口的扩张，真正增加就业。而保护只是使劳工由出口产业转到保护产业，使资源使用效率降低，福利水平下降。因此，要提高本国就业水平，财政政策或货币政策远比贸易保护政策有效。

【国际贸易博览5-4】

美国限制进口造成的就业变动和保护代价估计

美国经济学家戴维·塔(David Tarr)在其1989年提交给美国联邦贸易委员会的报告中对美国纺织品、汽车、钢铁3个行业贸易保护的结果做了分析。根据塔的估计，美国对其纺织品、汽车、钢铁3个行业所做的进口限额并没有提高整个就业水平，对钢铁行业就业的保护还造成了钢铁价格的上升，汽车生产成本上升，汽车行业的就业人数下降，而由此带来的各种明显的或隐含的经济损失则高达209亿美元。表5-1显示的是贸易保护造成的各行业的就业变化。

表 5-1 美国纺织品、汽车、钢铁行业进口限额造成的就业变动

就业增加的行业和人数估计/万人		就业减少的行业和人数估计/万人	
纺织业	15.756	汽车制造业	−0.195
钢铁业	1.622	服务业	−5.588
农业矿业	1.989	制造业	−7.862
		消费品生产工业	−1.745

一些美国经济学家还对每个因保护政策增加的工作机会进行了代价估计，如表 5-2 所示。

表 5-2 美国限制进口保护就业的代价估计

保护行业	消费者为每个工作机会所付的代价/万美元
钢铁	75～100
彩色电视	42
奶制品	22
制鞋业	5.5

（资料来源：海闻、P·林德特、王新奎，《国际贸易》）

5.6.8 国家安全论

国家安全论认为，对于关系国计民生的产业（如农业和有关军用国防需要的产业），国家应以关税、补贴等手段加以保护，使其达到自给自足的目标，以摆脱对外国的依赖，加强国防力量，维护国家安全。

国家安全论的基本思想是主张限制进口，以保持独立自主的经济。由于 20 世纪以来战争持续不断，第二次世界大战后又经历了长期的东西方"冷战"，所以国家安全论经久不衰，并被发达国家用作保护特殊利益集团的利益的依据。但是，这种基于政治与军事而非经济因素的考虑，将导致本国资源配置的扭曲和产品价格的提高。而且保护有关国防的一些重要产业免受国际竞争的威胁，会妨碍国内国防产业的技术创新，从长远来看，国防力量将因缺乏创新而被削弱。

5.6.9 经济多样化论

经济多样化论认为，经济高度专业化国家应采用保护关税等措施推动本国生产活动的多样化，以减少国际市场波动对本国经济的影响，稳定国内经济。

高度专业化的经济，如巴西的咖啡经济、智利的铜矿经济以及中东的石油经济，使其所在国产品的出口和价格容易受国际市场价格波动的影响，对本国的收入和就业均有不利的影响，很不稳定。但是，由于难以预知哪些产业值得纳入多样化生产的范围，所以勉强多样化的结果将导致资源使用率降低，从而增加多样化生产的代价。

5.6.10 管理贸易论

管理贸易论认为，一国政府应对内制定各种对外经济贸易的法规和条例，加强对本国进出口贸易有序发展的管理：对外签订各种对外经济贸易协定，以约束贸易伙伴的行为，缓和与各国的贸易摩擦，并促进出口，限制或减少某些产品进口，协调和发展与各国的经贸关系，最终促进对外贸易发展。

管理贸易论的实质是协调性的贸易保护。它将贸易保护制度化、合法化，通过各种巧妙的进口管理办法和合法的协定来实现保护。在国际贸易领域中，商品综合方案、国际商品协定、国际纺织品贸易协定、自动出口限制协定、有秩序销售安排、发达国家的进出口管制、欧盟共同农业政策等都是管理贸易措施的具体反映。管理贸易不仅盛行于发达国家，也为发展中国家所采用，并运用于区域性贸易集团中。

【国际贸易博览 5-5】

欧美的保护贸易措施

2010 年，崛起的中国在世界经济舞台上显示出其巨大的实力，一系列数据令人兴奋：中国已成为全球第二大经济体；并购交易额居全球第二；成为国际货币基金组织的第三大股东。然而，与此同时，中国也越来越多地卷入日渐复杂深刻的国际贸易纷争，并面临着欧美变本加厉的贸易保护措施的挑战。一方面，传统的贸易保护措施，如反倾销、反补贴，不断花样翻新；另一方面，新型的贸易保护手段，如汇率与碳关税等，也不断推出，一招更比一招严厉。

1．“反倾销、反补贴”调查大行其道

2010 年年初，美国以从中国进口的油井钻管损害美国业界利益为由，继续发起反倾销与反补贴合并调查。自这起案件开始，美国频繁针对中国产品实施贸易救济措施，并且征收高额反倾销税，广泛涉及钢材、化工等产业，如针对钢格栅板、无缝精炼铜管、窄幅织带、机织电热毯、镁碳砖、铜版纸等产品的反倾销。

2．“快速日落复审”出新招

欧盟的反倾销法和美国的关税法都规定了“日落复审”制度，也称为“五年期复审”或“期终复审”。在反倾销税的征收或者价格承诺作出后，若有充分的证据表明倾销和损害在期限届满之后将继续或重新发生，则反倾销措施将继续有效。与美国侧重发动“双反”调查不同，欧盟主要集中于反倾销措施。

3．“反规避”调查有增无减

2010 年美国对华反倾销案件中反规避新立案的有 4 个案件，比 2009 年 2 个反规避终裁案件数量上升了 1 倍。2010 年欧盟对华反规避调查案件 2 个，反规避终裁案件 1 个；比 2009 年 2 个反规避调查案件也有所增长。反规避措施主要针对规避反倾销税令的行为。美国和欧盟反倾销法对反规避行为成立的标准认定存在较大差别，而该问题在 WTO《反倾销守则》中由于各方分歧巨大也未作规定。反规避措施在国际贸易中是最为复杂和最具争议性的问题之一。2010 年欧美对华采取反规避制裁措施有增无减，是其贸易保护主义复杂化的重要表现。

4. 新贸易保护立法来势汹汹

美国在其最新的《清洁能源和安全法案》中提出，在2012年以后，如果进口产品产地的行业温室气体排放量高于美国同行业的排放量，则总统有权对这些进口产品征收碳关税。这项被美国前财长保尔森·史密斯看作"历史上最大贸易保护措施"的提出，引发了广泛的争议，"碳关税"成为贸易保护的新理由。

美国不仅利用环境问题咄咄逼人，而且在金融领域大肆逼迫人民币升值，以扩大对华出口，扭转其对华贸易逆差的局面，从而推行贸易保护主义。2010年美国众议院通过《汇率改革促进公平贸易法案》，对低估本币汇率的国家征收特别关税。由于该法案给予美国商务部在特定条件下把"货币低估"行为视为补贴，进而对相关国家输美商品征收反补贴关税，评论普遍认为"这是有史以来针对中国最严厉的贸易保护主义法案"。

欧美2010年对华贸易保护措施呈现出更加复杂和严厉的态势。反倾销是出现频率最高的贸易保护措施，并且联合反补贴的"双反"调查也是屡见不鲜。同时涉及"反规避""日落复审"这些国际贸易立法中颇具复杂性和争议性问题的案件更是呈现出增长趋势，反映了欧美贸易保护措施内容和技术日益缜密而复杂。除传统的贸易保护立法措施之外，欧美还通过对环境、金融的立法来实施贸易保护。

为有效应对欧美如此多样和复杂的贸易保护措施，一方面中国政府应学习熟悉欧美反倾销法律，擅于运用国际贸易规则，并着力培养这方面的法律人才；另一方面还应积极引导企业在法治化的轨道内进行发展运营，发挥企业自身竞争优势，让企业与政府一起来维护本国产业安全与利益。

(资料来源：《法制日报》，2011年1月4日)

复习思考题

1. 幼稚工业保护理论的理论基础和理论依据分别是什么？
2. 新重商主义的主要论点是什么？
3. 简述对外贸易乘数理论的主要论点。
4. "中心-外围"理论的主要论点是什么？
5. 战略性贸易政策理论的主要内容是什么？实施战略性贸易政策需要哪些条件？
6. 对外贸易比国内贸易复杂表现在哪些方面？
7. 发达国家和发展中国家对贸易进行干预的主要论点分别是什么？你同意这些论点吗？

第 6 章

国际贸易政策

国际贸易政策是世界各国贸易政策和措施的总和,体现了世界贸易体制和贸易政策系统。从特定的国家角度出发制定的贸易政策即对外贸易政策。世界各国政府从本国的国情出发制定其对外贸易政策,最大限度地保护本国的利益。一国对外贸易政策在各国经济增长和经济发展中起着重要作用。主要贸易国的贸易政策对国际贸易的结构以及贸易流向有极为重要的影响。了解国际贸易政策的基本内容,掌握国际贸易政策的基本走势,熟悉影响各国对外贸易政策制定与变化的依据,是十分重要的。

6.1 对外贸易政策概述

1. 对外贸易政策的含义与构成

对外贸易政策是一国政府在一定时期为实现特定的政策目标,运用经济、法律或行政手段,对本国进出口贸易活动的方向、数量、规模、结构和效益所进行的一系列有组织的干预与调节行为。它从总体上规定了该国对外贸易活动的指导方针和原则。对外贸易政策包含的基本要素为贸易政策主体、贸易政策客体、贸易政策目标、贸易政策内容和贸易政策手段 5 个方面。贸易政策主体是指贸易政策的制定者和实施者，一般是一国的政府；贸易政策客体是贸易政策所规划、指导和调整的贸易活动以及从事贸易活动的企业、机构或个人；贸易政策目标是指贸易政策要达到的目的；贸易政策内容是指贸易政策的倾向、性质、种类和结构；贸易政策手段是指为了实现政策目标而采取的具体手段。对外贸易政策是一国经济政策的重要组成部分，也是一国对外政策的重要组成内容。

2. 对外贸易政策的类型

一般来说，一国对外贸易政策包括对外贸易总政策和对外贸易具体政策。对外贸易总政策是一国依据国际政治的基本状况和发展趋势，结合本国的资源状况、产业结构、经济发展水平和在世界经济贸易中所处的地位，从有利于本国国民经济发展出发，制定的较长时期的原则与方针。对外贸易具体政策是在一国对外贸易总政策的指导下制定的涉及对外贸易某一方面内容的政策，例如进出口商品政策、国际服务贸易政策、国别或地区政策等。这些政策比较灵活，会随着不断变化的国际经济形势及本国情况进行调整与完善。

从一国对外贸易政策的内容、结果、实施情况看，各国对外贸易政策可以分为自由贸易政策和保护贸易政策两个基本大类。自由贸易政策是指国家对进出口贸易不加干涉和限制，也不给予补贴和优惠，允许货物和服务自由输出和输入，使其在国内外市场上自由竞争的一种政策。保护贸易政策是指为保护本国产业和市场，国家采取各种措施限制货物和服务的进口，同时对本国出口商给予各种补贴和优惠以鼓励出口的一种政策。

然而，一国实行自由贸易政策，并不意味着完全的自由。从实践上看，西方发达国家在标榜自由贸易的同时，往往或明或暗地对某些产业提供保护。同样，实行保护贸易政策也不是完全闭关自守，不发展对外贸易，彻底排除国外的竞争，而是对某些领域的保护程度高一些，即将外国的竞争限制在本国经济实力能够承受的范围之内。即使采取保护贸易政策，也要在保护国内生产者的同时，维护同世界市场的联系。

3. 对外贸易政策的性质

对外贸易政策属于上层建筑的一部分。对外贸易政策服务于一国的对外经济和政治，为发展国内经济服务，并随着国内外的经济基础和政治关系的变化而变化。在制定对外贸易政策时，既要考虑对外贸易本身的需要，也要考虑国民经济其他组成部分的需要。对外贸易政策的制定与实施必须与国家其他经济政策（如产业政策、外汇政策以及外资政策等）密切配合。一个国家的对外贸易政策是独立自主制定的，但由于它具有涉外性，因而在优先考虑本国利益的同时，还必须适当考虑有关国家的利益；除考虑国内政治经济环境外，还要考虑国际政治经济环境。

4. 对外贸易政策的制定目的

一国制定对外贸易政策，其制定目的包括以下 3 方面。

1）促进经济发展与稳定

(1) 促进生产力发展。优化国内资源配置，提高生产要素效能，鼓励资本输入，鼓励国外先进知识及技术和管理经营方法的传入，以获得规模效益。

(2) 实现经济增长。通过对外贸易政策的调整提高国家经济福利，调整并优化产业结构,提升企业竞争力,实现利润最大化。

(3) 达到外部均衡。通过对外贸易政策的调整,维持国际收支平衡。

(4) 稳定经济,加强适应能力。

2) 完善经济体制

经济体制可分为市场经济与计划经济两类,代表了国民经济的运行方式。在目前的世界整体经济水平下,市场经济逐渐为世界绝大多数国家所认可。对外贸易政策的科学制定可以促进一国积极参与经济全球化,同时也可以加强并完善市场经济体制。

3) 获取良好的国际政治与经济环境

一国在制定对外贸易政策时必须考虑国际政治经济环境的影响、联合国各种决议的实施及同贸易伙伴方之间的关系。

【国际贸易博览 6-1】

中点选民模型、集体行动理论和竞选贡献

1. 中点选民模型

该模型假设政府是民主选举产生的。任何一个政党只有得到了多数选民的支持才有可能执政。因此,政府在选择任何经济与贸易政策时候,必须考虑如何得到多数选民的支持。怎样选择才能得到多数选民的支持政策?重要的方法是尽可能地选择符合中点选民意见的政策。中点选民的意见一般为两种意见之间的观点,以中点意见为界,一边更为保守,另一边更为激进,且两边人数一样。

2. 集体行动理论

该理论认为,一种政策是否被政府采纳,并不在于受益或受损人数的多少,而在于利益集团的集体行动是否有效。消费者人数虽多,但每一个人的利益很小,在集体行动方面一定不如生产者有效,因为消费者中存在不少"搭便车的人",且不易统一意见。人数较少的生产者利益集团容易统一,在集体行动中可以步调一致。

3. 竞选贡献

在民主选举政府的国家里,贸易政策的制定还要受到执政党支持者的影响。一般来说,每个政党都代表一些特殊集团的利益,而这些利益集团也在竞选中积极支持能考虑他们利益的政党。例如,在美国的两大政党中,工会(尤其是劳联和产联)一般支持民主党,大财团和企业主一般支持共和党。这些利益集团在国会和总统的竞选中出钱出力极力支持各自党派当选。而这些党派的候选人一旦当选,就会在力所能及的范围内制定或维持有利于这些利益集团的政策,否则他们就会在下一轮竞选中失去这些利益集团的资金、支持和选票。

(资料来源:海闻、P·林德特、王新奎,《国际贸易》)

5. 制定对外贸易政策的主要依据

一国对外贸易实行自由贸易政策还是保护贸易政策,一般是由以下几个因素决定的。

1) 经济发展水平和经济结构

一国的经济发展水平高,技术先进,资金充裕,经济结构高度现代化,产品竞争力强,该国政府就会推行自由贸易政策,以在国际市场上获得更大的经济利益。反之,若一国的经济发展水平低，资金和技术因素处于劣势，现代化工业尚未真正建立，其产品在国际市场上缺乏竞争力，该国政府就会倾向于采取保护贸易政策，以保护国内产业。

2）经济发展战略

一般而言，采取外向型经济发展战略的国家，往往制定较为开放和自由的外贸政策。因为对外贸易在该国经济发展中的作用越重要，该国越需要在世界范围内扩大产品出口，加强与世界各国和地区的经济合作。而采取内向型经济发展战略的国家则缺乏同各国发展对外经济贸易关系的紧迫感。为了保护本国产业的成长，还会采取较为强硬的保护贸易政策。

3）国际分工中的地位

一国在国际分工中处于主导地位，国际市场扩张能力强，往往倾向于自由贸易政策；而在国际分工中处于附属地位的国家，国际市场的开拓能力有限，面对国外产品、服务的大举进入，则倾向于采取保护贸易政策。

4）各种利益集团力量的对比

一国不同的贸易政策对本国不同利益集团产生不同的影响。自由贸易政策有利于出口厂商，但不利于进口竞争集团；而保护贸易政策使国内竞争性企业得到保护，但消费者利益受到损害。通常各国直接参与对外贸易的企业集团推崇自由贸易，而那些同进口发生竞争关系的行业及其相关组织则是推行贸易保护主义的主要支持者。不同利益集团的力量对比会影响各国对外贸易政策的取向。

5）政府决策者倡导的经济理论与贸易思想

各国对外贸易政策往往通过法律的形式表现出来。而法律的制定、修改要通过立法机构进行。政府决策者倡导的经济理论与贸易思想往往转变为政府的政策，并通过立法机关将政策转变为法律。

6）本国与别国的政治经济关系

一国愿意同政治、外交关系友好的国家积极发展经济贸易关系，扩大货物与服务的出口，而对政治上、经济上的敌对国家采取有利于本国的保护贸易政策。

总之，一国采取哪种对外贸易政策是由其经济发展水平、在国际经济中所处的地位以及经济实力所决定的。一国在经济发展的初期，一般采取保护贸易政策；随着本国产业竞争实力的增强，保护贸易政策让位于自由贸易政策；而当其竞争地位受到威胁时，贸易保护主义又会抬头。

一国实行哪种对外贸易政策也要考虑所处的国际环境。在经济全球化的背景下，各国在制定对外贸易政策时，既要考虑积极参与国际分工，也要确保在分工中的利益最大化。

【国际贸易博览6-2】

当代利益集团对美国对外贸易政策的影响

当代贸易政策常常是围绕着党派之争、总统权位之争展开的，这在美国表现得尤为突出。美国是实行两党政治的国家。民主党、共和党每4年就要进行一番你死我活的总统之位的争夺。而两党总统之位的争夺这种美国国内的政治斗争，又常常把美国对外贸易牵扯进来，有的总统候选人甚至把制造对外贸易摩擦、发动贸易战当成其拉选票“出彩”的一个筹码。这种情况不但在美国大选年出现，在一届总统任期内的中期选举中也常常如此，只是没有选举年突出罢了。这种出于国内政治斗争需要把本可以平等协商解决的贸易问题升格为贸易摩擦，再升格为贸易战的做法在美国对外关系中带有明显的规律性。例如，1996 年美国大选前，克林顿政府为了获得 11 月大选的胜利，在 6 月采取强硬立场，宣布将持续了 20 多年的柯达和富士的纠纷提交世界贸易组织进行仲裁，以缓和国会中共和党的批评，满足产业界的要求，赢的更多的选票。

美国的对外贸易政策的变化往往是国内利益集团施加压力的结果。2000 年，布什在美国有史以来最为势均力敌的总统大选中险胜对手。连续数月，美国钢铁工业的院外集团一直在对国会议员们进行游说，在这种情况下，布什总统决定对几乎所有钢产品展开保障性调查。2001 年 10 月，美国国际贸易委员会认定进口钢材损害了美国的钢铁工业。2002 年 3 月 20 日，美国政府正式启动钢铁保护方案——“201 条款”，实施为期 3 年的关税配额限制或加征高达 8%～30%不等的关税。

（资料来源：王厚双，《各国贸易政策比较》）

6. 对外贸易政策制定的基本框架

正如产品的价格是由市场的供给和需求所决定的一样，一项对外贸易政策的制定也是由这项政策的供给和需求所决定的。

从对外贸易政策供给方来看，一项具体对外贸易政策的制定受到两个方面的影响：一是政府对政策的偏好，二是制定具体政策的机制。政府对政策的偏好取决于贸易政策目标。从理论上分析，政府政策的目标应是资源最有效的利用和社会福利的最大化。对于任何执政党，维持政权的稳定和保证继续执政都是最根本的。因此，政府在制定具体对外贸易政策时往往要综合政治、经济和社会诸多因素。

从对外贸易政策的需求方来看，既包括相关的个人利益者和集体利益者，又包括代表这些利益和反映这些利益的组织。这些不同的利益集团是通过对政府进行游说，还是通过在政府中代表这些利益集团的政党和代言人来表达，或者是直接通过舆论或民间团体对政府施加压力，取决于一个国家的政治体制。

6.2 国际贸易政策的历史演变

从世界范围来看，自资本主义生产方式出现以来，自由贸易政策和保护贸易政策始终协同作用。但在不同的发展时期，贸易政策的基调不完全相同，有时以自由贸易政策为主，有时又会掀起保护贸易的浪潮。

6.2.1 资本主义准备时期的对外贸易政策

16 世纪至 18 世纪中期，是资本主义生产方式的准备时期。西欧各国普遍实行重商主义的保护贸易政策，通过限制货币（贵金属）的输出和扩大贸易顺差的方法积累财富。具体措施如下。

1. 限制外国制成品的进口

西欧各国采取征收较高关税的方法，限制外国制成品，特别是奢侈品的进口。法国在

1667 年规定，把从英国、荷兰进口的呢绒和花边等装饰品的税率提高一倍，英国在 1692 年规定，对从法国进口的全部商品征收 25%的关税。

2. 鼓励本国制成品的出口

政府通过减免出口税或退还进口原材料时征收的关税来鼓励本国制成品的出口。

3. 限制本国原材料的出口，鼓励外国材料的进口

根据重商主义的政策，对出口原材料制定高额关税以限制出口。同时，为鼓励本国手工业的发展和制成品的出口，对进口国原材料减免关税。

4. 推行殖民扩张和垄断外贸政策

西欧各国为了进行原始资本积累，从 16 世纪上半叶开始，通过残酷的战争，将美洲、亚洲和非洲各国先后纳入自己的殖民地势力范围。同时，欧洲各国还制定各种法律，对殖民地实行贸易垄断。由各国王室或经政府批准的私人公司专营对殖民地贸易，荷兰东印度公司、英国东印度公司就是典型代表。葡萄牙、西班牙和英国都曾规定，凡是同殖民地贸易或同外国贸易，都必须使用本国船只，禁止使用外国船舶。

5. 促进本国产业发展

为保证实现贸易顺差，各国都先后制定了发展本国工业的政策。法国在路易十四时期(1661—1715 年)，重商主义政策达到顶点。当时法国政府创办了 100 余家"王家手工工场"，并通过拨给手工业工场主大量津贴和贷款或免除工场主和石匠的捐税等措施扶持其发展。这一重商主义的保护贸易政策推动了西欧各国资本的原始积累，为资本主义生产方式的建立奠定了基础。

6.2.2 资本主义自由竞争时期的对外贸易政策

1. 以英国为代表的自由贸易政策

18 世纪至 19 世纪后期，是资本主义自由竞争时期。从总体上看，这一时期资本主义国家的主流对外贸易政策是以自由贸易政策为特征的，特别是英国、荷兰等国实行了全面的自由贸易政策。自由贸易政策极大地促进了这些国家工业和对外贸易的发展。英国当时的自由贸易政策主要包括以下内容。

1）减少应税商品，逐步减低关税税率

在重商主义时期，英国有关关税的法令多达上千条，内容极其繁杂。1825 年，英国开始简化税法，降低关税税率。1841 年，英国应纳税的商品项目有 1163 种，到 1882 年只有 20 种。工业制成品的平均关税率为 30%左右，原料的平均关税率为 20%。

2）取消经营外贸的特权

1813 年和 1834 年，英国先后废除了东印度公司对印度和中国的贸易垄断权，对外贸易领域向所有人开放。

3）废除《谷物法》和《航海条例》

《谷物法》是英国政府于 1815 年颁布的限制或禁止谷物进口的法律。它通过维持较高的国内粮食价格而维护地主阶级的利益。《谷物法》严重阻碍了英国工业资产阶级的发展。

在英国资产阶级的不懈努力下，终于在1846年废除了《谷物法》。

《航海条例》是英国限制外国航运业的竞争、垄断殖民地航运的一项法律。随着英国航运业的发展，航运业具有了绝对优势，完全可以开放了。从1824年起，英国与其他国家订立的贸易条约中，废除了原有的《航海条例》。

4)与其他国家签订贸易条约

从1860年起，英国根据自由贸易原则同其他国家签订了一系列贸易条约。1860年英法签订的《科伯登-谢瓦里埃条约》就是第一个体现自由贸易精神的贸易条约。

2. 美国和德国的保护贸易政策

与英国的自由贸易政策不同，这一时期美国和德国基本上实行的是保护贸易政策。由于这些国家工业起步较晚，无法与英国工业产品竞争，不得不实行一系列限制进口的保护贸易政策，扶植本国工业的发展。例如，美国在1789年制定了第一个《关税税则》，平均税率为8.5%，此后历次《关税税则》的修改都在提高关税，到1816年，进口平均税率为20%，其中棉织品的税率为25%。保护贸易政策的实施，成功地促进了这些国家工业的迅速成长。

6.2.3 资本主义垄断时期的对外贸易政策

19世纪末至20世纪初，进入垄断资本主义阶段。1929年爆发的世界性经济危机表明了市场问题的尖锐化。正是这一背景下，超保护贸易政策提出。许多国家提高了关税，对进口商品实行数量限制，并实行外汇管制。同时，政府采取各种有利于垄断组织夺取国际市场的措施。

超保护贸易政策是一种侵略性的保护贸易政策，与自由贸易时期的保护贸易政策有着明显的区别：它不是防御性地保护本国的幼稚产业，而是保护国内高度发展和出现衰落的垄断工业；它保护的不是一般的工业资产阶级，而是垄断资产阶级；它不是消极地限制进口，而是主动出击，加紧扩张，占领国外市场；它不是单一运用关税措施，而是将各种"奖出限入"措施融为一体。

到了19世纪70年代中期，英国在国际经济贸易中的优势地位逐渐丧失，取而代之的是美国贸易地位的提高。进入20世纪30年代后，英国彻底抛弃了自由贸易政策，对许多商品规定了高额关税，并采取了其他保护贸易措施。

6.3 发达国家的对外贸易政策

6.3.1 "二战"后初期至20世纪80年代发达国家的对外贸易政策

1. "二战"后初期至20世纪70年代初期的贸易自由化倾向

第二次世界大战以后，随着生产国际化和资本国际化以及国际分工向深度、广度的发展，在世界范围内出现了贸易自由化倾向。1947年签署的《关税与贸易总协定》旨在消除贸易中的歧视待遇，促进世界贸易的增长。《关税与贸易总协定》极大地推动了贸易自由化。各国纷纷降低关税，减少非关税壁垒，这对迅速恢复"二战"后经济、促进国际贸易的发展起到了积极作用。

"二战"后的贸易自由化具有以下特点：

(1) 贸易自由化是通过多边贸易条约与协定的形式进行的。在《关税与贸易总协定》的主持下，发达国家的关税有了大幅度的降低。区域贸易集团内部相互削减关税，导致全球关税大幅度下降。

(2) 贸易自由化是垄断资本主义对外扩张的要求，符合大垄断资本主义集团的利益。

(3) 贸易自由化是有保留、有选择的自由化，表现为发达国家之间的贸易自由化程度超过发达国家与发展中国家之间的贸易自由化程度，区域贸易集团内部的贸易自由化程度超过贸易集团外部的贸易自由化程度，工业化产品的贸易自由化程度超过农产品的贸易自由化程度，机器设备的贸易自由化程度超过了工业消费品的贸易自由化程度。

(4) 在实行贸易自由化的同时，并不完全排除采用保护贸易措施。

2. 20 世纪 70 年代中期至 80 年代的新贸易保护主义

从 20 世纪 70 年代中期起，世界又掀起一股新贸易保护主义浪潮。在 1974—1975 年和 1980—1982 年两次世界经济危机的打击下，经济严重停滞，国际市场竞争日益激烈，导致了贸易保护主义的爆发。美国成为新贸易保护主义的发源地。在各国对外贸易政策的相互影响下，新贸易保护主义不断蔓延与扩大，给国际贸易的正常发展带来了不利影响。

新贸易保护主义具有以下特点：

(1) 贸易保护措施多样化，由过去的关税措施向非关税措施转变。

(2) 贸易保护措施法制化、系统化和综合化。

(3) 贸易保护范围扩大化，被保护的商品从传统的农产品和一般工业制成品转向知识技术密集型的制成品和服务部门。

(4) 贸易保护的重点从限制进口转向鼓励出口。

6.3.2　20 世纪 90 年代至今发达国家的对外贸易政策

20 世纪 90 年代以来，随着经济全球化的推进，西方发达国家对外贸易政策呈现出一些新的特点与趋势。

1. 协调管理贸易政策成为发达国家的主要贸易政策

协调管理贸易政策是指一国对内通过制定一系列的贸易政策与法规，加强对内贸易秩序的管理，对外通过签订双边、区域及多边贸易条约或协定，协调与其他贸易伙伴的经济贸易关系。这一政策的特点如下：

(1) 加强贸易立法，使贸易保护主义向合法化和制度化发展。

(2) 力求确保本国国际收支平衡，降低失业率，保持适度的经济增长速度。

(3) 注重主动出击，积极开拓国际市场，发挥新兴产业的竞争优势，挖掘其潜在的规模经济效益。

(4) 双边、区域多边贸易协调日益加强，并与国际多边贸易协调体制交织。

2. 公平贸易、互惠贸易代替自由贸易、多边主义成为发达国家对外贸易政策的主旨和原则

近年来，西方发达国家一方面反对贸易保护主义，另一方面又强调贸易的公平性。这种公平贸易不同于高筑壁垒抑制外国竞争的保护主义或放任自流的自由主义，而是在支持开放性的同时，寻求公平的贸易机会，主张贸易互惠的对等与公平。具体表现为以下几点：

(1) 进入市场机会均等，判定的标准为双边贸易平衡，而不仅仅以是否满足双方进入要求为标准。

(2) 贸易限制均等，即以优惠对优惠，以限制对限制。

(3) 竞赛规则公平。

3. 对外贸易政策与对外政策、其他经济政策进一步融合

对外贸易在各国处理国家与国家之间关系中的作用越来越重要。例如，美国克林顿政府执政后，曾把对外贸易提到美国安全的首要因素的高度，通过调整贸易政策的方式来调节对外关系，把对外贸易政策作为调节对外关系、实现政治与经济目标的主要手段之一。各国还注重对外贸易政策与其他经济政策的协调，最大限度地维护本国的公共利益。

4. 促进高科技产业发展成为推动外贸活动的主导措施

随着经济全球化的发展，国际市场的竞争日益激烈。各国竞争实力的强弱最终是由科技水平决定的。因此，西方发达国家出于经济利益的驱使，纷纷制定了促进高科技产业发展的政策，竞相资助研发活动，大力鼓励发展高技术的部门，积极促进高科技产业的发展，确保本国在高科技领域处于领先地位。

5. 非关税壁垒成为对外贸易的主要保护手段

在经济全球化和贸易自由化的大背景下，经过关贸总协定和世贸组织的多轮多边贸易谈判，发达国家的总体关税已经降至较低水平，正常关税已起不到积极保护的作用，非关税贸易壁垒日益成为西方各国贸易政策工具的主体。例如，西方发达国家不断地采用技术性贸易壁垒和环境贸易壁垒来限制发展中国家劳动密集型产品的进口。

6. 建立区域经济一体化组织，实行共同的对外贸易政策

20世纪90年代以来，区域经济贸易集团化发展迅速，发达国家通过建立各种一体化组织加强与成员国之间的贸易自由化，并以联合的经济实力和共同的对外贸易政策来参与国际经济事务。随着区域经济集团化的发展，区域内采取更加统一的对外贸易政策趋势将进一步加强。

【国际贸易博览 6-3】

美国的对外贸易政策

克林顿执政后，将传统上一直以“自由贸易”为荣的美国转变为目前更为体现实用主义的“公平贸易”上来。克林顿将经济安全列为其对外政策三大支柱之首，把外贸视为美国安全的首要因素，主张政府积极介入对外贸易。20世纪90年代以来，美国外贸政策的调整主要体现在以下几方面：

(1) 采取强有力的措施，实施新的国家出口战略。

1993年9月，克林顿总统公布了国家出口战略，确定半导体、计算机、通信、环境保护、咨询软件工业及服务业等高科技产业和知识密集型产业为6大重点出口产业。采取的措施包括放宽政府对技术领先产业出口的管制、开拓新兴市场、提供贸易融资、设立中小企业出口协助中心、提供贸易咨询等，将出口的焦点集中于具有强大竞争优势的环境科技、服务业、科技咨询等产业上。美国政府实施的国家出口战略有力地推动了美国经济的发展。1992—1996 年，美国出口总额的年平均增长率达 6.2%，高于全球 5% 的平均增长速度，出口增长速度是经济增长速度的 2 倍多。

(2) 推动双边、多边、区域贸易，积极扩展美国对外贸易的空间。

① 致力于多边贸易政策。美国充分发挥其影响力，积极参与 GATT 与 WTO 的各回合多边贸易谈判，谈判涉及的领域包括信息技术、关税减让、劳工标准、基础电信、金融服务、海运服务等方面。同时，美国积极利用世贸组织争端解决机制来处理贸易纠纷，从 1995 年 11 月到 1996 年 11 月，美国向世贸组织的争端解决机构申诉了 21 起纠纷，涉及的领域很广，包括关税、农业政策、服务贸易、知识产权保护和反倾销等。

② 推进区域性贸易自由化。1992 年 8 月 12 日，北美三国建立了北美自由贸易区；1993 年，克林顿积极推动亚太经合组织首届领导人非正式会议召开；1994 年，美国决定和西半球国家在 2005 年建立美洲自由贸易区；1995 年，克林顿又在马德里会议上与欧盟达成跨大西洋自由协定的行动纲领。

③ 采用双边贸易政策。美国还积极利用双边贸易谈判机制迫使主要贸易伙伴国作出进一步开放市场的让步，使其成为美国具有竞争力的商品和劳务输出的开放市场，达到削减贸易赤字、促进出口的目的。克林顿执政的第一个 4 年间，美国就同别的国家和地区签署了 200 多个双边贸易协定。以日本为例，仅 1993—1995 年美日就签署了 20 多个贸易协定，促使美国对日本出口增加了 85%。

(3) 克林顿在加强与贸易伙伴合作的同时，对与其有贸易争端的国家采取了“大棒政策”。在 20 世纪 90 年代，美国以“对等”贸易和“公平”贸易为借口，以本国的《综合贸易法》和“301 条款”为依据，尤其是利用“特殊 301 条款”和“超级 301 条款”，迫使其他国家开放市场。同时，美国还广泛使用反倾销和反补贴等措施，保护本国的企业和市场。例如，1993 年，美国曾宣布对 19 个国家和地区的进口钢材征收 109% 的惩罚性关税。

(4) 美国政府顺应全球电子商务发展的趋势，构筑全球网络贸易战略。未来的时代是信息的时代，信息和网络已日益显示出其强大的市场潜力和魅力。1993 年，克林顿就任美国总统后，实施了“国家信息基础设施行动计划”“技术和国家利益”“全球电子商务框架”和“IT2 计划”等战略，这些战略有力地引导了信息产业的迅速成长，促进了高新技术在传统产业中的应用。美国的国际竞争力也因此迅速增强。

布什上台以后，贸易政策加大推行公平贸易的力度，继续推进经济全球化并从中获取更大的利益。美国总统布什于 2002 年 8 月 6 日在白宫签署了《贸易促进授权法案》，从而使这项中断了 8 年的总统外贸谈判授权得到恢复。美国加大推进贸易自由化的步伐。一方面推动多边贸易合作。启动世界贸易组织的新一轮多边贸易谈判。“多哈回合”谈判共涉及 7 个领域，即农业、非农产品市场准入、服务、知识产权、规则、争端解决以及贸易与环境。在对美国有利的基础上提出非农产品零关税方案、农产品减少国内支持和出口补贴方案、开放服务市场的建议等。另一方面注重展开双边和区域自由贸易谈判。

“9·11”事件以后，美国加强了高技术产品的出口管制。与此同时，美国加强了对传统产业的保护力度。2002 年 3 月 20 日,美国限制钢铁进口的"201 条款"正式启动。2002 年 5 月 13 日,美国总统布什签署了农产品补贴法案。

(资料来源:中国国情-中国网,2012 年 4 月 19 日)

6.4 发展中国家的对外贸易政策

"二战"后,发展中国家为了发展民族经济,实现工业化,大多实行保护贸易政策。但由于各国的经济发展水平相差悬殊,它们的对外贸易政策各不相同。"二战"后发展中国家实施的对外贸易政策主要分为进口替代政策和出口导向政策两种基本形式。

6.4.1 发展中国家对外贸易的特点

"二战"后发展中国家对外贸易的基本特点如下。

1. 对外贸易性质发生改变

"二战"后,发展中国家对外贸易性质发生了如下变化:不少发展中国家收回外贸主权,建立了自己的对外贸易管理机构和企业,管理和经营对外贸易;根据本国经济发展的需要,发展中国家制定了相应的对外贸易政策和贸易形式;发展中国家的对外贸易为本国经济发展服务,对外贸易为经济发展提供资金与外汇,成为引进外资的重要渠道和保证,各国通过对外贸易开拓市场,通过进口解决发展所需要的资本设备和原材料问题,通过对外贸易提高劳动生产率和经营管理技能;建立经济贸易集团和原料输出国组织,开展南南合作,维护发展中国家的经济贸易权益;组成"77 国集团",积极开展建立国际贸易新秩序的斗争。

2. 在世界贸易中所占比重小,但降中有升

发展中国家的出口贸易额在世界出口贸易中的比重从 1950 年的 31.1%下降到 1980 年的 18.6%,1990 年回升到 23.7%,而后逐步回升。1999 年,发展中国家商品和服务出口占世界贸易的份额分别是 27.5%和 23%,均比 1990 年提升了 4 个百分点;商品出口额增长速度比世界平均水平快 2 倍,高出 8.5%。这说明越来越多的发展中国家参与到世界贸易中来,在世界经济中占有越来越重要的地位。

3. 进出口商品单一状况开始发生改变

发展中国家的出口以初级产品为主,进口以工业制成品为主。随着发展中国家的发展,工业制成品在出口中有所提高。

4. 主要贸易对象是发达市场经济国家,但比重下降

发展中国家的出口市场和进口来源都是发达市场经济国家。1970 年向发达市场经济国家的出口占发展中国家总出口额的 71.6%,2001 年下降到 66.8%。同期,从发达市场经济国家的进口占发展中国家总进口额的比重有所下降。而同期,发展中国家相互间的出口与进口均有所增长,比重在提高。

5. 对外贸易发展很不平衡

由于经济发展和经济结构不同,发达市场经济国家需求结构的变化和跨国公司投资方向的变换使发展中国家对外贸易发展很不平衡。

（1）在亚非拉发展中国家的对外贸易中，各洲发展很不平衡。20 世纪 50 年代，在发展中国家对外贸易的地区分布（即各地区所占份额）中，亚洲第一，拉美第二，非洲第三。20 世纪 60 年代以后，亚洲发展较快，非洲也发展较快，非洲缩小了与拉美的距离。

（2）工业制成品出口国家的出口在世界贸易地区分布中呈上升趋势，而其他国家呈下降趋势。

（3）发展中国家工业制成品的出口集中在少数国家。韩国、印度、巴西、新加坡、墨西哥、阿根廷、泰国和马来西亚等发展中国家工业制成品出口占世界出口贸易的 70%以上。

（4）在发展中国家的出口贸易中，工业制成品出口贸易增长较快，其增长率高于其他商品。

（5）在所有发展中国家中，石油出口国家贸易始终为顺差，工业制成品主要出口国从逆差转为顺差，而其余的发展中国家贸易则始终为逆差。

6. 积极进行国际贸易秩序的“破旧立新”

国际经济贸易旧秩序是指历史上所形成的殖民主义宗主国家对世界上大多数国家，特别是亚非拉国家实行垄断、掠夺和剥削的经济关系，它包括国际经济关系和与之适应的国际机构、政策和法律。从 1964 年联合国第一届贸易和发展会议以来，广大发展中国家积极进行国际贸易秩序的“破旧立新”，其主要内容包括以下几方面：

（1）发展中国家争取对自然资源和经济活动享有与行使永久主权。

（2）发展中国家要求打破国际垄断对世界市场和价格的垄断，改善贸易条件，改革国际贸易制度。

（3）发展中国家要求改革国际货币金融制度。

（4）发展中国家要求增加发展援助和减轻债务负担。

（5）加强发展中国家之间的经济合作，实现个别和集体的自力更生。

（6）发展中国家要求改革国际经济机构，实现各国经济均衡发展。

6.4.2　进口替代政策

进口替代政策又称进口替代工业化政策，是内向型经济发展战略的产物。它是指一国采取各种措施，限制某些外国工业品进口，促进国内有关工业品的生产，逐渐在国内市场上以本国产品替代进口产品，为本国工业发展创造有利条件，实现工业化。在进口替代政策的初级阶段，主要是发展消费工业以替代消费品进口；在进口替代政策的高级阶段，主要是发展国内的中间产品、机器设备以及耐用消费品工业以替代同类产品的进口。

进口替代政策的一般做法是国家通过给予税收、投资和销售等方面的优惠待遇，鼓励外国私人资本在国内设立合资或合作方式的企业；或通过来料和来件等加工贸易方式，提高本国工业化水平。

在对外贸易上，国家为推行进口替代政策，一般采取以下措施：

（1）实行保护关税。对进口商品征收较高的关税以限制其进口，而对建立替代工业所需的机器设备、中间产品采取减免关税的方法。

（2）采取进口限制。对某些进口商品规定进口数量，减少进口商品对本国工业的冲击。

（3）采取外汇管制。运用集中的外汇资本，进口国内所需的机器设备。

"二战"后，拉美发展中国家和新独立的许多亚、非发展中国家先后把进口替代作为工业化的途径，并取得了较大的成效。到了 20 世纪 50 年代中期，拉美全地区的制造业产值开始超过农业；到了 20 世纪 60 年代，拉美国家的生产能力基本达到了满足本国居民消费需求的水平；到 20 世纪 70 年代中期，拉美国家一般的生产资料也自给有余，巴西、墨西哥、阿根廷等国家开始向世界其他地区出口电动机械、交通运输工具、电动器材及电子通信等重要的制造业产品。1950—1980 年的 30 年间，拉美地区的国内生产总值平均增长率达到了 5.6%，不仅高于发展中国家的平均增长率，而且高于发达国家的平均增长率。

推行进口替代政策有利于奠定一国的工业基础，增强自力更生能力，为以后的经济发展创造有利条件；有利于发挥本国资源、技术和经济等方面的比较优势，改变单一型经济，优化产业结构；能确保把外汇用在最关键的地方，发挥最大效益。但进口替代政策也有一定的局限性。进口替代政策通过贸易保护来限制外国工业品进口，使国内进口竞争工业在缺少竞争的条件下发育成长。这不仅会使国内消费者利益受损，而且由于降低了该国与世界市场的联系程度，使国内市场相对狭小，生产成本高，经济效益低，产品质量差，缺乏竞争力。因此，实行进口替代政策的发展中国家虽然在一定程度上促进了国内工业的发展，加快了工业增长速度，但难以长期保持。这就迫使这些国家进行调整乃至放弃该政策，转而实行出口导向政策。

6.4.3 出口导向政策

出口导向政策又称出口替代工业化政策或出口导向工业化政策，是外向型经济发展战略的产物。它是指一国采取各种措施扩大出口，并通过积极引进国外资本和先进技术，发展出口产业，逐步用工业制成品出口替代初级产品出口，用精加工制成品出口替代粗加工制成品出口，以带动经济发展，实现工业化的政策。

一般地，出口导向是进口替代发展的必然趋势。发展中国家进口替代发展到一定程度，就需要寻找国外市场，但是，要从进口替代成功转为出口导向，需要一些先决条件。除了国内某些工业部门已具备较高的技术水平，有较充分的管理人才和熟练劳动力，产品有一定的竞争能力外，这些国家还要有一套鼓励出口的政策措施。

这些国家采取的鼓励出口政策措施如下：

(1) 给出口生产企业提供低息贷款，优先提供设备、原材料所需外汇，大力引进资本、技术、经营管理知识，建立出口加工区等，以降低生产成本，提高产品质量，增加创汇能力。

(2) 对出口企业实行减免出口关税、出口退税、出口补贴、出口信贷和出口保险等优惠政策，以降低企业出口成本，开拓国外市场，增强出口竞争能力。

出口导向政策与进口替代政策相比，具有明显的优越性。出口导向政策面向国内和国外两个市场，突破了单一的国内市场的局限性，使国家能够根据比较利益原则把资源集中投入到更有利的产业。出口导向政策强调发展加工工业和制造工业产品的出口，因而有利于改善日趋恶化的贸易条件，为国际收支平衡创造条件。出口导向政策还能发挥自然资源和劳动资源的作用，促进经济增长，扩大就业，提高人均收入水平。实施出口导向政策的过程就是改善生产条件、提高技术水平和劳动效率、扩大生产规模、提高产品质量、降低生产成本、调整产品结构和产业结构的过程，也是实现工业化和国民经济全面增长的过程。

但出口导向政策随着出口导向工业的发展也出现了一些问题：

（1）出口导向产业主要面对国际市场，加重了对国际市场的依赖性。国际市场的波动会影响到这些出口导向工业，进而影响国内经济的稳定。

（2）以出口为导向，重点扶植国内出口导向产业，加剧了国民经济结构的不平衡性。

（3）鼓励出口的措施运用不当，会扭曲国内的激励机制，导致出口导向产业效率低下。

6.4.4　发展中国家对外贸易政策的新趋势

伴随着经济全球化的深化，广大发展中国家的对外贸易政策发生了较大的变化：

（1）越来越多的发展中国家在世界贸易组织的框架下进行了以贸易自由化为特征的对外贸易政策的改革，关税进一步降低，非关税壁垒措施减少。对外贸易政策正在向世界贸易组织的规则靠拢。

（2）无论是实行进口替代政策还是实行出口导向政策的发展中国家，在开放经济的条件下，均把利用外资和发展本国经济、扩大进出口贸易有机结合，将利用外资的政策纳入整个外贸政策体系中。

（3）注重加强发展中国家的联合，运用共同的力量维护和扩大本国的正当利益。这是因为发展中国家经济实力相对较弱，在国际社会中的地位相对低下，单个国家的意见很难得到国际社会，尤其是发达国家的真正尊重。正是由于广大发展中国家团结一致、联合斗争，才使得世界贸易组织、联合国贸易和发展会议等机构在维护发展中国家的利益上取得了一定成果。

6.5　中国对外贸易政策

6.5.1　中国对外贸易政策演变历史

1. 计划经济下的内向型保护贸易政策

从建国初期到 1978 年，中国建立了集外贸经营与管理为一体、政企不分、统负盈亏的外贸管理体制，中央以指令性计划直接管理少数的专业性贸易公司进行进出口，实行国家管制下的内向型保护贸易政策，贸易目标主要是进出口贸易在总体上达到平衡。这种内向型保护贸易政策对粉碎帝国主义的禁运和封锁，顶住外国的经济压力，密切配合外交斗争，促进社会主义建设，维持国际收支平衡起到了积极作用。同时，这种政策也产生了很多副作用，如对国内企业保护过度，造成国际竞争力低下、中国外贸事业发展缓慢等。

2. 在有计划商品经济的条件下中国对外贸易政策的调整

在 1978 年 12 月召开的十一届三中全会以后，中国开始实行改革开放。1979 年，广东、福建两省率先开放，对外经济活动实施特殊政策和灵活措施。1980 年 5 月，中央决定设立深圳、珠海、汕头、厦门经济特区，成为中国对外开放的先导示范基地。接着，中国沿海地区对外开放由点到线、由线到面逐步展开，到 20 世纪 80 年代末期形成了较为完善的沿海开放地带这些开放地带实行吸收外商直接投资的各项优惠政策，促进了劳动密集型产品出口加工业的发展。

这一时期，中国的对外贸易政策由进口替代转变为进口替代与出口导向相结合，即在资本、技术密集部门继续实行进口替代政策，而在劳动力密集部门实行出口导向政策。国家采取了放宽外汇管制、实行出口退税政策、原外经贸部下放部分权力等一系列配套改革措施，鼓励企业面向国际市场，扩大出口。

3. 按照国际规范对对外贸易政策体系进行全面改革

1992 年 10 月，党的十四大确立了建立社会主义市场经济体制的目标。自此，中国对外贸易政策体系的改革已经不限于贸易权和外贸企业等内容。伴随着 1986 年中国提出复关的要求，中国的对外贸易政策改革以符合国际规则为导向，涉及国内管理的各个方面。中国按照关贸总协定与世界贸易组织的要求，进行了对外贸易政策的系统调整，包括进出口管理措施的调整，以国民待遇原则和非歧视原则开放外贸经营权，开放服务贸易，改革外汇管理体制，加强法律法规建设。

4. 实行有管理的贸易自由化政策

中国自 2001 年 12 月加入 WTO 至今，在市场准入、国内措施、外资待遇、服务贸易等各个领域均较好地履行了自身的承诺和义务，得到了 WTO、世界银行等国际组织的高度评价和赞扬。这一阶段最明显的特征是中国的对外贸易政策体系已经与国际贸易体制接轨，符合国际规范。

1）完善对外贸易法律制度

(1) 修改了《中华人民共和国对外贸易法》。2004 年 4 月 6 日第十届全国人大常委会第八次会议通过了《中华人民共和国对外贸易法》修订稿。该修订稿修改了原有法律与中国加入 WTO 的承诺和世界贸易组织规则不相符的内容，对中国享受世界贸易组织成员权利的实施机制和程序做了规定，并根据《中华人民共和国对外贸易法》实施以来出现的新情况和促进对外贸易健康发展的要求对《中华人民共和国对外贸易法》做了修改。具体内容包括：①允许自然人从事对外贸易经营活动；②取消对货物和技术进出口经营权的审批，实行备案登记；③国家可以对部分货物的进出口实行国营贸易管理；④对部分自由进出口的货物实行进出口自动许可管理；⑤加强了与对外贸易有关的知识产权保护；⑥加大了对违法行为及侵权知识产权行为的处罚力度；等等。

(2) 完善了中国对外贸易救济制度。2004 年 3 月 31 日，修订了《中华人民共和国反倾销条例》《中华人民共和国反补贴条例》和《中华人民共和国保障措施条例》。与此同时，加强反损害、反倾销、反补贴的组织保障及其调查能力与实施能力。

(3) 相继颁布了一批开放服务贸易领域的法规和规章，涵盖了金融、贸易、物流、旅游、建设等几十个领域，基本完善了服务贸易领域对外开放的法律体系。

2）进一步开放货物和服务贸易市场

2015 年 1 月，中国工业品的关税由加入世界贸易组织前的 42.9%降到了 8.9%，农产品关税由加入世界贸易组织前的 54%降到了 15.1%。根据《内地与香港更紧密经贸关系安排》《内地与澳门更紧密关系安排》《中国—东盟自贸协定》和《亚太贸易协定》等协定，中国对原产于上述国家和地区的部分商品实行比最惠国税率更加优惠的协定税率。此外，中国对 41 个最不发达国家的部分商品实行特惠税率，其中绝大多数商品实行零税率。

中国逐步减少了实行许可证管理的货物。2015 年,中国对 48 种货物分别实行出口配额许可证、出口配额招标和出口许可证管理。

中国在《加入世界贸易组织议定书》中对服务贸易作出了广泛的承诺。中国已依照承诺实施服务贸易开放市场的政策,进一步开拓了外国服务行业进入中国内地的领域和地域范围,降低了有关行业的准入门槛。

3）在促进贸易自由化中运用贸易救济措施维护国内产业安全

中国充分运用贸易救济措施,遏制进口产品的不正当竞争,有效维护了国内产业安全,促进了国内产业结构升级和调整,增强了国际竞争力。

1997 年,中国政府首次启动贸易救济实施机制对原产于美国、加拿大和韩国的新闻纸进行了反倾销立案调查。1997—2009 年,中国对外发起反倾销调查 62 起(按 WTO 统计方法为 181 起),反补贴调查 8 起。尤其是 2009 年,中国商务部贸易救济立案、裁决数量和涉案金额均出现大幅增长,共对外发起反倾销调查 8 起、反补贴调查 3 起,涉及化工、纺织等 10 个行业、55 类产品,其中 8 起反倾销案和 1 起反补贴案已作出裁决;2009 年 12 月 10 日,中国商务部对自美国进口的取向电工钢的"双反"调查作出初裁裁决,使中国成为少数能全部运用世界贸易规则允许的反倾销、反补贴和保障措施 3 种贸易救济措施的 WTO 成员之一。贸易救济措施已成为中国运用国际通行规则维护国内产业安全的重要手段。

6.5.2 中国对外贸易政策发展战略

1. 对外贸易模式的选择

从 20 世纪 80 年代起,中国的对外贸易发展战略是出口导向与进口替代兼容互补的模式。这一战略模式的基本要求是:沿海地区和出口竞争能力较强的轻纺织业以推行出口导向战略为主,其他地区和出口竞争能力较弱的重化工行业以推行进口替代战略为主。中国是一个经济发展不平衡、资源相对不足和资源分布不均衡的国家,资源多分布在内地不发达地区,而经济发达的沿海地区却分布较少,因此出口导向与进口替代兼容互补的模式符合中国国情。

2. 中国的大经贸战略

20 世纪 80 年代,中国的对外贸易战略经历了由进口替代导向模式向出口导向与进口替代兼容互补模式的转变。20 世纪 90 年代,中国的对外贸易战略进入了实施大经贸战略的新阶段。大经贸战略是指以进出口贸易为基础,商品、资金、技术、劳务合作与交流相互渗透、协调发展,生产、科技、金融等部门共同参与,外贸、外经、外资、外汇、外援等各种经贸活动相互融通、相互结合、优势互补、共同发展的一种战略构想。在大经贸战略的指导下,中国的对外贸易得到了长足发展。

6.5.3 改革开放后中国对外贸易政策的主要特点

1. 对外贸易政策调整与完善贯穿中国外贸体制改革的全过程

中国对外贸易政策是伴随着中国经济体制改革,特别是外贸体制改革的进程而变化的,并反映了这些改革的积极成果。中国对外贸易体制与政策改革主要是根据改革开放的大思路,学习西方发达国家的先进经验。加入 WTO 后,履行加入承诺和 WTO 相关义务又使得外部压力成为中国对外贸易政策体系全面改革的重要动力。

2. 对外贸易政策的内容更加符合市场经济体制和 WTO 规则的要求

中国对外贸易制度和管理体制一直朝着市场经济的方向发展。政府对对外贸易的直接控制,如贸易计划、国内定价、出口限制、非关税措施、外资壁垒及待遇等,一直在逐步减少。与此同时,中央政府的宏观调控能力在逐步增强。例如,中国利用国际市场调整粮食、石油的进出口,较好地调节了国内市场需求并稳定了价格。

3. 对外贸易政策的制定与实施更加注重政策协调机制

中国对外贸易政策在制定与实施过程中强调政策协调机制的完善,加强了对外贸易政策与产业政策的协调,加强了财税、金融、产业与贸易等政策之间的衔接和配合,以提高对外贸易政策的实施效果。

4. 对外贸易政策制定的程序更加民主化和规范化

中国政府在制定对外贸易政策时注意吸收发达国家立法的经验,广泛听取专家学者和企业的意见。例如,在修订《中华人民共和国对外贸易法》时,受全国人大财经委员会和法律工作委员会的委托,中国外商投资企业协会 2004 年初在北京举行座谈会,征求外商投资企业对《中华人民共和国对外贸易法(修订草案)》的意见和建议。50 多家跨国公司的近 70 名代表参加了会议,欧盟商会、德国工商总会、日本国际贸易促进协会等也派代表参加了座谈会。与会代表们就《中华人民共和国对外贸易法》如何与外商投资企业衔接等问题进行了探讨。对外贸易政策制定的程序有一套科学的规则,使对外贸易政策的制定走向规范化。

5. 对外贸易政策实施从主要依靠行政手段向主要依靠法律手段转变

改革开放前,中国对外贸易政策主要通过内部文件下发,缺乏公开性与透明度。随着改革开放的深入,中国出台了一系列有关对外贸易的法律法规,形成了符合 WTO 规则的对外贸易法律体系。中国对外贸易法律体系以《中华人民共和国对外贸易法》为龙头,并与其他涉及对外贸易管理的法律法规相配合,各级政府依法管理对外贸易。

复习思考题

1. 实施对外贸易政策的目的是什么?
2. 一国制定对外贸易政策的主要依据有哪些?请联系实际事例进行说明。
3. 出口导向政策是否适用于中国、印度这样规模较大的发展中国家?
4. 进口替代战略有哪些弊端?
5. 请分析发达国家为什么长时期对农产品贸易实行保护。
6. 改革开放后,中国对外贸易政策发生了哪些变化?

第 7 章

关税措施与非关税措施

7.1 关税概述

7.1.1 关税的含义

关税(customs duty,tariff)是由一国政府设置的海关对进出关境的商品所征收的税收。首先,关税是一种税收,这是它最基本的属性。其次,关税的征收机关是海关,关税的课税对象是进出关境的商品。

1. 海关

所有的税收征收主体都是国家,关税由海关代表国家向纳税人征收。海关是设在关税境域上的国家行政管理机构,是贯彻执行本国有关的进出口政策、法令与规章的部门。其职责是依照关税法令、税则和税率对进出口货物、货币、金银、行李、邮件、运输工具等实施监督管理、征收关税、查禁走私货物、临时保管通关货物和统计进出口产品等。海关还有权对不符合国家规定的进出口货物不予放行、罚款,甚至没收或销毁。海关所征收的税收包括两大类——关税和进口环节税。根据国民待遇原则,进口商品必须与国内生产的商品承担相同的国内税费,如工商税、消费税和增值税等，这些国内税费由海关在进口环节与关税一起征收。

关税的课税对象是进出关境的商品，它有两层含义。一是进出关境商品是指有形的商品，不包括无形的商品。无形的商品，如科学技术、文艺美术、专利发明等，虽然具有价值，也是国际间的交易对象，但是海关不能对这些无形的商品征收关税。只有在无形商品的价值体现在某种有形的货品中进出境时，或者说，只有在它们被物化为有形的物时，有关的物或其载体才成为关税的课税对象。二是关税的课税对象必须是进出关境的商品。对在一个国家的境内或境外自由流通的商品征收的税不是关税。

2. 关境

海关征收关税的领域称为关境或关税领域，它是海关执行海关法令与规章的区域，货物只有在进出关境时才被视为进出口货物而对其征收关税。在世界海关组织出版的《国际海关语汇编》中将关境定义为一个国家的海关法得以实施的全部区域。一国由关境组成了一个地区范围，称为关税区域。国境是一个国家的领土。一个国家的领土包括领陆、领水和领空，是一个立体的空间。通常情况下，一国的海关在其本国国境内实施统一的贸易法令与关税法令，此时，国境与关境是一致的。但是由于一些特殊的原因，国境和关境两者也有不一致的情况。

若有些国家在本国境内设立了保税区、保税仓库、自由港、自由贸易区、出口加工区等经济特区，并且在其海关法或关税法中明确规定该区域属于关境外地区，即所谓“(国)境内关(境)外”，这时关境小于国境。其他关境小于国境的情况可能是由于历史原因或者国家间条约等导致的。若几个国家组成了关税同盟，对内取消了关税限制，对外建立统一的关税制度，成员国只对来自和运往非成员国的货物进出共同关境时征收关税；但成员国的货物可以在共同关境内自由流动，参与关税同盟的国家的领土即成为统一的关境，这时关境大于国境。

7.1.2 关税的特征

关税除了具有税收的一般特征外，还有自己独有的特征。

1. 关税与其他税种共同的特征

关税与其他税种共同的特征如下：

(1) 强制性。关税是由国家法律规定的，强制征收的。凡是需要纳税的人都要按照法律规定无条件履行自己的义务，否则就要受到法律的制裁。

(2) 无偿性。关税是国家向纳税人无偿取得的国库收入，国家纳税不付代价，也不归还纳税人。

(3) 预定性。国家预先规定征税比例或征收额，征纳双方必须共同遵守或执行，不得随意变化或减免。

2. 关税与其他税种不同的特征

关税与其他税种不同的特征如下：

(1) 间接税。关税是一种间接税，是指它的纳税人不是税收的最终承担者。关税不同于以纳税人的收入和财产作为征税对象的直接税，而是对进出口商品征收，其税款由进出口商垫付，然后进出口商把它作为成本的一部分加在货价上，分摊在商品上，最终转移给消费者。

(2) 课税对象是税收分类的主要标准。关税的课税对象仅为进出境货物和物品，这是关税和其他税种的主要区别。当商品进出关境时，进出口商根据海关规定向当地海关缴纳关税，进出口商是关税的纳税主体。当商品进出关境时，依照海关税法与相关规定，对各种不同的进出口商品制定不同的税目和税率，征收不同的关税。由于关税是专门对来自或输往外国的商品而设置的税种，关税的征收与否、税率的高低都会影响到贸易对方国家的经济利益，所以关税不但是本国的经济调节的工具或手段，而且目前已经成为国际经济谈判和协定的一项重要内容，其涉外性十分明显。

(3) 保护作用。关税课税对象的特殊性使关税具有保护国内市场和产业的特性。关税包括进口税和出口税，但通常各国对绝大部分出口货物都不征收关税，所以，这里所说的关税保护作用是指进口关税具有保护作用。进口国通过对进口货品征收关税，提高进口货品在境内的销售价格，增加纳税人的经济负担，从而可以抑制外国货品的进口，增强本国产品的竞争能力，达到保护本国经济的目的。但是必须指出，关税的保护作用应该适度，过度的保护或不合理的保护反而会对国内经济造成某种程度的破坏，即所谓“过犹不及”。

(4) 对外统一性。现代关税的主要目的是建立和保护统一的国内市场，使资源在统一的国内市场中自由流动，形成资源的合理配置。进口货品在征收关税后享受进口国国内产品所享有的同样待遇，即国民待遇，可在境内自由流通。因此，关税必须在国境或关境口岸按统一的标准征收，否则，势必造成货品从征税较低的口岸进口，然后再自由流通到境内其他地区，即所谓“水往低处流”。国家的关税政策就会遭到破坏，国家关税收入也就没有了保障。

7.1.3　关税的类别

关税可以按照商品流向、征收税目以及差别待遇和特定的实施情况分类。

1. 按照商品流向分类

按照商品流向，可以把关税分为进口税、出口税和过境税三大类。

1) 进口税

进口税(import duty)是进口国的海关在外国商品输入时根据海关税则对本国进口商所征收的关税。进口税是关税的主要种类，它是在外国商品直接进入本国关境或国境时，或者外国商品从自由港、自由贸易区或海关保税区仓库等地运往进口国国内市场销售而办理海关手续时，按照海关税则征收的一种税。

进口税是关税中最重要的税种，也是保护关税的主要手段。通常所说的关税壁垒，实际上就是对进口商品征收高额关税，以此提高其成本，从而削弱其竞争力，保护国内市场和生产，起到限制进口的作用。关税壁垒是一国推行保护贸易政策所实施的一项重要措施。进口税还是一国进行谈判时迫使对方作出让步和妥协的重要手段。

各国进口税税率的制定基于多方面因素的考虑，从有效保护和经济发展出发，对不同商品制定不同的税率。一般来说，进口商品加工程度越高，进口税率越高。原料等初级产品税率最低甚至免税，半制成品次之，工业制成品税率最高，这称为关税升级。对于进口国国内紧缺而又急需的商品予以低关税甚至免税，而对国内能够大量生产的商品征收高额关税。

2）出口税

出口税(export duty)是出口国家的海关在本国产品输往国外时对出口商所征收的关税。由于这种关税的征收增加出口商品成本，削弱竞争能力，不利于扩大出口，目前大多数国家对绝大部分出口商品都不征收出口税。但是目前世界上仍有少数国家征收出口税。征收出口税的主要目的如下：

(1) 对本国资源丰富、出口量大的商品征收出口税，以增加财政收入。

(2) 为了保证本国的生产，对出口的原料征税，以保障国内生产的需要和增加国外商品的生产成本，从而增强本国产品的竞争能力。例如，瑞典、挪威对于木材出口征税，以保护其纸浆及造纸工业。

(3) 为保障本国市场，除了对某些出口原料征税外，还对某些本国生产不足而又需求较大的生活必需品征税，以抑制价格的上涨。

(4) 控制和调节某些商品的出口流量，防止盲目出口，以保持这些商品在国外市场的有利价格。

(5) 为了防止跨国公司利用"转移定价"逃避或减少在所在国的纳税，向跨国公司出口产品征收高额出口税，以维护本国的经济利益。

中国历来实行鼓励出口的政策，但为了控制一些商品的出口流量，采用了对极少数商品征出口税的办法。被征出口税的商品主要有生丝、有色金属、铝合金、绸缎等。

3）过境税

过境税(transit duty)又称通过税或转口税，是一国海关对于通过其关境再转运第三国的外国货物所征收的关税。其目的主要是增加国家财政收入。过境税一般是由那些拥有特殊或有利地理优势的国家对通过本国海域、港口、陆地的外国货物征收的税。过境税在重商主义时期盛行于欧洲各国。随着资本主义的发展和交通运输事业的发达，到了19世纪后半期，各国相继废除了过境税。第二次世界大战后，关贸总协定规定了"自由过境"的原则。目前，大多数国家对过境货物只征收少量的签证费、印花费、登记费及统计费等。

2. 按照征收税目分类

按照征收税目，可以把关税分为财政关税和保护关税两大类。

1）财政关税

财政关税(revenue tariff)是指以增加国家财政收入为主要目的而征收的关税，因而又称为收入关税。财政关税的一般征收原则有以下3个：

(1) 征税的进口商品必须是国内不能生产且没有替代品而必须依靠从国外进口的商品。

(2) 征税的进口商品在国内必须有大量的消费需求。

(3) 征收的关税税率必须适中，以达到收入最大化。若税率过低，进口数量可能增加，但财政收入未必最大；若税率过高，必定会限制进口数量，总收入也不一定达到最高。所以，财政关税的税率一般不太高。

很多国家早期征收关税的目的是增加财政收入。而现在，随着经济发展和其他税源增加，财政关税在财政收入中的重要性已相对降低，关税收入在各国的财政收入中所占的比重普遍呈下降的趋势。

2）保护关税

保护关税（protective tariff）是以保护本国生产和本国市场为主要目的而征收的关税。一般来说，保护关税的税率远远高于财政关税，而且越高越能达到保护的目的，若达到100%，则相当于禁止进口，就成为禁止关税。保护关税主要分为工业保护关税和农业保护关税两种。前者是为了保护国内工业发展而征收的关税，以保护幼稚工业和垄断工业为主要目的；后者是为保护国内农业发展而征收的关税。目前，虽然采用进口许可证、进口配额等办法直接限制进口，以及采用倾销、资本输出等办法冲破关税的限制，使保护关税的作用相对降低，但它仍是保护贸易政策的重要措施之一。

3. 按照差别待遇和特定的实施情况分类

按照差别待遇和特定的实施情况，关税可以分为进口附加税、普遍优惠制、特惠税和差价税。

1）进口附加税

进口附加税（import surtax）又称特别关税，是指进口国海关对进口的外国商品征收进口关税的同时，出于某种特定的目的而额外征收的关税。进口附加税不同于进口税，在一国的海关税则中并不能找到，也不像进口税那样受到世界贸易组织的严格约束而只能降不能升，其税率的高低往往视征收的具体目的而定。

进口附加税通常是一种临时性的特定措施，其目的主要有：应付国际收支危机，维持进出口平衡；防止外国产品低价倾销；对某个国家实行歧视或报复手段等。例如，1971年美国出现了自1938年以来的首次贸易逆差，国际收支恶化。为了应付国际收支危机，维持进出口平衡，美国总统尼克松宣布在1971年8月15日实行新经济政策，对进口的外国商品在一般进口税上再加征10%的进口附加税以限制进口。一般来说，对所有进口商品征收进口附加税的情况较少，大多数情况是针对个别国家和个别商品征收进口附加税。进口附加税主要有反倾销税、反补贴税、报复关税、紧急关税和惩罚关税。

（1）反倾销税。

反倾销税（anti-dumping duty）是对实行倾销的进口货物所征收的一种临时性进口附加税。征收反倾销税的目的在于抵制商品倾销，保护本国产品的国内市场。因此，反倾销税的税额一般按倾销差额征收，由此抵消低价倾销商品价格与其正常价格之间的差额。通常由受损害产业有关当事人提出出口国进行倾销的事实，请求本国政府机构征收反倾销税。政府机构对该项产品价格状况及产业受损害的事实与程度进行调查，确认是倾销时，即征收反倾销税。政府机构认为必要时，在调查期间，还可以先对该项商品进口暂时收取相当于税额的保证金。如果调查结果证明倾销属实，即作为反倾销税予以征收；当倾销不成立时，即予以退还。有的国家规定基准价格，凡进口价格在此价格以下，即自动进行调查，不需要当事人申请。倾销停止时，应立即取消征收。

世界贸易组织的《反倾销协议》第二条指出：倾销是“在正常的贸易过程中，当一项产品的出口价格低于其在正常贸易中出口国供其国内消费的同类产品的可比价格，即以低于正常价值的价格进入另一国市场,则该产品被是为倾销”。正常价值的确定有 3 种方法：一是按正常贸易过程中的出口国国内销售价格确定;二是依该国与第三国正常贸易中的出口价格确定;三是按结构价格确定。

出口国国内销售价格一般是指被指控的同类产品在调查期内(通常是 1 年至 1 年半),在其本国国内市场正常贸易中的成交价、销售价或一段时间内的加权平均价。与第三国正常贸易中的出口价格是指出口到适当的第三国的可比价格。选用与第三国正常贸易中的出口价格时应考虑以下因素：产品具有可比性;向所有第三国销售的较高的产品价格;向该第三国的销售做法与向反倾销调查国销售该产品的做法相类似;不能以低于成本销售,且出口量一般不低于出口的反倾销调查国内市场总量的 5%。结构价格是通过同类产品在原产国的生产成本(实际消耗的原材料、折旧、能耗和劳动力等)加上合理的管理费、销售费、一般费用和利润确定的。

出口价格是指在正常贸易中一国向另一国出口的某一产品的价格,也就是出口商将产品出售给进口商的价格。在特定的情况下,如果不存在出口价格,如易货贸易、补偿贸易,或者出口价格因进出口商有关联关系等原因而不可靠时,出口价格可在进口产品首次转售给独立买主的价格基础上予以推定。如果该产品不是转售给独立买主或不是以进口时的状态下的条件转售时,进口国可以在合理的基础上确定出口价格。

倾销对进口国国内产业的损害可以分为以下 3 种情况：

① 实质损害。这是指对进口国国内产业造成实质性的重大损害,轻微的影响不予考虑。对损害的确定应依据肯定性证据,并应审查下述有关内容。第一,进口产品倾销的数量情况,包括调查期内对被控产品的进口绝对数量,及相对于进口国国内生产或销售的相对数量,是否较以前有大量增长。第二,进口产品的倾销对进口国国内市场同类产品价格的影响,包括调查期内是否使进口国同类产品的价格大幅下调,或在很大程度上抑制了价格的上涨或本应该发生的价格增长。第三,进口产品的倾销对进口国国内同类产品、产业产生的影响。应考虑和评估所有影响产业状况的有关经济因素和指标,包括销售、利润、产量、市场份额、生产率、投资收益或设备利用率的实际和潜在的下降;影响国内价格的因素;倾销幅度的大小;对流动资金、库存、就业、工资、增长率、筹措资本与投资的能力的实际和潜在的消极影响等。

② 实质损害威胁。这是指进口国的有关产业尚未处于实质受损害的境地,然而事实将会导致这种境地。对实质损害威胁的确定应依据事实,而不是依据指控、推测或极小的可能性。

③ 实质阻碍产业的新建。确定新建产业受阻必须有充分的证据。这不能被理解为倾销产品阻碍了建立一个新产业的设想或计划,而应是一个新产业的实际建立过程受阻。

如果最终确认某进口商品符合被征收反倾销税的条件,对其所征的税额也不得超过经调查确认的倾销差额,征收反倾销税的期限也不得超过为抵消倾销所造成的损害必需的期限。一旦损害得到弥补,进口国应立即停止征收反倾销税。另外,被指控倾销其产品的出口商愿作出价格承诺(price undertaking),即愿意修改其产品的出口价格或停止低价出口倾销的做法,进口国有关部门在认为这种方法足以消除其倾销行为所造成的损害时,可以暂停或终止对该产品的反倾销调查,不采取临时反倾销措施或不征收反倾销税。

(2) 反补贴税。

反补贴税(countervailing duty)又称反津贴税、抵消税或补偿税。它是对直接或间接接受出口国政府或公共机构任何奖金或补贴的外国商品的进口征收的一种进口附加税。反补贴税的目的在于增加进口商品价格,抵消国外竞争者得到奖励和补贴产生的影响,削弱其竞争能力,使其在进口国国内市场上不能进行低价竞争或倾销,从而保护进口国的制造商。这种奖励和补贴包括:对外国制造商直接进行支付以刺激出口;对出口商品进行关税减免;对出口项目提供成本资金融通或类似的物质补助。美国通过商务部国际贸易管理局实施反补贴税。近年来,这些反补贴税已日益成为国际贸易谈判中难以取得进展的领域,并且这也使得国际对等贸易的安排复杂化,因为在对等贸易中衡量政府补贴非常困难。

1994年《关税与贸易总协定》第6条和第16条对反补贴税做了明确规定:

- 反补贴税是指为了抵消货物于制造、生产或输出时所直接或间接接受的任何奖金或补贴而征收的一种特别关税。
- 补贴的后果会对国内某项已建的工业造成重大损害或产生重大威胁,或严重阻碍国内某一工业的新建时,才能征收反补贴税。
- 要征收的反补贴税的数额不能高于足以抵消对国内产业造成损害的程度,但可以低于这一水平;对任何进口产品所征收的反补贴税不得超过确认存在的补贴额,补贴额应以每单位出口产品所得到的补贴来计算。
- 对补贴方征收反补贴税应适用无歧视原则。
- 对于受到补贴的倾销货物,进口国不得同时对它既征收反倾销税又征收反补贴税。
- 在某些例外情况下,如果延迟将会造成难以补救的损害,进口国可在未经全体成员事先批准的情况下征收反补贴税,但应立即向全体成员报告。如未获批准,这种反补贴税应立即予以撤销。
- 对产品在原产国或输出国所征收的捐税,在出口时退还或因出口而免税,进口国对这种退税或免税不得征收反补贴税。
- 对初级产品给予补贴以维持或稳定其价格而建立的制度,如符合该项条件,不应作为造成了重大损害来处理。

世界贸易组织《补贴与反补贴措施协议》进一步明确了补贴的定义与分类。按《补贴与反补贴协议》,补贴是指"在一成员方领土内由一个政府或任一公共机构作出的财政支持"。它包括"政府的行为涉及一项直接的资金转移、潜在的资金或债务的直接转移;政府预定的收入的扣除或不征收;政府对非一般基础设施提供货物和服务,或者购买货物;政府向基金组织或信托机构支付或指示某个私人机构执行上述所列举的、一般由政府行为承担的作用"。《补贴与反补贴措施协议》把补贴分为三大类,即禁止的补贴、可申诉的补贴和不可申诉的补贴。禁止的补贴是指"在法律上或事实上仅向出口活动,或作为多种条件之一而向出口活动提供的有条件的补贴;在法律上或事实上仅向使用本国产品以替代进口,或作为多种条件之一向使用本国产品以替代进口而提供的有条件的补贴"。可申诉的补贴措施是指在一定范围内允许实施,但如果在实施过程中对其他成员方的经济贸易利益造成了严重损害,或产生了严重的歧视性影响时,则受到损害和歧视影响的成员方可对其补贴措施提出申诉。不可申诉的补贴是指补贴不具有专向性。所谓专向性是指向特定的企业或行业的部分企业提供的补贴。如果补贴有专向性，则要符合《补贴与反补贴措施协议》的规定条件。

此外，《补贴与反补贴措施协议》特别规定，在决定征收反补贴税时，应考虑国内其他利益集团（如进口商品的消费者和工业用户等）的意见。与反倾销制度相似，《补贴与反补贴措施协议》也对追溯征税做了规定（第20条）。在紧急情况下，如果在短期内补贴的产品大量进口，并且由此给国内产业造成难以弥补的损害，当局为了避免再发生类似的事态，可决定对补贴产品追溯征收反补贴税。在这种情况下，当局对采取临时措施之日前90天内进口的补贴进口产品可以追溯征收反补贴税。

(3) 报复关税。

报复关税（retaliatory tariff）是指一国为报复他国对本国商品、船舶、企业、投资或知识产权等方面的不公正待遇，对从该国进口的商品所课征的进口附加税。通常在对方取消不公正待遇时，报复关税也会相应取消。当然，报复关税和惩罚关税一样，容易引起他国的反报复，最终导致关税战。

(4) 紧急关税。

紧急关税（emergency tariff）是为消除外国商品在短时间内大量进口对国内同类产品生产造成重大损害和重大威胁而征收的一种进口附加税。当短期内外国商品大量涌入时，一般正常关税已难以起到有效保护作用，因此需借助税率较高的紧急关税来限制进口，保护国内生产。例如，澳大利亚曾在受到国外涤纶和棉纶进口的冲击时，为保护国内生产，决定征收紧急关税，在每磅20澳分的正税外另加每磅48澳分的进口附加税。由于紧急关税是在紧急情况下征收的，是一种临时性关税，因此，当紧急情况缓解后，紧急关税必须撤除，否则会受到别国的关税报复。

(5) 惩罚关税。

惩罚关税（penalty tariff）是指出口国某商品违反了与进口国之间的协议，或者未按照进口国海关规定办理进口手续时，由进口国海关向该进口商征收的一种临时性的进口附加税。这种特别关税具有惩罚和罚款性质。例如，若某进口商虚报成交价格，以低价假报进口价格，一经发现，进口国海关将对该进口商征收惩罚关税作为惩罚。此外，惩罚关税有时还被作为贸易谈判的手段。

【案例分析7-1】

欧盟诉美国民用飞机补贴案

2004年和2005年，欧盟两次要求与美国就其向波音公司提供补贴进行磋商。2006年，世界贸易组织成立专家组（DS535）。2012年3月，世界贸易组织上诉机构发布裁决，认定美国以联邦政府部门研发资助、各级政府税收优惠等形式，由美国航空航天局、美国国防部、美国商务部等部门和美国华盛顿州、堪萨斯州、伊利诺伊州等地区长期向波音公司提供了超过53亿美元的非法补贴，要求美国修改其补贴政策，以使其措施符合世界贸易组织协定的要求。美国表示愿意遵照执行裁决，期限为6个月。2013年11月，美国华盛顿州修改当地税务法律，宣布延长针对本国航空企业的税务优惠政策，以期留住波音设在当地的飞机装配工厂。而后欧盟多次提出诉讼，认为美国没有履行承诺。

2017 年 6 月 9 日，世界贸易组织发布裁决报告，裁定华盛顿州仍存在对波音公司的违规补贴行为。报告指出，美国华盛顿州针对波音公司实施的减税政策使空中客车家族 A320ceo 和 A320neo 系列在大型民用飞机市场蒙受重大损失，同时对 A320ceo 出口至美国和阿联酋等市场造成巨大阻力。这一政策违反了美国在 2012 年作出的遵照执行波音公司补贴案相关裁决的承诺。

除航空领域外，美国联邦和地方政府对部分产业和企业提供大量补贴、救助和优惠贷款，这些补贴行为在很大程度上阻碍了市场的公平竞争。根据美国补贴监控组织"好工作优先"统计，2000—2015 年，美国联邦政府以拨款、税收抵免等方式至少向企业补贴了 680 亿美元，其中 582 家大公司获得的补贴占总额的 67%。同一时期，美国联邦机构向私人部门提供了数千亿美元的贷款、贷款担保和救济援助。享受美国政府补贴的行业十分广泛，在列入统计的 49 个行业中，汽车、航空航天和军工、电气和电子设备、油气、金融服务、化工、金属、零售、信息技术等均在前列。美国联邦和州（地方）政府也给予了企业大量补贴。由于州政府在补贴方面基本不受联邦政府的管辖，其补贴方式及金额透明度低，具有较大隐蔽性，实际补贴额远高于其披露数额。

在汽车行业，美国联邦和州政府均有对汽车的扶持政策，并向大型汽车企业提供巨额救助和变相补贴。国际金融危机期间，美国政府在"不良资产援助计划"下设立"汽车产业资助计划"（AIFP），为大型汽车企业提供了近 800 亿美元的资金救助。2007 年，美国能源部依据《2007 年能源独立和安全法案》第 136 条款制定了"先进技术汽车制造贷款项目"，美国国会对该项目的授权贷款总额达到 250 亿美元。特斯拉公司自 2000 年以来得到美国联邦和州（地方）政府超过 35 亿美元的补贴。

在计算机和半导体制造领域，美国事实上早就在执行由政府引导的产业政策。20 世纪 80 年代，美国政府向美国半导体制造技术战略联盟拨款 10 亿美元，以创造具有"超前竞争性"的技术，保持美国技术领先地位，避免过度依赖外国供应商。苹果公司研发的几乎所有产品，包括鼠标、显示器、操作系统、触摸屏等，都得到了美国政府部门的支持，甚至有些直接萌芽于政府实验室。

在军工领域，美国对军工企业提供了包括税收优惠、贷款担保、采购承诺等不同形式的支持，对濒临破产的大型军工企业提供临时性政府贷款、企业重组基金、破产保护、过渡基金和债务减免等优惠政策。《2014 年美国国防生产法案》规定："总统可授权担保机构向私营机构提供贷款担保，以资助该担保机构认定的，对建立、维护、扩大、保护或恢复国防所需生产或服务至关重要的任何军工承包商、分包商、关键基础设施或其他国防生产供应商等"。2016 年，全球最大的军工企业——洛克希德·马丁公司获得康涅狄格州 2 亿美元资金支持。

（资料来源：美国能源部，《关于中美经贸摩擦的事实与中方立场》白皮书，2018 年 9 月 24 日）

案例讨论：美国联邦和地方政府对大部分产业提供补贴、援助对国际贸易会造成什么影响？

2）普遍优惠制

普遍优惠制（Generalized System of Preferences，GSP）简称普惠制，是发达国家给予发

展中国家出口的制成品和半制成品(包括某些初级产品)普遍的、非歧视的、非互惠的一种关税优惠制度。普遍性、非歧视性和非互惠性是普惠制的3个主要原则。普遍性是指发达国家对所有发展中国家出口的制成品和半制成品给予普遍的关税优惠待遇;非歧视性是指应使所有发展中国家不受歧视、无例外地享受普惠制的待遇;非互惠性是指发达国家应单方面给予发展中国家关税优惠,而不要求发展中国家提供对等待遇。

普惠制是发展中国家在联合国贸易与发展会议上长期斗争的结果。1968年,第二届联合国贸易与发展会议上通过了建立普惠制的协议。1971年7月1日,普惠制正式开始实行。实施普惠制的目的是:扩大发展中国家的制成品和半制成品的出口,从而增加其外汇收入;加速发展中国家的经济发展,促进其工业化。迄今已有40多个国家实行了普惠制,接受普惠制关税优惠的发展中国家达到190多个。各给惠国通过制定具体的普惠制方案来实施普惠制,各给惠国分别制订了各自的普惠制实施方案,尽管各不相同,但主要包括以下几个方面:

(1) 受惠产品范围。

一般农产品的受惠商品较少,工业制成品或半制成品只有列入普惠制方案的受惠商品清单,才能享受普惠制待遇。一些敏感性商品,如纺织品、服装鞋类以及某些皮制品、石油制品等,常被排除在受惠商品之外或者有一定的限额。

(2) 受惠国家。

普惠制原则上是无歧视的,但发展中国家能否成为普惠制方案的受惠国是由给惠国单方面确定的。给惠国从各自的政治、经济利益出发,对受惠国进行限制。例如,在美国的普惠制方案中,石油输出组织、非市场经济的社会主义国家、与美国的贸易中有歧视或敌对行为的国家均被排除在受惠国名单之外。

(3) 受惠商品关税削减幅度。

普惠制的关税削减幅度取决于最惠国税率与普惠制税率之间的差额,最惠国税率越高,普惠制税率越低,则差额越大。由于多数普惠制方案对农产品实行减税,对工业品实行免税,所以一般工业品差额较大,农产品差额较小。

(4) 对给惠国的保护措施的规定。

给惠国一般都规定保护措施,以保护本国某些产品的生产和销售。一般有以下3种保护措施:

- 预定限额。是指给惠国根据本国和受惠国的经济发展水平及贸易状况,预先规定一定时期内(通常为1年)某项产品的关税优惠进口限额。达到这个额度后,就停止或取消给予的关税优惠待遇,而按最惠国税率征税。给惠国通常引用预定限额对工业产品的进口进行控制。
- 免责条款。当受惠国的商品出口量增加到对本国同类产品或有竞争关系的商品的生产者造成或即将造成严重损害时,给惠国保留完全取消关税优惠待遇的权利。
- 竞争需要标准。对来自受惠国的某种进口货物,如超过当年所规定的进口额度,则取消下年度该种商品的关税优惠待遇。

(5) 对原产地的规定。

为了确保普惠制待遇只给予发展中国家生产和制造的产品,各给惠国制定了详细和严格的原产地规则。原产地规则是衡量受惠国出口产品能否享受给惠国给予减免关税待遇的标准。原产地规则一般包括 3 个部分：原产地标准、直接运输规则和书面证明书。

- 所谓原产地标准(origin criteria)，是指只有完全由受惠国生产或制造的不含有任何进口原料和部件的产品(完全原产产品)，或者进口原料或部件在受惠国经过实质性改变而成为另一种不同性质的商品(非完全原产产品)时，才能作为受惠国的原产品享受普惠制待遇。
- 所谓直接运输规则(rule of direct consignment)，是指受惠产品必须从出口受惠国直接运至进口给惠国，中间不得转卖或进行实质性加工。其目的是避免在运输途中可能进行的再加工或换包。但由于地理或运输等原因不可能直接运输时，货物可以通过他国领土转运至进口给惠国，但是，货物必须始终处于过境国海关的监管下。
- 所谓书面证明书(documentary evidence)，是指要求受惠产品向给惠国提交能证明其原产地资格的原产地证明书，即《普惠制原产地证明书(与证明联合)格式 A》(简称表格 A)和直接运输证明文件作为官方凭证。表格 A 的有效期一般为 10 个月。给惠国的海关一旦对原产地证明书内容产生怀疑，就可向给惠国签证机关或出口国退证查询，并要求在半年内答复核实结果。如果核实结果表明产品不符合普惠制原产地的规定，原产地证明书完全失效，则可取消该产品的受惠资格，征收正常关税。

(6) 毕业条款。

一些给惠国按照自己的定义和标准，取消一些已经获得较强出口竞争力的发展中国家的普惠制待遇。毕业标准可分为产品毕业和国家毕业两种。当从受惠国进口某项产品的数量增加到对给惠国相同产品或直接竞争性产品的生产、制造商造成或可能造成威胁和损害时，给惠国则对该受惠国的该项产品完全或部分取消普惠制优惠关税待遇的资格，称之为产品毕业。一旦某发展中国家工业化程度和经济发展水平有了较大的提高，并且在国际贸易中显示出较强的出口竞争能力，在国际市场上占有较大份额时，给惠国则对该发展中国家完全取消受惠国资格，称之为国家毕业。

2013 年 12 月 31 日，欧洲委员会第 1421/2013 号规例修订了欧盟的普惠制规例，在其生效一年后把中国内地从受惠国行列中剔除。因此，中国从欧盟普惠制“毕业”，中国所有产品于 2015 年 1 月 1 日起不再享受普惠制优惠关税待遇。已“毕业”的国家和产品因为不能再享受优惠关税待遇，一方面不得不在进口国市场上与发达国家的同类产品竞争，另一方面又面临其他发展中国家乘势取而代之打入进口国市场的严峻挑战。

(7) 普惠制的有效期。

普惠制的实施期限为 10 年，经联合国贸易与发展会议全面审议后可延长。

普惠制对发展中国家的出口起了一定的积极作用。但由于各给惠国在提供关税优惠的同时还作了烦琐的规定，又有相当严厉的限制措施，因此，发达国家实际上尚未普遍地、全面地向发展中国家提供关税优惠。

3) 特惠税

特惠税(preferential duty)又称优惠税，是指一国对从某个国家进口的全部或部分商品给予低税或免税的特别优惠待遇。其税率低于最惠国税率和普惠制税率。特惠税不适用于从非优惠国家进口的商品，它可以分为互惠和非互惠两种。

(1) 互惠的特惠税，主要是宗主国与殖民地附属国之间的特惠税。宗主国与殖民地附属国之间的特惠税最早始于宗主国与殖民地附属国之间的贸易交往中，是殖民主义的产物，其目的是保证宗主国在殖民地附属国市场上所占据的优势。后来由于殖民地附属国的斗争，特惠税表现为宗主国与殖民地附属国相互之间提供的关税优惠待遇，即相互特惠关税。

(2) 非互惠的特惠税，主要是《洛美协定》国家之间的特惠税。《洛美协定》的特惠税是目前仍在起作用的、最有影响力且兑换程度最大的一种特别优惠关税。它是欧盟向参加协定的非洲、加勒比海和太平洋地区的发展中国家单方面提供的特惠关税。于2002年正式生效的第五个《洛美协定》受惠的非加太国家从最初的46个增加到86个。按照《洛美协定》，欧盟在免税、不限量的条件下，接受受惠国的全部工业品和96%的农产品进入欧盟市场，而不要求受惠国给予反向优惠，并放宽原产地限制和部分非关税壁垒。然而，它也有严格限制受惠出口国免检进入欧洲市场的条款。

4) 差价税

差价税(variable levy)又称差额税，是当本国生产的某种产品的国内价格高于同类进口商品的价格时，为削弱进口商品的竞争力，保护本国生产和国内市场，按国内价格与进口价格之间的差额征收的关税。征收差价税的目的是使该种进口商品的税后价格保持在一个预定的价格标准上，以稳定进口国国内该种商品的市场价格。

对于征收差价税的商品，有的规定按价格差额征收；有的规定在征收一般关税以外另行征收。这种差价税实际上属于进口附加税。差价税没有固定的税率和税额，而是随着国内外价格差额的变动而变动，因此是一种滑动关税。

征收差价税的典型例子是欧盟所实行的共同农业政策中的差价税制度。该政策的目的在于统一欧盟区域内的农产品市场价格，保护其农畜产品免受非成员国低价农产品竞争。欧盟在征收差价税时，首先在共同市场内部以生产效率最低而价格最高的内地中心市场的价格为准，制定统一的指标价格。这种价格一般比世界市场的价格高。为了维持这种价格水平，还确定了干预价格，一旦中心市场的实际市场价格跌到干预价格水平，有关机构便从市场上购进谷物，以防止价格继续下跌。其次，从指标价格中扣除把有关谷物从进口港运到内地中心市场的运费、保险费、杂费和销售费用后，得到门槛价格，或称闸门价格。它是差价税估价的基础。最后，根据有关产品的进口价格与门槛价格的差额确定差价税额。其计算公式为

$$差价税额 = 门槛价格 - 进口价格$$

7.1.4 关税的征收

1. 海关税则的内容

海关税则(customs tariff)又称关税税则，是一国对进出口商品计征关税的规章和对进出口应税与免税商品加以系统分类的一览表。海关税则是关税制度的重要内容，是关税政策的具体体现。

海关税则一般包括两个部分：一是海关征收关税的规章、条例及说明；二是关税税率表。

关税税率表是海关税则的主要内容，包括 3 个部分：税则号列（tariff no.，heading No.，tariff item），简称税号；商品分类目录（description of goods）；税率栏目（rate of duty）。税则中的商品类别，有的按商品加工程度划分，有的按商品性质划分，也有的两者结合划分（例如，按商品性质分成两大类，再按加工程度分成小类）。随着经济的发展，各国海关税则的商品分类越来越细，这不仅仅是由于商品日益增多而产生的技术上的需要，更主要的是各国开始利用海关税则更有针对性地限制有关商品的进口和更有效地进行贸易谈判，将其作为实行贸易歧视的手段。

2. 税则制度

各国海关都分别编制本国的海关税则，但由于各国海关在商品名称、定义、分类标准及税则号列的编排方法上存在差异，使得同一商品在不同国家的税则上所属的类别和号列互不相同，因而给国际贸易活动和经济分析带来很多困难。为了减少各国海关在商品分类上的矛盾，统一税则目录开始出现并不断完善，先后有《海关合作理事会税则商品分类目录》《国际贸易标准分类》《商品名称及编码协调制度》等。

1）《海关合作理事会税则商品分类目录》

1952 年成立海关合作理事会，并在布鲁塞尔制定了《海关合作理事会税则商品分类目录》（Customs Cooperation Council Nomenclature，CCCN），或称《布鲁塞尔税则目录》（Brussels Tariff Nomenclature，BTN）。这个税则目录就是以商品原料组成为主，结合加工程度、制造阶段和商品的最终用途进行分类，把全部商品分为 21 大类、99 章、1015 项税目。各国可在税目下加列子目。税则中商品分类之所以如此细，既反映了商品种类增多，同时也是为了便于实行关税差别和贸易歧视政策，它是一国关税政策的具体体现。

2）《国际贸易标准分类》

1950 年，出于贸易统计和研究的需要，联合国经济和社会理事会下设的统计委员会编制并公布了《国际贸易标准分类》（Standard International Trade Classification，SITC）。

3）《商品名称及编码协调制度》

以上两种商品分类目录在国际上同时并存，虽然制定了相互对照表，但仍给很多工作带来了不便。为了使国际贸易商品的分类统计与关税税则目录分类的协调统一，兼顾海关、贸易统计与运输保险业的共同需求，海关合作理事会下设的协调制度委员会研究制定了《商品名称及编码协调制度》（Harmonized Commodity Description and Coding System），简称《协调制度》（H.S.），于 1983 年 6 月以国际公约的形式正式通过，并于 1988 年 1 月 1 日在国际上开始实施。中国海关于 1992 年 1 月 1 日开始采用《协调制度》，以《协调制度》为基础编制新的《海关进出口税则》和《海关统计商品目录》。

《协调制度》是在《海关合作理事会税则商品分类目录》与《国际贸易标准分类》的基础上，吸收了国际上其他分类的长处，统一和协调国际商品分类体系而编制的。《协调制度》的基础税目都是 6 位数字的编码。前两位表示商品所在的章，中间两位表示商品在章中所处的位置，第五位是一级子目，第六位为二级子目。前 4 位为《协调制度》的项目号（即税目号），与后两位之间用实点隔开。各国可以在子目之下增设分目。中国的海关税则在《协调制度》6 位数编码的基础上，加列了 1832 个 7 位数子目和 282 个 8 位数子目，共有 6250 个税目。

《协调制度》是一个新型的、系统的、多用途的国际贸易商品分类体系。它除了用于海关税则和国际贸易统计外，对运输业的计费和统计、计算机数据传递、国际贸易单证简化以及普惠制的受惠标准等方面都提供了一套可使用的分类制度，避免了一种商品在一次国际贸易交易中，因经过成交、检验、保险、出运、议付、报关和统计等环节而多次改动商品编号的情况。

3. 海关税则的分类

对海关税则有多种分类方法。根据海关税则同一税目下税率种类的多少，可分为单式税则与复式税则。根据各国制定税则的权限不同，可分为自主税则和协定税则。根据进出口商品流向不同，可分为进口货物税则和出口货物税则。

1）单式税则和复式税则

单式税则（single tariff）又称一栏税则，是指一个税目下只有一个税率，适用于来自任何国家的同类商品的进口，没有差别待遇。在资本主义早期，各国都使用单式税则；进入垄断阶段以后，为了在国际竞争中取得优势，各国在关税上都采用差别与歧视待遇，都改用复式税则。只有少数发展中国家，如委内瑞拉、巴拿马、肯尼亚等，还在使用单式税则。

复式税则（complex tariff）又称多栏税则，是指一个税目下有两个或两个以上的税率，对来自不同国家的进口商品适用不同的税率，实行差别待遇，现在绝大多数国家采用这种方式。各国复式税则不同，有二、三、四、五栏不等，设有普通税率、最惠国税率、协定税率、特惠税率等。一般是普通税率最高，特惠税率最低。美国、加拿大等过实行三栏税则，而欧盟等国实行四栏税则。

2）自主税则和协定税则

自主税则又称国定税则，是一国立法机构根据关税自主原则独立制定的税则，它是单独制定的，但要遵守对外签订的贸易条约或协定的约束。

协定税则是一国与其他国家通过谈判，以贸易条约或协定的方式订立的税则。它是在本国原有自主税则的基础上，通过关税减让谈判，另行规定一种税率。不但适用于该贸易条约或协定的签字国，而且某些协定税率也适用于享有最惠国待遇的国家。当今世界绝大多数国家采用的是协定税则。

4. 关税的征收程序

征收关税的程序即通关手续，又称报关手续，是指出口商或进口商向海关申报出口或进口，提交报关单和有关证明，接受海关的监督与检查，履行海关规定的手续。办完通关手续，结清应付的税款和其他费用，经海关同意，货物即通关放行。通关手续通常包括申报（declaration）、检验（inspection）、征税（taxation）、放行（release）4 个基本环节。

1）货物申报

货物进出关境时，必须由货物所有人或其代理人按照规定向海关申报。申报时应交验报关单、许可证、提单或运单、发票、装箱单、原产地证书、合同或有关规定的文件证明等。

2）货物的查验、征税与放行

海关在审核单证、查验有关单证与货物，计算进出口税额，由进出口商缴纳关税和其他费用后，即在一切海关手续办妥后，在提单、运单、装货单上加盖海关放行图章以示放行进出口货物,至此才算通关,由收、发货人据以向港口、民航、车站、集装箱场或邮局办理提取或托运手续。

3) 报关时限

这主要是指进口商应在货物到达港口后,在规定的工作日期限内向海关办理申报手续。如果进口商对于某些特定的商品,如水果、蔬菜、鲜鱼等易腐商品,要求货到时立即从海关提出,可在货到前先办理提货手续,并预付一笔进口税,至次日再正式结算进口税。如果进口税想延期提货,在办理存栈报关手续后,可将货物存入保税仓库,暂时不缴纳进口税。在存仓期间,货物可再行出口,就不必再付进口税;如打算运往进口国国内市场销售,在提货前办理通关手续。货物到达后,进口商超过法定申报时限未向海关申报的,海关有权将货物存入候领货物仓库,其间一切责任和费用由进口商负责。如果存仓货物在规定期限内仍未办理通关手续,海关有权处理该批货物。

4) 填写报关单

经海关审批准予注册,可以直接向海关办理进出口海关手续的报关单位,指派经海关考核认可并持有海关签发的报关证件的报关员向海关报关。填写《进口货物报关单》或《出口货物报关单》,作为向海关申报的书面文件。进出口货物报关单的各项内容必须与实际货物及交验的单证一致,做到单、货、证三者相符。报关单的主要项目为经营单位、贸易性质、贸易国别、原产国别(地区)、货名、规格及货号、成交价格、数量、单位等。最后应注意,一些国家的报关手续十分繁杂,为了及时通关提货,可以委托熟悉海关规章的报关行代为办理报关手续。

5. 计征关税标准

海关在计征各种商品的关税时,从收取最大税额的角度考虑,对不同的商品设置不同的征税方法。各国海关通常使用的计税方法有从量税、从价税、混合税和选择税,此外还有滑准税和季节税等。

1) 从量税

从量税是按货物的计量单位(重量、长度、面积、容积、功率、件数等)作为课税标准。从量税一般适用于标准化和原材料产品,其与商品计量数成正比,计算公式为

$$从量税额 = 商品计量数 \times 从量关税税率(每计量单位的从量税)$$

重量单位是最常用的从量税计量单位,但各国在实际应用中计算重量的标准各不相同,一般采用毛重、法定重量和净净重。毛重(gross weight)是指商品本身加内外包装的总重量。法定重量(legal weight)是指商品总重量扣除外包装后的重量。净净重(net net weight)则指商品本身的重量,不包括内外包装的重量。

从量税的计税方法简单,有利于进出口货物的迅速通关。对质次价廉的进口商品抑制作用较大,保护作用较强;对质优价高的进口商品抑制作用较小,保护作用较弱。从量税也可防止以低价伪报进口的偷逃税行为。从量税的税率不能随着物价的涨落经常更改,对一些新产品、古玩、艺术品等难以制定从量税税率。按从量税方式征收关税,在某商品价格下跌和商品衰退时期,会加重商品的关税税负,而且对于廉价物品会课征较重的关税,因此,这种关税征税方式实际上是鼓励同类产品中质量高、价格高的商品进口。在进口货物时,海关当局无须确定其价值,而只需要知道其数量,便可征纳关税。由于征收从量税对货物

价值不敏感,从而其保护作用会由于通货膨胀而被抵消。又由于世界范围内通货膨胀和制成品贸易比重的上升,从量税逐步被从价税替代。

2）从价税

从价税是以商品的价格为标准征收的关税。它是按价格的一定百分比征收的。从价税的税率一般表现为税额占货物价格或价值的百分比,计算公式为

从价税额＝货物价格×从价税率

从价税额随价格的上升而增加,随价格的下跌而减少,关税收入直接与价格挂钩。对进口商品征收从价税势必影响进口商品国内价格,使之高于进口价格,差额相当于进口税额,从而减少国内需求。对出口商品征收从价税势必影响出口商品的出口价格,使之高于国内价格,差额相当于出口税额,从而减少国外需求。而如何确定进出口商品的完税价格是征收从价税的一个关键。所谓完税价格,是指经海关审定的作为计征关税依据的货物价格。各国规定了不同的海关估价以确定完税价格,目前大致有以下3种：CIF价格、FOB价格和进口国的官方价格。美国、加拿大等国采用FOB价格来估价,而西欧等国采用CIF价格作为完税价格。不少国家甚至故意抬高进口商品的完税价格,以此增加进口商品成本,把海关估价变成阻碍进口的非关税壁垒。

从价税的特点如下：

(1) 税负合理。对于同类商品,质优价高,税额也高;质次价低,税额也低。加工程度高的商品和奢侈品价高,税额较高,相应的保护作用较大。

(2) 从价税率按百分比表示,便于各国之间进行比较。

(3) 由于从价税额随着商品价格的升降而变化,所以在价格上升时,税额增加,保护作用大;在价格下降时,税额减少,保护作用小。

(4) 从价税的完税价格不易掌握,征税手续复杂,大大增加了海关的工作负荷。

3）混合税

混合税又称复合税,是指在海关税则中,对一个税目中的商品同时使用从量税、从价税两种标准计税,以两者之和作为应税额而征收的一种关税。由于从量税、从价税两种计税标准各有优缺点,两者混合使用可以取长补短,有利于关税作用的发挥。按从量税、从价税的主次不同又分为两种情况：一种是以从量税为主,加征从价税;另一种是以从价税为主,加征从量税。

混合税额的计算公式为

混合税额＝货物数量×从量税率＋完税价格×从价税率

4）选择税

选择税是指在海关税则中对同一税目的商品制定按从价标准和从量标准计征税款的两种税率,可根据增加税额的需要选择其中一种计算应征税款。

选择税的使用要依照国际市场价格的变动。在应税商品价格上涨时,因从量税的单位应税额不能及时调整,税额相对降低,则可选择从价计税;在应税商品价格下跌时,从价计税税额相对降低,则可选择从量计税;对质次价廉的进口商品或商人低报价格的商品,均可按从量标准计征关税。

5）滑准税

滑准税是指在海关税则中对同一税目的商品按其价格的高低分开档次并依此制定不同税率，依商品的价格高低而适用其不同档次税率计征的一种关税，也称滑动税。其目的是使该商品的国内市场价格保持一定的水平，免受或少受国际市场价格波动的影响。

滑准税的优点在于它能平衡物价，保护国内产业发展；缺点是容易出现投机行为。滑准税的一种典型形式是差价税。差价税的税率是按照进口货物价格低于国内市场同类货物价格的差额来确定的，又称差额税或不定额税。差价税可分为部分差价税、全部差价税和倍数差价税等。部分差价税是对进口货物价格与国内市场价格差额的一部分征税，以鼓励此种货物进口；全部差价税或倍数差价税是对进口货物价格低于国内市场同类价格的全部差额或差额的倍数征收关税，其目的是限制此种货物进口。差价税通常没有固定税率，多根据进口货物逐件计征。欧盟为保护成员国的农业，对进口的农产品多采用差价税。

6）季节税

季节税是对有季节性的鲜货、果品、蔬菜等产品，按其进口季节不同采用两种或两种以上的税率（在旺季采用高税率，在淡季采用低税率）计征的一种关税。其目的是维护供销平衡和稳定市场。

7.1.5　关税减免

1. 关税减免的含义

关税减免指由于进口国经济、政治等方面的原因或根据国际条约、惯例，需要免除某些纳税义务人或某些进出口应税货品的纳税义务。

2. 关税减免的依据

由于各国的国情不同，各国关税减免制度的内容也不一致。为了方便国际贸易和其他国际交流的进行，海关合作理事会在《关于简化与协调海关业务制度的国际公约》中推荐了一些应予减免关税的范围，建议各国采用，但不限制各国给予进一步的方便和优惠。

3. 关税减免范围

有关国际协定中规定的货品关税减免范围如下：

- 联合国教科文组织《关于进口教科文材料的协定》和《促进教科文视听材料的国际交流的协定》中规定的教科文物品。
- 《国际民航公约》列出的器材。
- 《关于便利进口商业货样和广告品的国际公约》中所指的价格低廉的商业样品和广告品等。
- 无商业价值的样品，如按其大小除展出外无其他用途的原材料及产品。
- 按商业惯例黏附在卡片上或作样品用的非贵重材料制品。
- 人体治疗物质、血型鉴定和组织分类试剂。
- 因迁居而进口的动产。
- 布置第二居所所适用的家具和家用物品。

在批准程序方面，各国要提供方便和简化手续。减免税进口后的货物必须在海关准予减免税进口时核准的用途范围内使用,不得用于其他用途或销售。

4. 关税配额

关税配额是对一定数额以内的进口商品给予低税、减税或免税待遇,对超过数额的进口商品则征收较高的关税,多用于农产品的进口。例如,美国为保护国内农业生产者的利益,对部分进口农产品实行关税配额。例如,脱脂奶粉的配额内平均关税税率为2.2%,配额外平均关税税率则为52.6%。

按照商品进口的来源,关税配额可分为全球性关税配额和国别关税配额。按征收关税的目的,关税配额可分为优惠性关税配额和非优惠性关税配额,前者是对关税配额内进口的商品给予较大幅度的关税减让甚至免税,而对超过配额的进口商品则征收原来的最惠国税率。

7.1.6 关税的作用

关税是通过提高进出口的成本发挥作用的,它对一个国家的经济所产生的作用主要有以下几点。

1. 增加国家财政收入

海关征收关税后即上缴国库,因此关税是各国国家财政收入的一部分,但比重在下降。在前资本主义时期和资本主义发展初期,税源较少,各国财政收入的绝大部分来自关税。随着工商业的迅速发展,税源不断扩大,关税在财政收入中的比重和作用逐渐降低。另外,由于发达国家国内市场的发达程度高于发展中国家,发达国家关税在财政收入中的比重比较低,而发展中国家则比较高。

2. 保护国内产业,调节进出口贸易结构

合理的关税结构有利于保护国内产业。对本国较具竞争力的产业实行低关税政策,使得这些产业中的企业在同国外同类企业的竞争中不断强大起来。例如,中国逐步取消了彩电、空调、洗衣机等产品的高关税,于是长虹、海尔、康佳等企业在竞争中迅速发展起来。对本国较有潜力的产业,在一段时间内采用较高关税的保护,以削弱进口商品的竞争能力,从而有利于这些企业在免受国外企业的竞争的条件下度过"襁褓期"。对国内不能生产的产品,低关税和免关税政策有利于这些产品的进口并满足国内生产和消费的需要,使国内经济的发展不受到影响。对于非必需品或奢侈品的进口制定更高的关税,以达到限制这些商品甚至禁止进口这些商品的目的。同时,当贸易逆差过大时,提高关税或征收进口附加税以限制商品进口,缩小贸易逆差;当贸易顺差过大时,通过减免关税、扩大进口,缩小贸易顺差,以减缓与有关国家的贸易摩擦与矛盾。

3. 保护国内市场

以关税税率控制进出口商品的数量,保证市场供应平衡。关税可以调节国内市场价格,调剂国内市场供应。当国内某商品供不应求时,可以通过降低进口关税,设置出口关税,增加商品进口,抑制商品出口,从而满足国内需求。

4. 对外贸易政策的重要手段

关税一直与国际经济关系和外交关系有着密切的联系。例如,各国可以利用关税税率的高低和不同的减免手段来对待不同类型国家的进口，以此开展其对外经贸关系。利用优惠待遇，可以改善国际关系，争取友好贸易往来。利用关税壁垒，限制对方进口甚至作为惩罚或报复手段。发展中国家还普遍利用关税减让作为"入场费"来取得 WTO 成员方地位，或者作为对外谈判的筹码，迫使对方作出让步。

7.2　非关税措施概述

7.2.1　非关税措施的含义

除了关税措施，世界各国还广泛采用各种非关税措施来发展和保护本国的贸易。进出口非关税壁垒是指各国政府除了关税以外用于限制进出口的措施。非关税壁垒与关税壁垒一样是各国政府干预贸易的重要政策工具。随着关税壁垒的下降，非关税壁垒在限制进口、保护国内市场方面的作用不断加强，成为各国贸易政策关注的重点。

非关税措施在资本主义发展初期就已出现，到 20 世纪 70 年代中期以后，发达资本主义国家之间贸易战日趋激烈，限制进口的措施不断增加，竞相采取非关税壁垒限制货物进口，出现了以非关税壁垒为主、关税壁垒为辅的新贸易保护主义。

各国广泛采用非关税壁垒主要有以下原因：

(1) 世界平均关税水平不断下降。这主要是由于关税与贸易总协定经过 8 轮贸易谈判，使发达国家的平均进口关税由原来的 40%下降到 4.7%，发展中国家也下降到 13%～14%。各国通过关税壁垒来限制商品进口，显然与世界贸易组织提倡的自由贸易的原则不符，于是纷纷代之以非关税壁垒措施来达到保护本国产品的目的。

(2) 发展中国家和地区为了更好地保护本国利益和发展本国工业，也采取了一些非关税壁垒措施。因为单纯靠征收关税，无法肯定究竟能减少多少进口量，无法使进口量减少到最低限度。非关税壁垒措施的灵活性使得实行这些措施的国家能较快、较有效地达到限制进口的目的。

(3) 科学技术的发展提高了商品的检测度。随着各国人民生活水平的提高，使得许多非关税措施既有实施的必要，也有实施的可能。随着经济的发展，生活水平的提高，消费者对商品质量的要求也越来越高，经济发展造成的环境污染也使人们的环保意识越来越强，而科技水平的提高则相应提高了生产的技术水平和对进口商品的检测能力。发达国家的生产和消费纷纷向环保型发展，相应地对进口商品也提出了更高的要求。

7.2.2　非关税措施的分类

为了深刻了解和准确分析非关税措施的特征以及非关税措施所产生的不利影响，需要对种类繁多的非关税措施进行区分和分类。以不同的标准划分，非关税措施大致可以分为以下几类。

1. 数量限制型非关税措施和成本价格型非关税措施

从对进口商品进行限制的作用上进行分类，非关税措施可以分为数量限制型非关税措施和成本价格型非关税措施。数量限制型非关税措施是指进口国直接对进口商品的数量和金额加以限制或迫使出口国直接限制商品的出口的措施。这类措施主要有进口配额制、进口许可证制、“自愿”出口限额等。成本价格型非关税措施是指进口国并未直接规定进口商品的数量或金额，而是对进口商品制定种种严格的条例或规定，直接影响进口商品的成本，进而削弱外来商品的竞争力，从而间接地影响和限制商品进口的措施，如进口押金制、最低进口限价、海关估价制、苛刻复杂的技术标准、卫生检疫规定等。

2. 内生性非关税措施和外生性非关税措施

从制定主体的角度，非关税措施可分为内生性非关税措施和外生性非关税措施，这两者的主要区别在于非关税措施是由本国自主决定的还是由外界压力或通过谈判达成的协议决定的。例如，1981 年，美国政府要求日本“自愿”限制对美国出口的汽车数量，每年不得超过 168 万辆，为期 3 年。由于严重依赖美国市场，日本不得不接受美国的条件，“自愿”限制对美国的汽车出口，这就是外生性非关税措施。目前大多数“自限协定”或“有秩序的销售协定”均是通过谈判达成的，都属于外生性非关税措施。同样是在 1981 年，美国单方面规定从中国进口的羊毛衫配额为 18.73 万打，即为自主配额，属于内生性非关税措施。

3. 制度性非关税措施和技巧性非关税措施

从实施手段的特性角度分类，非关税措施可分为制度性非关税措施和技巧性非关税措施。制度性非关税措施利用进口配额制、进口许可证制、进出口国家垄断、政府采购政策、海关估价制、原产地规则等制度，而技巧性非关税措施利用技术标准、质量标准、环境标准、劳工标准、商品检验等方式。技巧性非关税措施隐蔽性高，看上去似乎并不违背 WTO 的原则，但内容却变幻莫测，行之有效，使人防不胜防，被越来越多地采用。

4. 直接影响性非关税措施、间接影响性非关税措施及溢出影响性非关税措施

从影响方式及影响程度的角度来分，非关税措施可分为直接影响性非关税措施、间接影响性非关税措施和溢出影响性非关税措施。直接影响性非关税措施是指出于保护国内产业、加强国内产业在国外市场竞争力的考虑，而采取的限制进口产品和鼓励本国出口产品的措施，如进口配额制、许可证制等。间接影响性非关税措施从表面上看是出于其他目的而制定的，比较含蓄，不易被发现，如质量标准、海关程序、检验标准等。溢出影响性非关税措施是指并非主要针对贸易，却不可避免地导致国际市场竞争条件发生变化，从而对贸易发生影响的非关税措施，如政府对某种商品在生产、销售和分配方面的垄断政策，影响贸易的产业政策和地区发展政策，政府特定的国际收支政策和会计政策等。

7.2.3 非关税壁垒的特点

1. 种类繁多，适用范围较广

据统计，非关税措施从 20 世纪 60 年代末的 850 多项发展到 20 世纪 70 年代的 900 多项，到 20 世纪 90 年代末已达到 2700 多项，而且一直在不断增加。与进出口商品、进出口程序有关的种种法律规定、行政管理措施、技术标准的额适用范围都十分广泛。

2. 具有更大的灵活性和较强的针对性

一般来说，各国关税税率制定必须通过立法程序，并像其他立法一样，要求具有一定的延续性。如果要调整和更改税率，需经过较为烦琐的法律程序和手续，往往比较迂回，在需要紧急限制进口时往往难以适应。在多边贸易体制下，一国对其关税的调整或更改要受到多边协议的约束，牵涉面太广，灵活性较小。而且关税税率的制定往往是针对某一类商品的，很难再做更具体的划分。而非关税措施的制定通常采用行政程序，操作更简单、灵活，可以随时针对某国的各种商品采取相应的限制措施，较快地达到特定的限制进口的目的。

3. 能够更有效地达到限制进口的目的

关税壁垒是指通过征收高额关税，提高进口商品价格，削弱其竞争能力，间接达到限制进口的目的。若出口国采用出口补贴、商品倾销等办法降低出口商品价格，关税就较难起到限制商品进口的作用。但非关税措施预先规定进口的数量和金额，超过限额就不再进口，这样就能把超额的商品拒之门外，限制作用远远高于关税壁垒。

4. 更有隐蔽性和歧视性

一般来说，关税税率确定后，往往以法律形式公布，依法执行，毫无隐蔽性可言。但是一些非关税措施往往不公开，或者规定了极为烦琐复杂的标准和手续，而且经常变化，使外国出口商难以应付和适应。同时，一国关税税率是统一的，并且受 WTO 最惠国待遇原则的约束，因此，关税同等程度地限制了所有国家的进口。而非关税措施则可以针对某个国家或某个商品专门制定相应的措施，因而更具有歧视性。

5. 非关税措施不断增多且具有形式上的合法性

在世界各国进行多边贸易时的协定或协议以及 WTO 对各国税率的更改都有严格的限制，因而擅自提高税率是不合法的。但是，随着经济的发展和人民生活水平的提高，保护消费者的健康、安全和保护自然环境不仅符合社会发展的要求，也符合 WTO 的宗旨和规定。因此，世界各国尤其是发达国家非常重视非关税壁垒的设置，以保护消费者的健康、安全，保护自然环境为名，制定种类繁多的检验程序、技术标准，使得非关税措施向多样化、细致化、严格化和科技化方向发展，既可以达到限制进口的作用，形式上也是合法的。

7.2.4　数量限制措施

1. 进口配额制

进口配额制(import quotas system)又称进口限额，是一国政府在一定时期内对某种商品的进口数量或金额所规定的限额。在规定的限额以内商品可以进口，超过限额就不准进口或征收较高的关税或罚款。它是进口数量限制的重要手段之一。根据控制的力度和调节手段，进口配额又可分为两种：绝对配额和关税配额。

2. 绝对配额

绝对配额(absolute quotas)是在一定时期内对某些商品的进口数量或金额规定一个最高配额，达到这个配额后，便不准进口。这种进口配额在实施中又有以下两种方式。

1）全球配额

全球配额(global quotas)属于世界范围的绝对配额，对于来自任何国家的商品一律适用。主管当局通常按进口商的申请先后或过去某一时期的实际进口额批给一定的额度，直至总配额发放完为止，超过总配额就不准进口。由于全球配额不限定进口国别，在配额公布后,进口商竞相争夺配额并可从任何国家或地区进口。同时,邻近国家或地区因地理位置接近的关系,到货较快,比较有利;而较远的国家或地区就处于不利的地位。因此,在限额的分配和利用上,难以贯彻国别政策。为了避免或减少这些不足,故一些国家采用了国别配额。

2)国别配额

国别配额(country quotas)即在总配额内按国别分配固定的配额,来自任何国家的商品超过规定的配额便不准进口。为了区分来自不同国家的商品,进口商必须提交原产地证书。实行国别配额可以使进口国根据其与有关国家的政治、经济关系分配不同的额度。一般地,国别配额又可分为自主配额和协议配额。

自主配额(autonomous quotas)又称单方面配额,是由进口国完全自主地、单方面强制规定一定时期内从某个国家进口某种商品的配额。这种配额不需征得出口国的同意。自主配额一般参照某国过去某年的输入实绩,按一定比例确定新的进口数量或金额。由于各国所占比重不一,得到的配额有差异,所以进口国可利用这种配额贯彻国别政策。采用此种配额时,对国内进口商的输入是否应预先预订,可依实际需要而定。如果实施的主要目的是为了换取或扩大出口市场,或为了限制外国商品与本国产品竞争,一般可不必在进口商中进行分配;如果为了加强对进口商的严格管制或适应外汇管制的要求,则需限定本国进口商的进口数量或金额。自主配额由进口国自行制定,往往由于分配额度差异引起某些出口国的不满或报复。因此,有些国家便采用协议配额,以缓和彼此的矛盾。

协议配额(agreement quotas)又称双边配额,是由进口国家和出口国家政府或民间团体之间协商确定的配额。如果协议配额是通过双方政府的协议订立的,一般需在进口商之间或出口商之间进行分配;如果配额是双方的民间团体达成的,应事先获得政府许可,方可执行。协议配额是由双方协商确定的,通常不会引起出口国的反感与报复,并可使出口国对于配额的实施有所谅解与配合,较易执行。一些国家为了加强进口配额的作用,往往对进口配额规定得十分繁杂。例如,对配额商品订得很细,有的按商品不同规格规定不同配额,有的按价格水平差异规定不同配额,有的按原料的不同规定不同配额,有的按外汇管制情况规定不同配额,有的按进口商的不同规定不同配额。一般来说,绝对配额用完后,就不准进口。但有些国家由于某种特殊的需要和规定,往往另行规定额外的特殊配额或补充配额,如进口某种半成品加工后再出口的特殊配额、展览会配额或博览配额等。

3. 关税配额

关税配额(tariff quotas)是指一国政府在一定时期内,对某种商品规定一定数额的进口配额,对于在规定配额以内的进口商品给予低税、减税或免税待遇,对于超过配额的进口商品则征收较高的关税、附加税或罚款。这实际上限制或禁止了超过配额以外的商品进口。

按商品进口的来源,关税配额可分为全球性关税配额和国别性关税配额。前者不分国别来源,对所有商品一律适用;后者则根据不同国家的额度分别适用。按征收关税的目的,关税配额可分为优惠性关税配额和非优惠性关税配额。

4. 自愿出口配额

自愿出口配额(voluntary export quotas)又称自愿限制进口,它是指出口国或地区在进口国的要求或压力下，自愿规定某一时期内（一般是 3～5 年）某些商品对该国的出口限额，在限定的配额内自行控制出口，超过限额即禁止出口。

自愿出口配额与绝对进口配额形式不同，但实质相同，都是通过数量限制来控制进口。20 世纪 70 年代以来，用自愿出口配额进行保护的趋势日益加强，主要原因有以下几个方面：

(1) 由于关贸总协定缔约方的多边谈判大大降低了关税，而传统的非关税贸易壁垒措施，如进出口数量限制、海关估价制度、进出口许可证制度等，也在多边谈判的基础上受到限制，它们的使用必然受到国际社会的有力监督。因此，要有力地限制进口，必须寻求其他措施。

(2) 自愿出口限制协定一般由两国政府采取不公开或半公开的方式私下达成，透明度较低。由于这种出口限制是自愿的，其法律地位不明确，是灰色区域措施。

(3) 由于国际贸易中不断出现反补贴、反倾销指控，作为出口国，采用自愿出口限制措施主动化解争端要比其他方法在经济上更有利，且不伤和气，能继续发展与进口国的经贸关系。从进口国的角度来看，选择自限比提高关税或规定配额更能避开关贸总协定的规则，依自己的意愿针对某个国家采取限制措施，而不涉及出口同类产品的其他国家，不必担心受到这些国家的报复而使本国的出口遭到损害。

5. 进口许可证制

进口许可证制（import license system）是指国家为管制对外贸易，规定某些进口商品必须事先领取进口许可证，没有许可证，一律不准进口。进口许可证必须注明有效期与进口商品名称、来源、数量等。

按进口许可证与进口配额的关系，进口许可证可分为有定额的进口许可证和无定额的进口许可证。其中，有定额的进口许可证是指国家有关机构预先规定有关商品的进口配额，在配额的限度内，根据进口商的申请对于每笔进口货物发给进口商一定数量或金额的进口许可证。

6. 外汇管制

外汇管制（foreign exchange control）是指一国政府为平衡国际收支和维持本国货币汇率而对外汇进出实行的限制性措施。

外汇管制分为数量管制和成本管制两种基本类型。前者是指国家外汇管理机构对外汇买卖的数量直接进行限制和分配，通过控制外汇总量达到限制出口的目的；后者是指国家外汇管理机构对外汇买卖实行复汇率制，利用外汇买卖成本的差异调节进口商品结构。有些国家同时采用数量管制和成本管制，称为混合性外汇管制。

1) 数量性外汇管制

所谓数量性外汇管制，是指国家外汇管理机构对外汇买卖的数量直接进行有限制的分配，旨在集中外汇收入，控制外汇支出，实行外汇分配，以达到限制进口商品品种、数量和国别的目的。

2) 成本性外汇管制

所谓成本性外汇管制，是指国家外汇管理机构对外汇买卖实行复汇率制度，利用外汇买卖成本的差异,间接影响不同商品的进出口。所谓复汇率制,是指一国货币的对外汇率不只有一个,而是有两个以上的汇率。其目的是利用汇率的差别来限制或鼓励某些商品进口或出口。各国实行的复汇率制不尽相同,但主要原则大致相似:

(1) 在进口方面,对于国内需要而又供应不足或不生产的重要原料、机器设备和生活必需品,适用较为优惠的汇率;对于国内可大量供应和非重要的原料和机器设备,适用一般的汇率;对于奢侈品和非必需品,只适用最不利的汇率。

(2) 在出口方面,对于缺乏国际竞争力但又要扩大出口的某些出口商品给予较为优惠的汇率,对于一般出口商品适用一般汇率。

3) 混合性外汇管制

所谓混合性外汇管制,是指同时采用数量性和成本性的外汇管制,对外汇实行更为严格的控制,以影响和控制商品进出口。1931 年世界金融危机爆发后,许多资本主义国家实行了外汇管制。第二次世界大战结束初期,由于国际收支长期失衡,黄金外汇储备短缺,许多资本主义国家不得不实行外汇管制。进入 20 世纪 50 年代后期,发达资本主义国家的国际收支平衡状况有所改善,"美元荒"日趋缓和,于是它们逐步放宽了外汇管制,最后实行了货币自由兑换。

7.2.5 技术性贸易壁垒

1. 技术性贸易壁垒的含义

技术性贸易壁垒(Technical Barriers to Trade, TBT)是指各国为保证其进出口商品的质量,或保护人类、动物或植物的生命健康及保护环境或者防止欺诈行为而设立的技术法规、技术标准、合格评定程序等。如果它们符合国际已有规则或科学、合理,就是正当的;若不符合国际已有规则或不科学、不合理,则是不正当的或是歧视性的。

2. 技术性贸易壁垒的分类

技术性贸易壁垒分为以下 5 类。

1) 严格、繁杂的技术法规与技术标准

技术法规是指由进口国政府规定、颁布的有关技术方面的法律、法令、条例、规则和章程,它具有法律上的约束力。技术法规所涉及的范围包括环境保护、卫生与健康、劳动安全、节约能源、交通规则、计量、知识产权等方面,对商品的生产、质量、技术、检验、包装、标志及工艺流程等进行严格的规定和控制,使本国商品具有与外国同类商品的不同特性和适用性。进口商品必须严格遵守这些技术法规,否则进口国就有权对其进行限制,甚至将其扣留、销毁。目前,工业发达国家颁布的技术法规种类繁多,例如《消费产品安全法》《防毒包装法》《控制放射性的健康与安全法》《设备安全法》《防爆器材法》《高频设备抗干扰法》《蔬菜水果进口检验法》《产品含毒物质限制法》等。《欧共体指令》就是典型的技术法规。

技术标准是指由公认的规则指南或机构所核准,供共同和反复使用的、不强制要求与其一致的一种文件,主要适用于工业制成品。进口商品只有符合进口国的标准,才准予进口。目前发达国家利用自己的技术优势,普遍规定了较为严格、烦琐的技术标准,制定了名目繁多的技术法规，进口商品必须符合这些标准、法规才能进口。例如，欧盟就有 10 多万个技术标准，各个成员国还有自己的技术标准；日本有 8500 多个技术标准，美国有 10 500 多个技术标准，德国的技术标准达 15 000 个之多。其中，日本的国家标准分成工业标准(JIS) 8184 个和农业标准(JAS)397 个。另外，日本众多的行业协会也制定了行业标准，只有极少数标准与国际标准一致。例如，化妆品要与日本的化妆品成分标准(JSCL)、添加剂标准(JSFA)、药理标准(JP)的要求一致，只要其中一项指标不合格，日方就可以以质量不达标为由将其拒之门外。美国技术标准多由企业协会制定，以产业界自律、自治为特征，以自愿加入、自由竞争为其运作形式。美国国家标准学会(American National Standards Institute, ANSI)是其技术标准最重要的管理者和协调者，它是一个民间性质的非营利团体。进入这些国家市场的产品既要符合国际标准，又要符合其国内标准。

各国不同的技术标准、法规会人为地阻碍自由贸易，构成实质上的技术壁垒。为了协调世界范围内的标准化工作，以推进国际贸易和科学技术的发展，1946 年，在瑞士日内瓦成立了国际标准化组织(International Organization for Standardization, ISO)，该组织的主要工作之一就是制定各行业的国际标准，但 ISO 制定的标准只是推荐给各国采用，没有强制性。

2) 复杂的合格评定程序

合格评定程序是指任何直接或间接用以确定是否满足技术法规或技术标准有关要求的程序。世界贸易组织《技术性贸易壁垒协定》(以下简称 TBT 协定)规定合格评定程序包括：抽样、测试和检查；评估、验证和合格保证；注册、认可和批准以及各项的组合。一般认为，合格评定程序由认证、认可和互认 3 个方面组成。

(1) 认证。是指由授权机构出具的证明，一般是第三方对某一事物、行为或活动的本质或特征，经对当事人提出的文件或事务审核后给予的证明，通常也被称为第三方认证。认证可以分为产品认证和体系认证。产品认证主要是指确认产品符合技术法规或技术标准的规定。其中，因为产品的安全性直接关系到消费者的生命健康，所以产品的安全认证为强制认证。体系认证是指确认企业的生产或管理体系符合相应规定。欧盟在合格评定程序方面有 9 个统一的认证体系，进入欧盟的产品至少需要符合欧洲标准 EN 和欧洲安全认证标志 CE；日本认证体系有 25 种，美国认证体系有 55 种。在安全认证体系方面，美国有 UL 认证，加拿大有 CSA 认证，日本有 JIS 认证。目前最主要的国际体系认证是由国际标准化组织制定并实施的 ISO 9000 质量管理体系认证和 ISO 14000 环境管理体系认证，行业体系认证有 QS 9000 汽车行业质量管理体系认证、TL 9000 电信产品质量体系认证、IEC 电气设备安全标准认证、英国劳氏船舶等级社 LR 认证、OHSAS 18001 职业安全卫生管理体系认证等。

(2) 认可。是指权威机构依据程序对某一机构或个人具有从事特定任务或工作的能力给予正式承认的活动。包括产品认证机构的认可、质量和管理体系认证机构的认可、实验室的认可、审核机构的认可、审核员/评审资格的认可、培训机构的注册等。

(3) 互认。是指在评审通过的基础上，认证、认可机构之间通过签署相互承认协议，相互承认彼此的认证与认可结果。TBT 协定鼓励成员只要符合技术法规或技术标准就尽可能接受其他成员的合格评定程序，并就达成相互承认合格评定结果的协议进行谈判。认证工作涉及生产、流通、消费领域，是一项复杂的系统工程。进口商品必须进行认证，而要认证，首先就要缴纳不菲的培训费和认证费。这事实上增加了出口商的负担，间接影响了进口。对大多数发展中国家来说，要获得国际著名认证机构的认证是很困难的。

3）严格的卫生与动植物检疫措施

卫生检疫规定是指在成员国境内为保护人类、动植物的生命或健康而采取的技术性措施。随着世界性贸易战的加剧，以及发达国家国民生活水平和保障身体健康的要求的提高，发达国家更加广泛地利用卫生检疫的规定来限制商品的进口，它们要求卫生检疫的商品日益增加，卫生检疫的项目越来越多，规定越来越严格。例如，美国、加拿大规定陶瓷制品的含铅量不得超过百万分之七，澳大利亚规定不得超过百万分之二十。又如，日本对从中国进口的大米农药残留项目检验从 52 种增加到 100 多种。日本厚生省于 2002 年 7 月 1 日决定，新设约 200 种农药残留标准。在国内外约 700 种农药中，日本厚生省已对其中的 229 种设定了农药残留标准。日本厚生省于 2002 年 11 月 8 日提出的《食品卫生法》修正案强化了对进口农产品的检查制度，对含有未设定农药残留标准的进口农产品将一律停止流通。再如，日本规定茶叶农药残留量不得超过百万分之零点二至零点五，对茶叶已设定残留标准的农药达 108 种。

近年来，欧盟接连出现食品危机，促使欧盟进一步加强了食品安全保护，发展中国家对其出口食品的难度越来越大。从 2000 年 7 月 1 日开始，欧盟对进口的茶叶实行新的农药最高允许残留量标准，部分产品新的农药最高允许残留量标准仅为原来的 1/100～1/200。2003 年 4 月，欧盟又增加了茶叶中农药残留的检验项目，由 2001 年的 108 项增加到 156 项（日本 81 项、中国 13 项）。美国规定，输往美国的食品、药品、饮料及化妆品必须符合美国的《联邦食品、药品及化妆品法》的规定，否则不准进口；进口货物通过海关时均需经过美国食品和药品管理局的检验，如发现与规定不符，海关将予以扣留，有权进行销毁，或按规定的日期再装运出口。在美国关税表上，与美国食品和药品管理局有关的商品编号约有 3944 个。每月被美国食品和药品管理局的进口商品高达 3500 批左右。

4）严格的商品包装和标签规定

商品包装和标签的规定主要是针对商品包装和标签所使用的材料、规格、文字、图形或者代号所做的规定。进口商品必须符合这些规定，否则不准进口。为了符合有关规定，许多商品不得不重新包装和改换商品标签，因而费时费工，增加了成本，削弱了竞争能力，从而影响了销路。例如，新加坡要求黄油、人造黄油、食用油、米、面粉、白糖等依照其规定的标准进行包装，否则不得进口。法国曾规定，所有标签、说明书、广告、传单、使用手册、保修单和其他产品的情况资料都要强制性地使用法语或经批准的法语替代词。加拿大规定包装文字需用英、法两种文字书写。在英语区销售的商品，其包装上的文字要英文在上，法文在下；在法语区销售的商品，其包装上的文字要法文在上，英文在下。1999 年 6 月，欧盟对从中国进口货物的木质包装实施新的检疫标准，要求木质包装不得带有树皮，不能有直径大于 3mm 的虫蛀洞，必须对木质包装进行烘干，使木材含水量低于 20%。为了推动包装废弃物的回收再生和重复使用，欧洲设计了一组包装回收象征性标记，供包装商家将其标示在包装主要面。这些标示包括可以重复周转再用的包装标记、可以回收再生的包装标记、使用再生料超过 50%的包装标记、使用绿色标记。

5）信息技术壁垒

全球贸易额的上升带来了各种贸易单证、文件数量的激增。根据美国森林及纸张协会的统计，GDP 每增加 10 亿美元，用纸量就会增加 8 万吨。在各类商业贸易单证中有相当大的一部分数据是重复出现的。据统计，计算机的输入平均有 70%来自另一台计算机的输出，且重复输入也使出差错的概率较高。据美国一家大型分销中心统计，有 5%的单证中存在着错误。同时，重复录入浪费人力、浪费时间、降低效率。因此，纸面贸易文件成了阻碍贸易发展的一个比较突出的因素。另外，市场竞争也出现了小批量、多品种、供货快的趋势，提高商业文件传递速度和处理速度成了所有贸易链中各环节成员的共同需求。

正是在这样的背景下，以计算机应用、通信网络和数据标准化为基础的 EDI（Electronic Data Interchange，电子数据交换，又称无纸贸易）应运而生。简单地说，EDI 就是按照商定的协议，将商业文件标准化和格式化，并通过计算机网络，在贸易伙伴的计算机网络系统之间进行数据交换和自动处理。过去需要花费一天才能办完的通关进程，如今只用不到一个小时就可办完，而且不需要提供纸质单证，大大提高了通关效率，加快了贸易速度。欧美从 1992 年起就全面采用 EDI 办理海关业务，不采用 EDI 报关的，单证要重新电子化，处理每个集装箱货物需要 2000～4000 美元的费用及 2～3 周的时间。由于不少发展中国家信息技术落后，EDI 事实上阻碍了落后国家的进口。

3. 技术性贸易壁垒的特点和盛行的原因

1）技术性贸易壁垒的特点

技术性贸易壁垒具有广泛性、合理性、灵活性和强制性。

（1）广泛性。《技术性贸易壁垒协定》措施涉及面极广。从产品角度来看，不仅涉及与人类健康有关的初级产品，而且涉及所有的中间产品和工业制成品；从过程角度来看，包括研究开发、生产、加工、包装、运输、销售和消费环节，即整个产品的生命周期；从适用领域来看，已从有形商品扩展到金融、信息等服务贸易、投资、知识产权及环境保护等各个领域，一般发展中国家很难达到，因而极容易遭到发达国家的刁难。

（2）合理性。WTO 关于技术性贸易壁垒的文件有两个，分别是《技术性贸易壁垒协定》和《实施卫生与动植物检疫措施协定》（简称 SPS 协定），于 1995 年 1 月 1 日 WTO 正式成立起开始执行。为了保护国家安全及消费者利益，各国可以制定各自的技术法规和标准，只是要求技术壁垒不应妨碍正常的国际贸易，不得具有歧视性，即设立技术法规、标准及检验程序应有其合理的一面。然而目的的合理性掩盖了措施的欺骗性，在技术性贸易壁垒看似公平的标准和法规中渗入了国与国之间发展水平的差异性和一些人为因素，非常具有隐蔽性。

（3）灵活性。制定技术性贸易措施手续简便，伸缩性较大，可以针对进口商品随时灵活改变标准水平，或增加检验检疫项目，或人为拖延检验时间，而且技术性贸易壁垒措施涉及范围十分广泛，不仅中央政府，而且地方政府甚至民间机构也颁布了许多技术规定，这使得国外厂商疲于应付，竞争力大为削弱，甚至被拒于国门之外。

（4）强制性。关税壁垒是通过增加高额关税提高进口商品的成本和价格，削弱其竞争力，从而间接影响进口的。技术性贸易壁垒则不然，技术标准和法规的制定和实施具有强制性，达不到标准就一律不准进口，这就阻止了科技水平落后国家的出口。

2）技术性贸易壁垒盛行的原因

WTO成立以来，技术性贸易壁垒越来越多。WTO统计数据显示，1995—2007年，WTO各成员通报影响贸易的新规则总量达23 897件，其中技术性贸易壁垒措施16 974件，占71%。2008年，WTO通报技术性贸易壁垒措施1493件，2009年通报1863件，2010年通报1958件，2011年通报2106件，2012年通报2185件，2013年通报2141件。即，1995—2013年，WTO通报技术性贸易壁垒措施总量达28 720件。

技术性贸易壁垒越来越多的原因主要有以下4个：

(1）科学技术的进步导致技术性贸易壁垒强化。随着经济的发展和产业结构的升级，技术密集型产品占世界贸易的比重进一步上升，国际贸易中所涉及的各种技术问题也变得更加复杂。科技进步的结果给发达国家限制商品进口提供了新的手段和快速、准确的数据。为了在激烈的国际市场竞争中取胜，发达国家利用其先进的技术，制定名目繁多的技术法规、技术标准、认证制度、检验制度等，使其他国家尤其是发展中国家难以适应，从而达到限制进口的目的。

(2）消费观念的改变和环保意识的增强推动了技术性贸易壁垒的产生。产品品质直接影响消费者的利益，随着消费者自我保护意识的增强，对产品质量要求越来越高，对卫生、安全指标的要求越来越严格。人们不仅要提高生活水平，更要提高生活质量，当然包括环境质量。因此，要求制定相应技术标准的呼声越来越强烈。各国政府及民间组织顺应潮流，制定了各种各样的技术法规和标准。

(3）世界贸易组织的例外规定使技术性贸易壁垒可以合法地存在。TBT协议虽然规定要保证技术法规和标准不给国际贸易造成不必要的障碍，但也允许各参加方为提高产品质量、保护人类健康与安全、保护动植物生命与安全、保护环境或防止欺诈行为等，可以有例外规定。服务贸易协定、农产品协定和与贸易有关的知识产权协定中都有类似的规定。此类例外规定给一些国家设置技术性贸易壁垒提供了合法空间。发达国家纷纷打着保护人类健康与安全、保护环境等旗号，制定出严格、繁多、苛刻的技术法规和标准等，名正言顺地达到既有利于扩大本国商品出口，又有利于限制别国商品进口的双重目的。

(4）关税的大幅度削减和传统数量限制措施被扼制，从而使技术性贸易壁垒成为贸易保护主义的新式武器。GATT及WTO的多轮贸易谈判不但使关税大幅度地下降，而且强化和完善了非关税壁垒的约束机制，尤其是传统的数量限制措施被规定了取消时间表。在这种情况下，世界各国特别是发达国家转向使用技术性贸易壁垒，使之成为贸易保护主义的新式武器。

4. 技术性贸易壁垒的影响

技术性贸易壁垒具有双重性，它既有合理合法的一面，又有易被贸易保护主义利用的一面。合理制定和实施技术法规、技术标准、合格评定程序等可以维护国家的经济安全，保障人类健康和安全，保护生态环境，促进调整和优化产业结构，规范市场秩序，促进经济和社会的可持续发展。事实上，一开始技术性贸易措施大都是为了保护本国消费者的利益而被各国提出和采用的，并极大地推动了国际贸易的发展。但是，随着关税大幅度降低和传统非关税壁垒不断被取消和规范，技术性贸易壁垒措施越来越被滥用，成为替代关税壁垒和一般非关税壁垒的最重要的贸易壁垒，成为发达国家实行贸易保护主义的主要手段和高级形式。

1）技术性贸易壁垒的积极影响

技术性贸易壁垒的积极影响主要体现在以下 4 方面：

(1) 保障人类健康和安全。合理的技术性贸易壁垒措施可以保障人类的健康和安全，提高生活质量。

(2) 维护国家基本安全。世界贸易组织的 TBT 协议明确指出："不应阻止任何国家采取必要的措施以保护其基本安全利益"。建立有效的技术性贸易壁垒体系可以帮助一国维护国家基本安全，促进科技进步，促进调整和优化产业结构。

(3) 保护生态环境，实现可持续发展。在国际贸易领域，以保护环境为目的而采取限制甚至禁止贸易的措施称为绿色壁垒。它一方面限制甚至禁止了严重危害生态环境产品的国际贸易和投资；另一方面又为有利于可持续发展的产业创造了新的发展空间，这些产业已成为国际贸易和投资新的增长点。

(4) 调控经济贸易利益，提高企业出口竞争力。采取合理的技术性贸易壁垒措施，特别是采用国际标准和取得国际认证，是调整和优化企业出口产品结构的重要手段，是进入国际市场的通行证，也是提升出口竞争力的重要工具。世界贸易组织有关技术协议的实施也有助于规范各国的技术性贸易壁垒，从而为国际竞争创造较为良好的环境。

2）技术性贸易壁垒的消极影响

技术性贸易壁垒的消极影响主要体现在以下 4 方面：

(1) 增加贸易成本，造成贸易障碍。根据美国商务部 1998 年的报告和欧盟的研究，仅受技术法规影响的出口产品就占世界出口总额的 25%，全世界出口因此减少 15%～25%，因标准和认证减少的出口相当于出口总额的 3.75%～6.25%。联合国贸易与发展会议的一个研究报告指出，海关程序和相关活动所需的成本占贸易总额的 7%～10%，对这些程序进行协调并简化可以降低 25% 的成本，相当于贸易总额的 1.75%～2.50%。美国商务部估计，各种技术性贸易壁垒至少直接影响美国 500 亿美元的出口，并且成为另外 200～400 亿美元出口的障碍。

(2) 引发贸易争端。由于利益不同，评判方法也难以统一，且技术性贸易壁垒较易被贸易保护主义者所利用，结果引发争端。目前技术性贸易壁垒已成为贸易争端的重要领域。1995—2002 年，涉及 TBT 协议和 SPS 协议的争端达 50 件，其中 39 件涉及农产品和食品。在 2001 年 3 月 15 日 SPS 委员会会议上，秘书处汇报了 80 个对贸易有影响但有争议的案例。在这些案例中，23 个涉及食品安全，28 个涉及动物健康与疾病，27 个涉及植物健康。涉及采取 SPS 措施的国家和地区共 39 个，贸易受到影响的国家和地区达 22 个。

(3) 限制进口，损害发展中国家的利益。技术性贸易壁垒大多数是由发达国家设立的，而发展中国家科技水平落后，受到的损害最为严重。据统计，发展中国家受技术性贸易壁垒限制的案例大约是发达国家的 3.5 倍。加入世界贸易组织以来，中国有 2/3 的出口企业遭遇过国外技术性贸易壁垒，有 2/5 的出口产品受到过不同程度的影响，每年中国因技术性贸易壁垒所造成的贸易损失达到 200 亿美元。

(4) 扭曲比较优势，抵消多边谈判取得的成果，扭曲贸易的地区和商品结构。技术性贸易壁垒的合理目标是维护国家基本安全，保障人类、动植物安全和健康及环境安全，防止欺诈行为和保证出口产品质量等。事实上，发达国家设置技术性贸易壁垒客观上可能产生的效果是多方面的，既可能保护了本国产业，还可能同时促进了本国相关产业的发展。技术性贸易壁垒已经成为一国产业政策的有机组成部分。一些发达国家实施的技术性贸易壁垒的目标正从一两个目标转向多个目标，最终达到扭曲甚至抵消出口国的比较优势，创造进口国新的比较优势的目的。

【案例分析 7-2】

中国质检总局发布《2016 年度国外技术性贸易措施对我国出口企业影响的问卷调查报告》

2017 年 9 月 21 日，中国质检总局正式发布《2016 年度国外技术性贸易措施对我国出口企业影响的问卷调查报告》。报告显示，2016 年度，中国有 34.1%的出口企业受到国外技术性贸易措施不同程度的影响，比 2015 年下降 5.9 个百分点；全年出口贸易直接损失额为 3265.6 亿元，比 2015 年减少 2550.3 亿元，占同期出口额的 2.4%，比 2015 年下降 1.7 个百分点；企业因国外技术性贸易措施而新增加的成本为 2047.4 亿元，比 2015 年增加 505.6 亿元，占同期出口额的 1.5%。

2017 年 3 月起，质检总局国际司会同标准法规中心，组织各直属检验检疫局，随机抽取分布于全国 31 个省(市)、自治区的 5051 家出口企业，就 2016 年度国外技术性贸易措施对中国出口企业的影响进行问卷调查，问卷回收率和有效率均为 100%。

本次问卷调查旨在了解出口企业获取国外技术性贸易措施信息的渠道、遭遇国外技术性贸易措施时采取的做法、希望获取国外技术性贸易措施的形式和途径，以及在应对国外技术性贸易措施方面对政府主管机构和中介组织的需求等。通过采用双层复合不等比例抽样法，依据 H.S.编码，本次问卷调查将参加调查的出口企业划分为七大产品类别，从企业所属行业、地区、性质、规模、出口国别、贸易损失、技术性贸易措施的表现形式、受损原因等方面调查分析企业遭遇国外技术性贸易措施影响的情况。在全面调查基础上，问卷调查还增加了对出口茶叶、电气设备、陶瓷和纺织服装四类产品的专项调查，以及中国出口企业受韩国技术性贸易措施影响的专项调查。

数据显示，2016 年度，对中国企业出口影响较大的国家和地区排在前五位的是欧盟、美国、加拿大、日本、非洲，分别占直接损失总额的 33.4%、31.0%、4.8%、4.7%和 4.7%；受国外技术性贸易措施影响较大的产品类别排在前五位的是机电仪器、化矿金属、木材纸张非金属、纺织鞋帽、橡塑皮革，分别占直接损失总额的 34.6%、18.1%、17.8%、9.9%和 8.1%；受国外技术性贸易措施影响较大的省份排在前五位的是山东、江苏、广东、浙江、上海，分别占直接损失总额的 18.6%、15.8%、12.9%、12.3%和 8.3%。

此外，同期完成的专项调查表明，2016 年度，中国茶叶、电气设备、陶瓷和纺织服装四类产品受国外技术性贸易措施影响的直接损失额分别为 4.7 亿元、1013.9 亿元、17.4 亿元和 364.3 亿元；新增成本分别为 1.7 亿元、141.7 亿元、1.9 亿元和 68.3 亿元；2016 年中国企业受韩国技术性贸易措施影响的直接损失额为 367.2 亿元；新增成本 146.7 亿元。

据质检总局相关负责人介绍，主要贸易伙伴影响中国工业品出口的技术性贸易措施类型集中在认证要求、技术标准要求、标签和标志要求、环保要求、有毒有害物质限量要求五个方面；影响农产品出口的技术性贸易措施类型集中在食品中农兽药残留限量要求、重金属等有害物质限量要求、食品微生物指标要求、食品标签要求、加工厂和仓库注册要求五个方面。

调查结果显示，2016年因技术性贸易措施导致的中国出口产品被国外扣留、销毁、退货等直接损失额较上一年有了大幅降低，降低了48.6%。

技术性贸易措施工作作为质检部门发挥职能优势，参与供给侧结构性改革和服务外贸发展的重要途径，一直以来受到质检总局高度重视。2016年，技术性贸易措施工作被列为全年质检重点工作之一，通过充分发挥部级联席会议作用，加强对全国技术性贸易措施工作的协调指导，完善技术性贸易措施体系等一系列政策措施的推进，中国技术性贸易措施工作能力获得较大提升，取得显著成效。

在质检总局统一指导下，各级质检部门加强国外重大技术性贸易措施的跟踪、评议、交涉和应对，提供有针对性、有效的支持服务措施，帮助企业破除壁垒、规避风险、扩大出口。同时，在质检部门与出口企业的联系互动过程中，出口企业对技术性贸易措施认知度明显提高，应对意识也日益增强。

在遇到国外技术措施或技术要求限制时，越来越多的出口企业选择通过改进工艺、更新设备、加强管理、自主创新等手段提高产品竞争力。在受访企业的2016年新增成本中，有505.6亿元用于采购新设备、引进新的生产线以及科技创新。技术性贸易措施的倒逼作用在一定程度上带动了中国外贸结构进一步优化，促使单一加工贸易出口在出口总体中的占比不断下降，越来越多的高科技装备、人工智能、生物芯片、大数据、云计算等智能制造成果正在急速出海，从而有效帮助出口企业减少了部分直接外贸损失。

（资料来源：国家质量监督检验检疫总局，2017年9月21日）

案例讨论：中国企业应如何综合应对国外的技术性贸易壁垒？

7.2.6　环境贸易壁垒

1. 环境贸易壁垒的形式

环境贸易壁垒（Environmental Trade Barriers，ETB），也称绿色壁垒，是指在国际贸易活动中，一国以保护环境为由而制定的一系列环境贸易措施，使得外国产品由于无法满足环境要求而无法进口或进口时受到一定限制，从而达到保护本国产品和市场的目的。由于发达国家的产品科技含量和公众的环境意识普遍较高，对环境标准的要求非常严格，不仅要求末端产品符合环保要求，而且规定产品的研制、开发、生产、包装、运输、使用、循环再利用等整个过程均需符合环保要求。这无疑会给广大发展中国家产品出口带来很大的障碍。

环境贸易壁垒通常分为两类。一类是政府引导型的环境贸易壁垒，它以保护自然资源、生态环境和人类健康为名，通过制定一系列苛刻的环保标准对来自其他国家的产品设置关卡，限制其出口，是一种以保护本国市场为目的的新兴的非关税壁垒；另一类是非政府引导型的环境贸易壁垒，不同国家的生产者和消费者的环境保护意识强弱的差异，会对产品的生产或消费产生影响，从而造成产品在国内流通中的不平衡。

环境贸易壁垒的表现形式有3个层次：一是由一些国家的政府或地区性国际联盟颁布的具有强制性的法律法规，以及由这些法律法规所衍生的各类具体的条例、实施细则和强制性标准等；二是由一些国家的产业管理部门、行业工会、国际性行业协会以及标准化组织推出的非强制性的各类技术标准；三是由各类科研单位、中介机构、行业协会、企业推出的各类符合性评定程序(包括授权使用各类标志)，它们也是非强制性的。

1）国际和区域性的环保公约

国际和区域性的环保公约种类繁多，如《保护臭氧层维也纳公约》、《关于消耗臭氧层物质的蒙特利尔协定书》及其修正案《控制危险废物越境转移及其处置巴塞尔公约》、《濒危野生动植物物种国际贸易公约》、《生物多样性公约》及《生物安全协定书》、《联合国气候变化框架公约》、《里约环境与发展宣言》、《21 世纪议程》等，无不对国际贸易中不利于环境的因素予以限制，它是形成环境贸易壁垒的国际法基础。

2）国别环保法律法规和标准

主要发达国家先后分别在空气、噪音、电磁波、废弃物等污染防治、化学品和农药管理、自然资源和动植物保护等方面制定了多项法律法规及环境标准。这些严格的法律法规和标准阻碍了发展中国家的出口产品进入发达国家的市场。例如，1994 年，美国国家环保署规定 9 大城市出售的汽油机执行新的环保标准，规定汽油中有害物质的含量必须低于一定水平，美国生产的汽油可逐步达到有关标准，而进口汽油必须在 1995 年 1 月 1 日该规定生效时达标，否则禁止进口。

3）资源型措施——ISO 14000 环境管理体系和环境标志

国际标准化组织于 1996 年制定并实施了 ISO l4000 系列标准，这一系列标准有 100 个标准，编号为 14001～14100。该系列标准对企业的清洁生产、产品生命周期评价、环境标志产品、企业环境管理体系加以审核，要求企业建立环境管理体系，并通过经常的检查和评审，使得环境质量有持续的改善。其目的在于激发企业自觉采取预防措施和持续性改善措施来改善环境，这是一种自愿性标准。ISO 14000 对国际贸易的影响早已开始，发达国家政府或跨国公司普遍对供应商提出有关环境保护的要求。通过 ISO 14000 认证已成为进入国际市场的通行证。

环境标志是贴在产品或其外包装上的一种图形，它是根据有关的环境标准和规定，由政府管理部门或民间团体依照严格的程序和标准，向有关申请者颁发的，认定其产品或服务符合环保要求的一种特定标志，标志获得者可把环境标志印在产品和外包装上，它向消费者表明该产品或服务在研制、开发、生产、使用、回收利用、处置的整个过程中符合环境保护要求。这是调动消费者和企业参与环境保护的一种很好的方式，最终有利于保护环境。调查表明，84％的荷兰人、89％的美国人、90％的德国人在购物时会考虑产品是否具有绿色标志，有人甚至愿意多花 10％的钱来购买绿色产品。

4）绿色补贴制度

由于污染治理费用十分昂贵，导致一些企业难以承担此类开支，对许多发展中国家的中小企业而言更是如此。当企业无力投资于新的环保技术、设备或无力开发清洁技术产品时，政府可以采用环境补贴来控制污染，这些补贴包括专项补贴、使用环境保护基金及低息优惠贷款等。按 WTO 修改后的《补贴与反补贴措施协定》的规定，这类补贴属于不可申诉的补贴范围，因而为越来越多的国家采用。经济合作与发展组织（Organization for

Economic Cooperation and Development,OECD)也允许其成员政府可根据污染者付费原则提供环境补贴。

5）绿色包装制度

包装对环境的负面影响主要产生于包装材料及其所形成的废弃物和包装容器结构,如PVC 塑料难以自然降解,焚烧处理时又污染环境。为此,许多国家颁布了不少有关包装的法律法规。例如,英国制定了包装材料重新使用的计划,要求 2000 年前使包装废弃物的50%～75%能够重新使用。

对绿色包装,目前尚无统一的定义和明确的范围。通常认为,绿色包装是指包装材料节省资源,用后可以回收利用,焚烧时无毒害气体产生,填埋时占地少,并能生物降解和分解包装。国外有人形象地将绿色包装归纳为 4R：Reduce——减少材料消耗量,Refill——大型容器再填充使用,Recycle——可循环使用,Recovery——可回收使用。由于这些规定是按照西方国家国内资源禀赋、消费偏好等因素确定的,发展中国家或是难以适应,或是增加改造成本,从而达到了贸易限制的实际效果。

2. 环境贸易壁垒的特点

当前国际贸易中形形色色的环境贸易壁垒主要从以下几个方面呈现出其特有的时代性特点：

(1) 合法性。从有关国际环境公约及世界贸易组织的有关规定来看,环境贸易壁垒具有一定程度的合法性。例如,《关于建立世界贸易组织协定》等文件中规定,为保护人类、动物或植物的健康与安全,保护生态环境,在遵循贸易影响最小、科学上证明合理、国民待遇和非歧视、统一性、透明度、发展中国家特殊和差别待遇等原则下,可以实施贸易的环境控制。但是,在具体实践中,以环境保护之名行贸易保护之实的情况比较突出,有时两种动机相互交叉,因而,要明确甄别其真实动机是非常困难的。

(2) 歧视性。由于设置环境贸易壁垒的主要是发达国家,它们在实施环境贸易壁垒时没有考虑到发展中国家经济、技术发展的实际水平,对各类不同发展水平国家的产品规定同样的市场准入条件,这是很不公平的,发展中国家的贸易利益通常为此受损。因而,环境贸易壁垒有其歧视性的一面。

(3) 广泛性。环境贸易壁垒涉及的范围很广。从产品角度来看,不仅包括初级产品,而且涉及所有的中间产品及制成品;从部门角度来看,既包括有形商品,又拓展到投资服务领域。因而,较之于关税及传统的非关税壁垒,环境贸易壁垒的影响更大。而且,环境贸易壁垒往往会有连锁反应,容易从一个国家扩展到多个国家。例如,1996 年,德国禁止含偶氮染料的纺织品进口,结果,法国、荷兰、日本也相继效仿。

(4) 发展性。近几年来,环境贸易壁垒的时间效应不断增强,实施方通常随着贸易伙伴国经济和技术条件的进步,不断调整其环境技术标准,使得环境贸易壁垒呈现出不断加强和拓宽的趋势。例如,日本对大米进口检验的理化指标从 1993 年的 20 多项增加到目前的104 项,西方发达国家规定的农药残留量指标已经接近几年前的指标的 1%。另外,当具有环境标志的某种产品的比例在一国市场中达到 20%左右后,该国的环境标志认证要求也将随之提高。这一趋势还将一直持续下去。

3. 环境贸易壁垒盛行的原因

1）“绿色消费”观念的确立和流行

“二战”后世界各国的经济发展无一不对生态环境造成了巨大的破坏，可以说，人类的财富是通过对大自然的掠夺而积累起来的。片面追求经济的高增长而忽视对生态环境的保护，致使人类与生态环境的关系失衡，出现了一系列严重的环境问题，这些问题直接威胁到人类的生存和发展。从 20 世纪 70 年代在美国兴起的环境保护运动到 1992 年有 102 个国家参加的世界环境与发展大会，世界逐渐进入了环保时代，公众的环境意识逐渐增强。随着全球环境意识的增强，人们对产品的内在和外在的环境质量要求越来越高，人们的思维方式、价值观念、消费行为及消费心理都产生了革命性的变化，“绿色消费”作为一种消费理念已经深入人心，市场上兴起了“绿色消费”的热潮，由此出现了环保产品、环保科技和环保服务构成的潜力巨大的新兴市场。

2）可持续发展战略的确立

随着生态环境的持续恶化，保护人类赖以生存的自然环境和生态环境已经引起世界各国的广泛关注，人类发展观也在转变，追求经济、科技、社会、人口和环境协调发展的可持续发展战略已成为世界各国经济发展的主题。这一趋势体现在国际贸易领域，表现为许多国家和有关国际组织制定了一些环境保护法规和相关的贸易规则，既有力地促进了有助于维护环境的商品的国际贸易，又使对环境有害商品的国际贸易受到了限制和禁止，从而构成了国际贸易中的环境贸易壁垒。

3）日益激烈的国际贸易竞争促使环境贸易壁垒形成和发展

20 世纪 90 年代以来，乌拉圭回合的谈判结束和 WTO 的建立，以关税和显性非关税壁垒为特征的传统贸易保护措施受到了极大的限制，自由贸易原则已被世界各国普遍接受，以自由贸易为宗旨的世界多边贸易体制得到进一步加强。贸易自由化的发展一方面促进了国际贸易的扩大和经济全球化的进程，同时加剧了经济贸易的竞争。在这种新形势下，贸易保护主义者变换手法，寻求新的贸易保护手段，于是以绿色之名行贸易保护之实，环境贸易壁垒便应运而生。

4）国际公约的不完善使其具有存在的合法性

以 WTO 的环境政策为例，尽管 WTO 在环境贸易规则制定方面有了很大的进步，但依旧存在许多问题，对发展中国家来说更存在许多不合理之处。WTO 的环境规范突出强调了各会员国的环保例外权，却对行使此种权力缺乏有效、明确的约束性规范，结果必然为贸易保护主义所利用，并为其提供合法的外衣。另外，在环保方面客观存在着南北差异，而 WTO 的环境规则却并未对发展中国家作出差别或优惠安排，使得发展中国家处于不利的国际竞争地位。

4. 环境贸易壁垒的影响

环境贸易壁垒具有双重性，它既有合理、合法的一面，又有被贸易保护主义利用的一面。合理制定和实施环境贸易措施可以保护生态环境，促进经济和社会的可持续发展。但是，随着传统的贸易限制措施不断地被消除和规范，环境贸易措施也越来越被发达国家滥用，成为阻碍国际贸易的主要壁垒，限制了国际贸易的正常发展。与此相对应，环境贸易壁垒的影响也分为消极和积极两个方面：

1）绿色贸易壁垒的消极影响

绿色贸易壁垒的消极影响主要表现为以下 4 点。

(1) 直接限制产品出口。

发达国家日益复杂且日趋严格的环保法规严重制约了许多产品的出口。联合国国际贸易中心于 2001 年 10 月完成的一个研究报告就环境有关的技术性贸易壁垒对贸易的影响做了全面的评估。其结论有两点。①环境贸易壁垒几乎影响所有贸易产品。在 4917 种产品中，只有 1171 种产品不受影响，受影响的 3746 种产品的贸易额达 47 320 亿美元，占 1999 年世界进口额的 88%，其中直接受影响的贸易额达 6790 亿美元，相当于世界进口额的 13%。资料表明，137 个进口国采用了环境贸易壁垒措施。因此，绝大多数贸易的产品受环境贸易壁垒的直接或潜在影响。②贸易保护主义者利用环境贸易壁垒达到其保护国内产业的目的。在 4917 种产品中，1983 种产品受到以环保名义实施的贸易保护主义的影响，这些产品的进口额达 27 000 亿美元。可以说，世界进口总额的一半受贸易保护主义的影响，直接受到限制的进口额达 1100 亿美元。

(2) 增加出口企业成本，削弱其国际竞争力。

为了增加出口，发展中国家必须满足发达国家的环境标准和要求，在生产中不得不考虑环境因素，由此必然会增加产品的成本，从而影响其国际竞争力。环境措施所带来的费用增加包括直接费用与间接费用两种。例如，生态环境标志制度所带来的直接费用就是收取的标志申请费和标志使用的年费。环境措施带来的间接费用是指生产企业要把较大数额的环境费用在内部消化，由此增加了其生产成本，提高了产品价格。

(3) 影响出口产品的市场范围。

发展中国家主要的出口对象是美国、日本、欧盟等发达国家和地区，而这些国家和地区正是环境保护行动较早、公众环境意识较强、环境标准较严、环保技术先进的国家，其国内市场严格的环境要求与标准正逐步形成针对发展中国家的形形色色的绿色贸易壁垒，从而使发展中国家产品的出口市场范围面临缩小的可能。

(4) 严重损害发展中国家的利益。

目前环境贸易壁垒主要是发达国家设立的，而发展中国家与发达国家在科技水平和环保要求上存在巨大的差异，使遭受环境贸易壁垒损害的对象主要是发展中国家，由此严重损害了发展中国家利益，阻碍了发展中国家的贸易发展，加大了南北差距。

2）绿色贸易壁垒的积极影响

绿色贸易壁垒的积极影响主要表现为以下 3 点。

(1) 有利于保护环境，推动对外贸易的可持续发展。

保护环境是全人类的共同事业，实现贸易与环境的协调发展是可持续发展战略的必然要求。发达国家的环保技术和环境管理水平领先世界，它们设置的环境贸易壁垒作为一种外源性的强制措施，迫使发展中国家依据可持续发展战略和基本战略，转变增长方式，变传统的粗放型发展模式为集约型发展模式，提高资源利用效率，降低消耗，加强生态环境保护，努力提高环境管理水平，提高国家环保技术标准，促进经济、贸易与环境的持续、稳定和协调发展。

(2) 促进环保产业的发展和绿色产品的出口。

环境法规和措施的实施促进了环保产业和绿色产品的出口。据统计,全球环保市场规模从2010年的2000亿美元猛增到2013年的5300多亿美元。这为发展中国家绿色产品的出口带来了机遇。

(3) 促使企业树立社会营销观念。

发达国家的环境法规和措施也促使企业由过去旧的营销观念转变为更全面、更先进的社会营销观念。社会营销观念是指企业提供的产品不仅要满足消费者的需要与欲望,而且要符合消费者和社会的长远利益,企业要关心和增进社会福利。该观念强调将企业利润、消费需要和社会利益3个方面统一起来。这样,企业在产品开发、生产、储存、运输和营销等过程中就会自觉地考虑到社会利益并采用绿色营销战略,使环保意识深入人心。

7.3 中国的关税制度和非关税措施

7.3.1 中国的关税制度

中国的关税制度按照历史时期可以划分为中华人民共和国成立至加入世界贸易组织前和加入世界贸易组织后两个时期。

1. 中华人民共和国成立后至加入世界贸易组织前的关税制度演变

这个时期的关税制度演变可以分为3个阶段。

1) 1950—1978年实行全面保护关税政策

1951年5月,中央人民政府政务院批准了《中华人民共和国出口税则》和《中华人民共和国海关进出口税则暂行实施条例》,并于5月16日实行。根据新的税则和实施条例,自1951年5月16日起,凡经准许进出口中华人民共和国国境的货物,除中国有规定外,均应按照中国的海关法由海关机关征收进口税和出口税。该税法一直实施到1958年,是税法制度的革命性变革。

2) 1979—1991年从全面保护向有区别地保护转变

改革开放后,中国加强了对外经济联系,强调对外贸易是中国经济发展不可分割的重要组成部分,应积极发挥关税在增加财政收入、调节进出口、保护国内生产和市场以及平衡国际收支等方面的作用。

3) 1992—2001年实行适度开放与适度保护相结合的进口关税

在这个阶段,主要完成了以下两个任务:

(1) 降低关税水平。从1992年年底开始,中国就启动了大幅度的自主降税进程。1992年至今的关税制度改革在关税税率方面是中国历年来下调幅度最大、范围最广的一次,是中国经济开放、对外贸易体制改革的一个里程碑。截至2001年中国加入世界贸易组织前,关税总水平由43.2%降至15.3%,降幅达65%。

(2) 降低出口退税率。出口退税率是指税务部门将出口商品中所含的间接税退还给出口商,从而使商品在国际市场上的价格真实反映其成本,各个国家因此可以根据国际分工参与国际竞争。出口退税是世界上一些间接税所占比重较大的国家所采取的一种消除出口歧视的中性政策。中国是一个以间接税为主的国家,改革开放以后,为避免中国出口产品被重复征税的问题，中国于 1985 年实行了出口退税政策。税制改革后，出口退税率提高到 17%，等于中国国内产品增值税税率，初步实现了出口产品的零税率。出口退税政策对鼓励出口、促进出口产品公平竞争起到一定的作用。但在外贸体制不完善、法律不健全的情况下，出口退税政策也产生了一些严重的负面效应，如加重了中国的财政负担、出现了严重的出口骗税现象等。其他的措施包括对外商投资企业调整并提高了关税优惠政策以及调整了关税结构。

2. 加入世界贸易组织后的关税制度

中国全面履行关税减让承诺，科学、精细地调整关税税率、税目和专项税收优惠政策，有效发挥关税的宏观调控职能，逐步建立起适应国内外经济发展趋势、体系较为完备的关税制度。

1）关税水平大幅度降低

2001 年以来，中国按照加入世界贸易组织时的承诺逐年下调进口关税。截至 2010 年，降税承诺已全部履行完毕。2015 年，关税总水平由加入世界贸易组织前的 15.3%进一步降至 9.8%，降幅达 36%。其中，农产品平均税率由加入世界贸易组织前的 18.8%降至 15.51%，工业品平均税率由加入世界贸易组织前的 14.7%降至 8.9%。与各成员对世界贸易组织所承诺的关税税率相比，中国关税总水平高于欧盟(5.3%)、美国(3.5%)等主要发达国家，但明显低于印度(48.5%)、印度尼西亚(37.1%)、墨西哥(36.1%)、巴西(31.4%)、阿根廷(31.9%)和南非(19%)等多数发展中国家，不到世界各国平均关税税率(40%)的1/4。其中，中国 15.2%的农产品平均税率不仅低于绝大多数发展中国家水平，也明显低于挪威(130.9%)、瑞士(48%)、日本(22.2%)等发达国家，约为世界各国农产品平均税率(57.6%)的 1/4；中国 8.9%的工业品平均税率低于大多数发展中国家水平，不到世界各国工业品平均税率(30%)的 1/3。以实际关税税负水平比较，中国则更低，据世界贸易组织统计，2014 年中国关税收入与进口总额比值仅为 2.36%，不仅低于印度、阿根廷、埃及等大多数发展中国家，也低于澳大利亚、新西兰等发达国家，与日本、美国等发达国家水平相近。2015 年，中国出口税则的商品范围、税率没有变化，对各类金属和非金属矿砂、煤炭、钢坯、化肥、纸浆等 297 项资源、能源和高耗能产品征收出口关税，出口税率为 2%～47%。

2）税则税目进一步精细

1992 年，中国开始以世界海关组织《商品名称及编码协调制度》为基础设置税则税目，根据国际通行做法，将税则税目设为 8 位编码，并分别在 1996 年、2000 年和 2007 年与《世界海关组织协调制度》进行了同步改版，改版步伐与发达国家一致，快于大多数发展中国家。同时，由于海关监管和科学技术快速发展的需要，针对部分中国特有的贸易量较大或增长较快的产品、新技术产品以及实施进出口管理措施的商品，增设了 800 多个本国子目，8 位税目数由 2001 年的 7111 个逐步增长至 2015 年的 8285 个。

3）关税结构不断优化

近年来，在关税总水平逐步下降的同时，中国关税税率结构不断优化。大幅降低了能源、资源、原材料等初级产品的进口关税，并有选择地降低了部分关键零部件等中间产品以及重要机电设备等制成品的进口关税。以汽油、柴油为例，进口关税由加入世界贸易组织前的 9%降至目前实施的 1%和 0%。目前，中国进口能源、资源类产品税率一般不超过

5%,其中原油、煤炭、铁矿石等重点大宗商品均已实行了零关税。中国还较大幅度地降低了消费品的进口关税。例如汽车进口关税由加入世界贸易组织前的100%～120%降至目前的25%,降幅近80%,十几年间完成了发达国家五六十年的降税进程,而同为“金砖国家”的印度、巴西汽车关税则高达57%和35%。目前,中国进口化妆品、服装、箱包、鞋帽、手表等消费品关税税率在国际上处于中等偏低的水平。以法国产路易威登手提包为例,中国征收关税为10%,韩国、印度分别为8%和10%,美国、日本为9%和12%,而巴西、南非征收的关税为30%。经过十几年的调整,目前中国工业品中初级产品、中间品和制成品平均税率分别为5.9%、6.7%和10.6%,与加入世界贸易组织前这3类产品9.7%、16%和26.2%的税率相比,不仅税率大幅降低,而且结构明显改善,基本实现了从高水平、窄税基向低水平、宽税基的转变,形成了较为合理的税率结构。

4）调整进口暂定税率,优化进口商品结构

近年来,中国每年都通过暂定税率的形式对进口关税进行集中调整,重点降低了重要能源资源性产品、农业生产资料、基础工业原材料、先进技术装备和关键零部件以及部分与百姓日常生活密切相关商品的进口税率,并且逐年扩大所涉及商品的范围。2009年起对670多种商品实施较低的进口暂定税率,主要包括煤炭、燃料油、石料等资源能源类产品,氨水、环氧树脂、液晶显示板用偏振片、空调用无级变压压缩机、大型清障车底盘等重要原材料和关键零部件,喷气织机、自动络筒机、大马力拖拉机、大型收割机等先进工农业设备,疫苗、无障碍升降机、陶瓷等与公共卫生相关的产品及部分家居生活用品等。2015年实施进口暂定税率的商品共计749项,平均税率为4.4%,相对于最惠国税率,优惠幅度为60%。

实施进口暂定税率的措施,有效促进了相关商品进口和上下游产业的发展,为满足经济社会发展需要发挥了重要作用。一方面,位于产业链上游的能源、资源、原材料等初级产品进口持续快速增长,所占比重不断提高,有力支持了国内工业生产和经济建设;另一方面,位于产业链下游的消费品进口也保持稳定增长,为丰富国内市场供应、促进国内消费增长发挥了积极作用。根据海关贸易数据统计,2014年中国进口初级产品和消费品分别为6043.8亿美元和1059.1亿美元,同比增长39.3%和34.5%,均高于24.9%的进口总体增幅,占进口总额的34.7%和6.1%,比重同比提高了3.7和0.5个百分点。

5）不断丰富征税方式,有效发挥关税杠杆作用

中国已实现征税税种和征税方法的多样化,充分发挥了特殊关税制度的功能。以从价税为主,辅以从量税、复合税、选择税、季节税、滑准税、临时关税、反倾销税、反补贴税等税种,既保证了关税政策性调节弹性的发挥,又保证了税基不受侵蚀,征税方式日趋完备。

从2002年起,中国对52个税目按规定的税率征收从量税、复合税和滑准税。例如,中国对配额外棉花进口实行滑准税,对天然橡胶进口实行选择税,对部分电子摄录设备进口实行复合税,对感光材料等产品进口实行从量税,对化肥出口实行季节税等多种征税方式。针对不同商品特点采取不同的征税方式,既充分考虑了多方利益,照顾了上下游产业的关系,又综合平衡了供需关系,收到了良好的调控效果,有效发挥了关税的杠杆作用。近年来,根据国际国内经济形势变化,配合国家出台的其他调控措施,通过适时调整进出口关税,有效应对了2007年国际市场原材料价格上涨、2008年国内外市场粮食产品价格上涨、2009年外贸急剧下滑、2010年国际大宗商品价格上涨、2011年物价过快上涨等复杂形势,

有力地保证了国内市场供应和价格总水平基本稳定。

6）实施专项关税优惠政策

近年来，中国通过制定关税及进口环节税收优惠政策，大力支持产业转型升级和企业自主创新，有效配合了十大重点产业、战略性新兴产业、科技重大专项等国家发展规划的实施。同时中国关税政策导向进一步向科教、卫生、文化、公益等公共事业领域倾斜，支持改善民生。例如，2008 年起实施的重大技术装备进口税收优惠政策，对国内企业研发生产重大技术装备所需进口的关键零部件及原材料免征关税和进口环节增值税，同时取消相应整机和成套设备的进口免税政策。在此政策支持下，国内 200 多家装备制造企业通过引进技术消化吸收再创新，开发了一批拥有自主知识产权和核心技术的产品，实现了跨越式发展。

7）开展多边经贸合作，实施协定税率

为扩大双边、多边经贸合作，促进区域经济发展，中国将依据中国—东盟、中国—智利、中国—巴基斯坦、中国—新西兰、中国—新加坡等自由贸易协定以及《亚太贸易协定》，对原产于东盟十国、智利、巴基斯坦、新西兰、新加坡、韩国、印度、斯里兰卡、孟加拉等国家的部分进口商品实施比最惠国税率更优惠的协定税率。在《内地与香港关于建立更紧密经贸关系的安排》《内地与澳门关于建立更紧密经贸关系的安排》框架下，继续对原产于港澳地区且已制定原产地优惠标准的产品实施零关税。继续对原产于老挝等东南亚 4 国、苏丹等非洲 31 国、也门等 6 国共 41 个最不发达国家的部分商品实施特惠税率。根据有关优惠贸易安排项的分阶段关税减让方案，中国于 2015 年进一步下调了原产于东盟、智利、新西兰、秘鲁、哥斯达黎加、瑞士、冰岛等国家以及中国香港特别行政区、中国澳门特别行政区的部分商品税目税率。对于原产于巴基斯坦、新加坡以及《亚太贸易协定》项下已制定优惠原产地标准的商品继续实施零关税。根据《海峡两岸经济合作框架协议》规定，2015 年实施该协定税率的税目数为 622 个，平均税率为 0。

7.3.2 中国的非关税措施

改革开放前，中国是一个实行计划经济的国家，进出口计划是整个国民经济的一部分，对进出口实行完全的计划管理，当时进出口计划是主要的非关税措施。改革开放后，尽管僵化的体制被打破，但是为了保护国内产业，规范进出口贸易，中国仍然制定了一些非关税措施。

1. 加入世界贸易组织前的非关税措施

中国加入世界贸易组织前的非关税措施主要有以下几种：

(1) 经营权审批制。从事对外贸易的各类企业必须经过外经贸部或外经贸部授权的省级经贸主管部门及经济特区政府部门的审批，在工商行政管理部门注册登记后才能从事对外贸易。

(2) 进出口许可证制、配额制和国家专营制的交叉使用。在进口管理方面，中国按照重要商品统一经营和多数商品分散经营相结合的原则进行进口管理。中国将进口货物分为一般进口许可(自由进口)、凭许可证进口和禁止进口 3 类进行管理，对进出口许可证实行分级管理、无偿发放制(1988 年以后部分许可证实行拍卖)。在出口管理方面，中国仅对部分商品实行出口配额管理，有主动出口配额管理和被动出口配额管理两种方式。

(3) 外汇管理。1994 年以前,中国实行严格的外汇管理。1994 年外汇体制改革以后,中国对经常项目的外汇交易不实行或基本不实行外汇管制,但对资本项目的外汇交易进行一定的限制。

(4) 制定法律、法规。改革开放以来,中国逐步完善了外贸法制建设,借助法律的规范作用对进出口活动施加影响和控制。

2. 加入世界贸易组织后的非关税措施

1) 外贸经营权由审批制向登记制转变

根据新的《中华人民共和国对外贸易法》,中国在 2004 年 7 月 1 日正式取消了对外贸易经营权的审批,改为登记制,同时允许个人从事对外贸易,使得中国外贸经营权实现了由审批制向登记制的转变。

2) 逐步缩小进出口许可证管理范围

加入世界贸易组织后,中国逐步取消了进口配额和许可证管理的种类。2009 年,中国进口许可证管理货物目录只保留了消耗臭氧层物质和旧机电产品两种,总计 83 个 8 位 H.S.编码。2015 年,中国分别实行出口配额许可证、出口配额招标和出口许可证管理的货物共有 48 种。

3) 制定技术标准,尝试建立自己的技术标准体系

通过制定各种严格的技术标准来限制进口商品的流入,是目前在世界范围内通行的一种做法。目前中国使用的技术法规中国际标准的含量从 12%上升到 40%。在多数情况下,中国只能被动地执行国外或国际标准,受制于人。因此,中国要加快国内技术法规标准和措施的国际标准化进程,使更多的企业和产品取得国际质量认证,达到国际标准和出口市场的要求。同时,中国应积极参与国际标准的制定,使国际标准尽量反映中国的意见和要求,争取把具有中国国情特点的文化、传统工艺品、名品都纳入国际标准,将中国在国际上处于领先地位的科研成果及时转化为技术标准,并推荐制定为国际标准。例如,中文编码 EVD、第三代移动通信标准(TD-SCDMA)、音视频编码标准(AVS)等少量标准已被纳入国际标准。

4) 建立统一的中国强制性产品认证制度

长期以来,中国的强制性产品认证制度存在着政出多门、重复评审、重复收费以及认证行为与执法行为不分的问题。尤其突出的是国内产品和进口产品存在着对内、对外两套认证管理体系。原国家质量技术监督局对国内产品和部分进口商品实施安全认证并强制监督管理,原国家出入境检验检疫局对进口商品实施进口商品安全质量许可制度。这两个制度将一部分进口产品共同列入了强制认证的范畴,因而导致了由两个主管部门对同一种进口产品实施两次认证、贴两个标志、执行两种标准与程序的情况。随着中国加入 WTO,根据 WTO 协议和国际通行规则,要求中国将这两种认证制度统一起来,对强制性产品认证制度实施"四个统一",即统一目录,统一标准、技术法规和合格评定程序,统一认证标志,统一收费标准。同时,为完善和规范中国的强制性产品认证制度,应解决政出多门、认证行为与执法行为不分的问题,使之适应中国市场经济发展的需要,更好地为经济和贸易发展服务。2001 年,中国成立了新的国家质检总局和国家认证认可监督管理委员会,建立了新的国家强制性产品认证制度(China Compulsory Certification,CCC),于 2001 年 12 月 3 日正式对

外公布，于 2003 年 5 月 1 日起强制执行。第一批强制性产品认证目录涉及安全、电磁兼容性、环保要求，包括 19 大类、132 种产品。国家认证认可监督管理委员会先后指定 9 家认证机构和 69 家检测机构承担第一批强制性产品认证的认证和检测工作。

【国际贸易博览 7-2】

中国代表团出席第 41 届国际标准化组织大会

第 41 届国际标准化组织(ISO)大会于 2018 年 9 月 24 日至 28 日在瑞士日内瓦举行，来自 162 个 ISO 成员的 600 多名代表参加了本届大会。国家市场监督管理总局副局长、国家标准委主任田世宏率中国代表团出席了 ISO 大会及大会同期举行的理事会、技术管理局、发展中国家事务委员会(DEVCO)、亚太地区理事会成员会议等多个 ISO 管理层会议，并在会议期间与 ISO 秘书长和美、英、德、法、俄等国的标准化机构进行了 17 场会谈，取得了丰硕成果。

此次大会上，由中国牵头担任主席和秘书处领导职务的 ISO 船舶与海洋技术委员会(ISO/TC8)首次获得 ISO 最高技术奖——ISO 劳伦斯·艾彻奖，突显了 ISO 对中国在船舶与海洋技术国际标准化方面所作贡献和能力水平的高度认可和充分肯定。田世宏主任还就 ISO 治理、战略规划行动计划的实施、标准化研究与创新等议题发表了建设性意见，得到 ISO 秘书长和理事会成员的高度肯定和认可。

代表团还充分利用 ISO 大会契机，与“一带一路”沿线国家举行多场多双边会谈，宣传中国标准化最新发展，就标准化战略规划制定、“标准联通共建‘一带一路’行动计划”、标准促进质量安全提升的良好实践、标准互认、法制化营商环境合作项目等展开深入交流，并就在老年经济、可持续发展、金融服务、循环经济等领域共同推动国际标准的制定达成共识。田世宏主任还与奥地利、新加坡、波兰和乌克兰 4 个国家标准化机构签署了合作文件，进一步扩大了中国国际标准化“朋友圈”，为下一步深入合作打下坚实基础。

（资料来源：国家市场监督管理总局官网，2018 年 10 月 10 日）

复习思考题

1. 什么是关税税则？它可以分为几类？
2. 简述关税的特点以及关税的作用。
3. 什么是普遍优惠制？普遍优惠制方案一般包括哪些主要内容？
4. 试比较从价税和从量税的不同特点和作用。
5. 与关税措施比较，非关税措施有哪些特点？
6. 什么是技术性贸易壁垒？简述技术性贸易壁垒的特点和影响。
7. 分析环境贸易壁垒的特点、形式及盛行的原因。
8. 试分析中国应如何应对发达国家的非关税贸易壁垒。

第 8 章

世界贸易组织

8.1 世界贸易组织概述

8.1.1 世界贸易组织的产生与发展

世界贸易组织(The World Trade Organization,WTO)成立于 1995 年 1 月 1 日,是根据《关税与贸易总协定》(General Agreement on Tariff and Trade,GATT)乌拉圭回合多边贸易谈判达成的《马拉喀什建立世界贸易组织协定》而建立的,从而取代了 1947 年创立的《关税与贸易总协定》,并以乌拉圭回合多边贸易谈判达成的一整套协定和协议条款作为国际法律规则,对各成员之间在经济贸易关系方面的权利和义务进行监督、管理的正式国际经济贸易组织,成为全球多边贸易体制的法律与组织基础。

1. 关税与贸易总协定

在世界贸易组织成立之前,1947 年创立的《关税与贸易总协定》是为了协调各国或地区对外经济贸易关系而达成的多边协议,主要是进行多边贸易谈判、调解和裁决贸易争端,其宗旨是通过削减关税和其他贸易障碍,扩大世界资源的充分利用,发展商品生产和交换,保证充分就业,增加实际收入和有效需求,提高生活水平。

1)《关税与贸易总协定》的产生

《关税与贸易总协定》的产生与 20 世纪 30 年代资本主义世界的经济危机以及第二次世界大战前后的国际经济贸易发展的衰退局面密切相关。20 世纪 30 年代,爆发了历史上规模空前的世界经济危机。各国政府为了转嫁危机,纷纷放弃了自由贸易政策,以邻为壑,提高关税并实行外汇管制等保护贸易政策。高关税阻碍了商品的国际流通,造成了国际贸易额的大幅度萎缩,给各国经济和政治都造成了巨大的损失。随之而来的第二次世界大战更是加剧了恶果,除美国之外的主要资本主义国家的经济都遭受了毁灭性的打击,各种政府纷纷意识到贸易保护政策所带来的不利影响,寻求改变贸易保护的现状、消除贸易壁垒的措施。与此同时,在第二次世界大战结束前夕,美国为了保持和增强其战后国际贸易和金融地位,提议组建国际贸易组织,以便在多边协商基础上,通过关税互鉴,促进国际贸易自由化。

在第二次世界大战结束前后的国际经济秩序的构建中,有几项影响深远的举措。1944 年 7 月,在布雷顿森林会议上,随着国际货币基金组织(International Monetary Fund,IMF)和国际复兴与开发银行(International Bank for Reconstruction and Development,IBRD)的成立,一个崭新的国际金融秩序随之诞生。1945 年成立的联合国试图在国际贸易领域建立一个类似的体系以规范各国在世界贸易领域的合作。同时,为了实现建立国际贸易组织的设想,1945 年,美国提出了《国际贸易与就业会议建议案》,正式建议成立国际贸易组织。于是,根据美国的提议,1946 年 2 月,联合国经济与社会理事会组建负责筹备起草国际贸易组织章程的联合国贸易与就业会议筹备委员会。

该委员会于 1946 年 10—11 月和 1947 年 4—10 月分别在伦敦和日内瓦召开了两次会议,审议《国际贸易组织宪章》草案和进行关税减让谈判。在日内瓦会议上,通过了《国际贸易组织宪章》草案和《1947 年关税与贸易总协定》。1947 年 11 月至 1948 年 3 月在古巴哈瓦那举行的联合国贸易与就业会议上审议并通过了《国际贸易组织宪章》,又称《哈瓦那宪章》。然而,由于各国针对《国际贸易组织宪章》草案提出了大量的修正案,以至于美国的立法机构认为该宪章中的一些条约和规定与其国内立法有冲突,干预了国内立法,不符合美国的利益要求,因而否决了该宪章。由于美国的霸权地位,美国政府的放弃使其他国家纷纷作壁上观,该宪章没有得到必要数量的支持,在这种情况下,国际贸易组织最终宣告夭折。

为了逾越各国的立法障碍,澳大利亚、比利时、荷兰、卢森堡、加拿大、英国、美国、法国 8 个国家提出绕过国内立法机构,由各国政府达成协议,暂时实施《1947 年关税与贸易总协定》,并于 1947 年 11 月 15 日签署了《关税与贸易总协定临时使用协定书》,宣布于 1948 年 1 月 1 日开始临时适用《关税与贸易总协定》。1948 年,又有包括中国在内的 15 个国家签署了该协定书。这标志着《关税与贸易总协定》的诞生。

2)《关税与贸易总协定》的发展

从 1948 年到 1995 年这 48 年间,《关税与贸易总协定》是 100 多个主权国家和单独关税区参加的,进行多边贸易谈判、制定多边贸易规则和解决国际贸易争端的场所。在这期间,

GATT 组织共主持了 8 轮多边贸易谈判,促使成员方之间的关税水平大幅度下降,使非关税措施受到约束,推动了贸易自由化的进程。《关税与贸易总协定》前 7 轮多边谈判情况如表 8-1 所示。

表 8-1 《关税与贸易总协定》前 7 轮多边谈判情况

谈判回合	谈判时间	谈判地点	参加方/个	谈判议题	主要成果
第一轮	1947 年 4—10 月	瑞士日内瓦	23	关税减让	达成 45 000 项商品的关税减让,使占进口值 54%的商品平均降低关税 35%
第二轮	1949 年 4—10 月	法国安纳西	33	关税减让	达成近 5000 项商品的关税减让,平均关税水平降低 35%
第三轮	1950 年 9 月—1951 年 4 月	英国托奎	39	关税减让	达成近 9000 项商品的关税减让,平均关税水平降低 26%
第四轮	1956 年 1—5 月	瑞士日内瓦	28	关税减让	达成近 3000 项商品的关税减让,平均关税水平降低 15%
第五轮	1960 年 9 月—1962 年 7 月	瑞士日内瓦	45	关税减让	达成 4400 项商品的关税减让,平均关税水平降低 10%
第六轮	1964 年 5 月—1967 年 6 月	瑞士日内瓦	54	关税减让	以关税统一减让的方式就影响世界贸易额约 400 亿美元的商品达成关税减让,使平均关税水平降低 35%
第七轮	1973 年 9 月—1979 年 4 月	瑞士日内瓦	102	关税减让与削减非关税壁垒	关税水平降低 35%,使发达国家制成品关税降至 4.7%,达成多项非关税壁垒协议和守则,通过了给予发展中国家优惠待遇的"授权条款"

3)《关税与贸易总协定》的作用与局限

《关税与贸易总协定》自 1948 年到 1995 年,涉及的领域不断扩大,成员不断增加,对国际贸易的影响日益加强。《关税与贸易总协定》推动的贸易自由化促进了国际贸易的不断发展,使发达国家和发展中国家的平均关税税率都有显著下降。《关税与贸易总协定》的各种协议发展成为一套国际贸易政策体系,为世界贸易体系和政策的发展提供了依据,缓和了缔约方之间的贸易摩擦,维护了发展中国家缔约方的利益。

但是由于《关税与贸易总协定》产生背景的特殊性,在其发展过程中不可避免地存在很多局限。首先,《关税与贸易总协定》在诞生初始,就是一份各缔约方在经济贸易利益关系调整过程中妥协的临时协议,而不是正式生效的国际公约。所以,它很难对一些"越轨行为"进行有效约束。其次,《关税与贸易总协定》仅涉及货物贸易,随着国际服务贸易及投资的迅速发展,世界性产业结构向服务业倾斜,使其与国际贸易新发展对与贸易相关的知识产权保护的要求不相适应。最后,关税与贸易总协定的争端解决机制在作出决策时要求所有缔约方完全协商一致,导致其很难公正、客观地对贸易纷争作出裁决,削弱了其权威性。

2. 世界贸易组织的产生、宗旨、目标和职能

1）世界贸易组织的产生

1986年乌拉圭回合谈判启动时，谈判议题没有涉及建立世界贸易组织问题，只设立了一个关于完善《关税与贸易总协定》体制职能的谈判小组。在新议题的谈判中，涉及服务贸易和与贸易有关的知识产权等非货物贸易问题。这些重大议题的谈判成果很难在《关税与贸易总协定》的框架内付诸实施，创立一个正式的国际贸易组织的必要性日益凸显。因此，欧洲共同体于1990年初首先提出建立一个多边贸易组织的倡议，这个倡议后来得到美国、加拿大等国的支持。

1990年12月，布鲁塞尔贸易部长会议同意就建立多边贸易组织进行协商。经过一年的紧张谈判，1991年12月形成了一份关于建立多边贸易组织协定的草案。时任《关税与贸易总协定》总干事的阿瑟·邓克尔将该草案和其他议题的案文汇总，形成《邓克尔最后案文（草案）》，这一案文成为进一步谈判的基础。1993年12月，根据美国的提议，把多边贸易组织改为世界贸易组织。

1994年4月15日，在摩洛哥的马拉喀什召开部长级会议，125个参加乌拉圭回合谈判的缔约方签署了乌拉圭回合最后文件和《马拉喀什建立世界贸易组织协定》，简称《建立世界贸易组织协定》，通过了《马拉喀什部长宣言》。根据《建立世界贸易组织协定》的规定，1995年1月1日世界贸易组织正式建立，从而与《关税与贸易总协定》共存一年。

2）世界贸易组织的宗旨和目标

根据《建立世界贸易组织协定》序言的基本内容，世界贸易组织的宗旨和目标如下：

（1）提高生活水平，保障充分就业，大幅度稳定增加实际收入与有效需求，扩大货物和服务的生产和贸易。

（2）遵循可持续发展的目标和不同经济发展水平国家各自的需要，最优利用世界资源，保护和维护环境。

（3）通过切实的努力，确保发展中国家在国际贸易增长中获得与其经济发展水平相适应的份额。

世界贸易组织的目标是建立一个完整的包括货物、服务、与贸易有关的投资及知识产权等，更具活力、更持久的多边贸易体系，以巩固包括《关税与贸易总协定》贸易自由化的成果和乌拉圭回合多边贸易谈判在内的所有成果。

为了有效地实现上述宗旨与目标，世界贸易组织规定各成员应通过互惠互利的安排，大幅度降低关税，减少其他贸易壁垒，消除在国际贸易交往中的歧视待遇，对发展中国家给予特殊和差别待遇，扩大市场准入程度，提高贸易政策和法规的透明度，以及确立通知与审议等原则。

3）世界贸易组织的职能

根据《建立世界贸易组织协定》的规定，世界贸易组织的职能主要包括以下几项：

（1）组织实施世界贸易组织负责管辖的各项贸易协定、协议，积极采取各种措施努力实现各项协定、协议的目标。

（2）解决成员间的贸易争端，并定期对成员的贸易政策与措施进行审议。

（3）为成员提供谈判场所，并提供实施此类谈判成果的体制。

(4) 除了与其他国际组织进行合作的一般性授权之外,《建立世界贸易组织协定》还明确规定了世界贸易组织应与国际货币基金组织、世界银行以及其他国际组织合作,以实现全球经济政策的更大一致性。

(5) 为发展中国家提供技术援助和培训等。

世界贸易组织是对《关税与贸易总协定》的继承和发展,它的建立标志着一个完整的、更有活力的多边贸易体制的诞生,它在监督、协调、管理世界经济秩序和多边贸易法律关系方面起到十分重要的作用。世界贸易组织是根据《维也纳条约法公约》正式批准生效而成立的国际组织,具有独立的国际法人资格。世界贸易组织这个新的多边贸易体制不仅把长期游离于贸易体制之外的农产品和纺织品贸易纳入了体系,还将其管辖范围扩大到服务贸易、知识产权和国际投资这 3 个重要的经济领域。世界贸易组织的成员不分大小,不论强弱,对世界贸易组织所管辖的多边协议必须一律遵守,且以一揽子方式接受世界贸易组织的协定和协议。同时,世界贸易组织争端解决机制以法律形式确立了权威性,参与的成员国需遵守世界贸易组织各协定、协议的规定,执行其争端解决机构作出的裁决。

8.1.2 世界贸易组织的组织机构与法律框架

1. 世界贸易组织的组织结构

世界贸易组织内部设立了一系列的机构,形成了比较完善的组织机构,其核心机构主要有部长级会议、总理事会和秘书处,另外还有部长级会议下设的各种委员会和总理事会下设的各种理事会。

1) 部长级会议

部长级会议(The Ministerial Conference)是世界贸易组织的最高决策机构,由世界贸易组织的所有成员组成,全权履行世界贸易组织的职能,并为此采取必要的行动。根据《建立世界贸易组织协定》的规定,部长级会议至少每两年举行一次,由该组织的所有成员国派部长级代表团出席。部长级会议有立法权、准司法权、豁免权,并负责批准非世界贸易组织成员所提出的取得世界贸易组织观察员资格申请。其中,立法权是部长级会议独有的权力,包括总领事会在内的其他的任何机构都没有该权力。

2) 总理事会

总理事会(The General Council)由世界贸易组织全体成员的代表组成,主要是在部长级会议休会期间履行部长级会议的职责。总理事会下设货物贸易理事会、服务贸易理事会、与贸易有关的知识产权理事会及各委员会和工作组。作为世界贸易组织的常设行政机构,总理事会负责日常对世界贸易组织的领导与管理。除每年 8 月世界贸易组织休会期外,总理事会可根据需要适时召开,听取下属机构的工作报告,并就下属机构提交或总理事会自身认定的重要事项作出决定。总理事会的组成最能反映世界贸易组织的独特性,在由所有成员代表组成的总理事会中,在处理世界贸易组织各项事务时,每个成员无论大小和强弱,均享有充分和平等的发言权。

3) 理事会

理事会(Council)是总理事会的下设机构。世界贸易组织为使各项制度及协定得到圆满执行,使成员方之间发生的争端得到迅速、有效的解决,在部长级会议或总理事会之下又设立了一系列常设理事会、委员会。其中负责世界贸易组织主要职能的货物贸易理事会、服务贸易理事会和知识产权理事会为最重要的理事会，它们分别监督货物贸易、服务贸易和与贸易有关的知识产权协议的实施情况，并履行由总理事会所赋予的其他职责。各理事会的成员资格对所有成员的代表开放。每一理事会每年至少举行 8 次会议。

4）委员会

部长级会议下设各种委员会(Committee)，包括贸易和发展委员会，国际收支限制委员会，预算、财政与行政委员会，贸易与环境委员会等专门委员会。它们执行由《建立世界贸易组织协定》及《多边贸易协定》赋予的职能，执行总理事会赋予的任何附加职能。上述委员会的成员资格对所有成员的代表开放。

5）秘书处

秘书处(The Secretariat)是世界贸易组织的日常办事机构。它由部长级会议任命的总干事领导，其工作人员由总干事指派。总干事的权利、职责、服务条件和任期由部长级会议明确。总干事任命秘书处人员并确定其职能和服务条件。秘书处主要有两个职能：一是安排开会场所、加工整理文件等琐碎的事务；二是作为中间者向各成员代表团及政府提供建议，特别是在贸易政策审议机制中承担独立的角色。

2. 世界贸易组织的法律框架

世界贸易组织的法律框架包括世界贸易组织成员通过多边贸易谈判达成的各种协议、世界贸易组织成立后新加入成员的加入世界贸易组织法律文件两部分。

第一部分具体又包括两个方面。一是世界贸易组织成立时已经形成的各种协议和协定，主要由《建立世界贸易组织协定》及其 4 个附件组成。《建立世界贸易组织协定》正文包括 16 个条款，就世界贸易组织的结构、决策过程、成员资格、接受、加入和生效等程序性问题作了原则规定。有关协调多边贸易关系和解决争端以及规范国际贸易竞争规则的实质性规定则体现在 4 个附件中。附件一为多边贸易协定，包括《货物多边贸易协定》《服务贸易总协定》和《与贸易有关的知识产权协定》；附件二为《关于争端解决规则与程序的谅解》；附件三为《贸易政策审议机制》；附件四为《诸边贸易协定》。二是世界贸易组织成立后新达成的协议，如《信息技术产品协议》《金融服务协议》《基础电信协议》等。这是世界贸易组织法律框架的主干。

第二部分是世界贸易组织成立后新加入成员的加入世界贸易组织法律文件，如加入世界贸易组织议定书等。例如，《中国加入世界贸易组织议定书》不但是中国加入世界贸易组织后处理与世界贸易组织关系的基本文件，而且作为世界贸易组织法律框架的组成部分，要求所有世界贸易组织成员都必须遵守。

8.1.3　世界贸易组织体制的特点

以世界贸易组织为法律和组织基础的多边贸易体制与以 1947 年《关税与贸易总协定》为基础的多边贸易体制相比，具有如下的特点。

1. 世界贸易组织是具有国际法人地位的国际组织

世界贸易组织是被正式批准生效并成立的国际组织，具有独立的国际法人资格，是一个常设性、永久性存在的国际组织，有着良好的法律基础、健全的机构，享有执行其职责所需要的法律资格，享有履行其职责所需要的特权和豁免权。而《关税与贸易总协定》仅是临时适用的协定，不是一个正式的国际组织。其成员方是临时地适用《关税与贸易总协定》，并且《关税与贸易总协定》从未得到成员方国家立法机构的批准，也没有自己的组织基础。

2. 世界贸易组织管辖的范围广泛

世界贸易组织不仅要处理货物贸易问题，还要处理服务贸易和与贸易有关的知识产权问题，是和国际货币基金组织、世界银行并行的，维护世界经济运行的三大支柱之一。世界贸易组织将货物、服务、知识产权融为一体，置于其管辖的范围之内。同时，世界贸易组织还努力通过加强贸易与环境保护的政策对话，强化各成员对经济发展中的环境保护和资源的合理利用。而《关税与贸易总协定》产生于货物贸易占世界贸易主流的 20 世纪 40 年代末，只处理货物贸易问题，并且在实施中农产品贸易和纺织品与服装贸易又先后脱离其管辖，其协调与监督的范围远小于世界贸易组织。

3. 世界贸易组织协议对成员的约束力加强

世界贸易组织成员不分大小，对世界贸易组织所管辖的多边贸易协议必须一律遵守，以一揽子方式接受世界贸易组织的协定、协议，不能选择性地参加某一个或某几个协议，不能对其管辖的协定、协议提出保留，使大部分诸边贸易协议成为真正意义上的多边贸易协议，涉及所有成员的承诺。而《关税与贸易总协定》的许多协议、条款规定得过于笼统，可操作性不强，在执行中出现了许多歧义。成员可以接受，也可以不接受。

4. 世界贸易组织解决争端的效力增强

世界贸易组织的争端解决机构是按照“除非世界贸易组织成员协商一致反对通过裁决报告”，否则就视为“协商一致”通过裁决的原则作出决策的，增强了争端解决的效力，同时又明确了争端解决和裁决实施的时间表，因此，其争端解决机制效率较高、速度较快，其裁决的实施容易得到保证。而《关税与贸易总协定》主要依靠成员方之间的协商解决贸易争端，遵循协商一致的原则，在处理国际贸易纠纷和争端方面缺乏强制性手段，被戏称为“一只没有牙齿的老虎”。

8.2 世界贸易组织的运行机制

8.2.1 世界贸易组织的决策机制

世界银行和国际货币基金组织实行加权投票表决机制，它们使拥有最大股份的国家在其中有最大的影响力。而世界贸易组织的决策机制充分体现出其高度民主性，正是过程中的协商一致原则体现了世界贸易组织是一个成员驱动的国际组织的组织特性，不过其正式规则中仍保留了投票程序。

1. 协商一致

世界贸易组织以 1947 年《关税与贸易总协定》所遵循的决定、程序和惯例作为指导，在决策中继续沿用《关税与贸易总协定》所遵循的“经协商一致作出决定”的习惯做法。

1947 年《关税与贸易总协定》的决策惯例是：在讨论一项提议或拟议中的决定时，应首先寻求协商一致,所有缔约方都表示支持,或没有缔约方反对,即为协商一致通过。1995 年 11 月,世界贸易组织总理事会议定了一项有关决策规则的重要说明,强调在讨论有关义务豁免或加入请求时,总理事会应寻求以协商一致达成协议,只有在无法协商一致的情况下才进行投票表决。协商一致从程序上赋予了每个成员以否决权,只要一个成员坚定地反对某项决定,它就可以阻止决定的通过,而且这种否决权不依赖于成员的大小或强弱,使世界贸易组织的决策机制看起来摆脱了国家权力的影响。

2. 投票表决

当某项决定无法协商一致时,则采取投票表决的方式,这已经成为世界贸易组织的制度。投票表决的程序规则主要包括所有成员接受规则、简单多数规则、2/3 多数通过规则、3/4 多数通过规则、反向一致规则。在世界贸易组织部长级会议或总理事会表决时,每一成员拥有一票。这一特征使世界贸易组织区别于广泛使用加权投票方法的国际货币基金组织和其他国际经济组织。总的原则是,部长级会议和总理事会依据成员所投票数的多少作出决定,除非《建立世界贸易组织协定》或有关多边贸易协定另有规定。

当修改涉及总原则时需要全体成员一致通过,例如最惠国待遇条款或国民待遇条款。对于世界贸易组织协议的解释及决定是否同意某成员豁免义务时,则要求投票表决中的 3/4 多数通过。而 2/3 多数通过则用来修改除上述提到的总原则以外的其他有关议题。新成员的加入需要 2/3 多数成员的批准。对于其他没有明确规定而又不能达成一致的意见的情况,简单多数表决就够了,这是因为当所涉及的议题不是有关世界贸易组织运作的核心问题时,就不大可能引起冲突。这些投票的要求比《关税与贸易总协定》的规定要严格,其原因是:如果不这样做,会诱使一些成员联合起来投票批准豁免或其他决定,从而剥夺在投票中失败的少数成员的权利。

8.2.2　世界贸易组织的争端解决机制

世界贸易组织的争端解决机制是建立在《关税与贸易总协定》的实践基础上,根据国际贸易关系的发展创造出的一种崭新的和平解决国际争端的制度。它以争端解决当事方自愿达成相互满意的解决方法为首要目标,以专家小组调解为中心,以争端解决机制审议、批准专家小组或常设上诉机构的建议或裁定为常规,以在特殊情况下由争端解决机构授权和监控报复为最后手段。

1. 争端解决机制的适用范围

世界贸易组织争端解决机制的基本法律渊源是在乌拉圭回合谈判中达成的《关于争端解决规则与程序的谅解》(以下简称《谅解》)。这套争端解决机制主要适用于世界贸易组织成员相互之间发生的涵盖在世界贸易体系中的所有内容的贸易争端,而成员和非成员之间的贸易争端并不在这套争端解决机制的管辖范围内。

2. 争端解决的管理机构

世界贸易组织的争端解决机构(Dispute Settlement Body,DSB)负责监督争端的解决,DSB 实际上是世界贸易组织总理事会以不同名义召开的会议,DSB 的主席通常与总理事会的主席不是同一个人,但也不一定必须如此。DSB 有权设立专家组,通过专家组和上诉机构报告,监督裁决和建议的执行,以及暂停适用协议下的减让和其他义务。

第二个有关争端解决体制机构安排的内容是设立专家组以审议特殊事项。专家组由DSB设立,承担一项具体的任务,任务完成后即解散。

关于专家组的组成,《谅解》要求专家组成员是完全合格的政府或非政府个人,合格的人选可以是以前曾在专家组任职的人员、曾在世界贸易组织或《关税与贸易总协定》中担任过政府代表的人员、高级贸易政策官员或秘书处人员、曾讲授或出版国际贸易法或政策著作的人员。专家组由3名或5名成员组成,他们应该是独立的,拥有不同的背景和丰富的经验;不能从涉及审议中的争端国家中选择专家组成员,除非这些国家同意,且如果争端涉及某一发展中国家,该发展中国家可以要求专家组中至少包括一名来自发展中国家的成员。秘书处保留一份可担任专家组成员的名单,并负责任命专家组组成成员,争端各方不应反对这一任命,除非有令人信服的理由。专家组可以从任何来源寻求信息,如果是科学的或技术性的问题,还可以请专家审议小组提供建议。

世界贸易组织争端解决机制中的第三个机构是上诉机构(Appellate Body)。《谅解》允许争端各方有权对专家组报告进行上诉。但上诉仅限于专家组报告中有关法律问题和专家组详述的法律解释。在某一具体案件的上诉应由上诉机构7名成员中的3名进行审议。上述机构可以维持、修改或撤销专家组的法律调查结果和结论,而且上诉机构的报告一旦经DSB通过,争端各方就必须无条件接受。上述机构由DSB设立,由具有公认权威并在法律、国际贸易和各适用协议所涉事项方面具有公认专门知识的人员组成,并且这些人员不附属于任何政府,其成员应在世界贸易组织成员中具有广泛代表性。上诉机构的成员任期为4年,但是为了扩大成员的轮换范围,最初任命的3名成员的任期只有两年。

3. 决策的作出

《关税与贸易总协定》与世界贸易组织在争端解决规则上最重要的区别可能是有关决策程序的改变。在《关税与贸易总协定》框架内,重要的决定需经协商一致作出。这意味着如果一争端方不愿意设立专家组,或反对其成员组成或职权范围,或不接受专家组的讨论,它就可以拒绝提供支持,从而阻止达到协调一致或取得进展。而协商一致的要求在世界贸易组织规则中"掉了个头",即不能阻止取得进展,除非各方经协商一致决定这样做。这样,如果一争端方请求设立专家组,且有关请求已列入DSB会议的议题,那么DSB就必须最迟在随后的DSB会议上设立专家组,"除非DSB经协商一致决定不设立专家组"。这种协商一致未必能够形成,因为提出设立专家组请求的国家不太可能改变自己的观点,除非争端已经得到解决。如果争端各方不能就专家组的成员组成达成一致,那么这一问题就要由总干事来作出决定。专家组报告应交由DSB批准,除非提出上诉或者DSB经协商一致决定不通过该报告。在提出上诉的情况下,上诉机构报告必须仍交由DSB通过,除非DSB经协商一致决定不这样做。这些规定有效地消除了《关税与贸易总协定》程序中存在的阻止多边争端解决进程的可能性。再加上世界贸易组织框架内适用于争端解决的截止日期制度,新的协商一致原则就可以保证整个争端解决程序在今后可以更快和更自动地获取进展。

4. 争端解决的结果

世界贸易组织争端解决的首要目标是达成双方同意的解决方法。如果不能达成,则要保证撤销被认定不符合世界贸易组织某一协议的措施，或者使违反协议的成员对造成的任何损害作出适当的补偿。实际上，达成双方同意的争端解决方法、撤销被认定不符合世界贸易组织某一协议的措施或提供补偿是所有世界贸易组织争端解决的正常结果，除非争端解决的程序因某种原因被阻止了。但是，还有第4种选择，即报复，正式的说法是"可以歧视性地对另一成员暂停实施适用协议下的减让或其他义务"。对于被认定在争端中犯错误的政府，这种报复的最终制裁无疑是一种有力的引诱性条件，使之通过撤销违反协议的措施或通过给予补偿来解决问题。

如果获得通过的专家组报告或上诉机构报告认定某成员违反了协议，那么该成员就要在报告通过后的30天内通知DBS将要采取的符合报告中的建议和裁决的措施，该成员被给予一段"合理期限"来执行有关建议和裁决。如果DBS未能达成协议，或者争端各方未能达成协议，那么这段合理期限就需要通过裁决来确定，一般不超过15个月。如果被认定犯错误的成员政府未能执行建议或裁决，那么它可以自愿向争端中受损害的一方提供补偿。但是，如果双方未能就补偿的问题达成协议，那么受损害的一方可以请求获得进行报复的权利，此时经协商一致阻止进程的原则再次适用，这项请求必须得到满足，除非经协商一致拒绝这项请求。《谅解》对报告的形式规定了详细的规则，其目的有两个：一个是尽可能将措施限制在造成损害的同一领域；另一个是允许受损害的一方得到足够的补偿，即"相当于利益丧失或减损的程度"。总的原则是起诉方应首先寻求对其利益丧失或减损的部门进行报复。例如，有关措施造成了货物贸易方面的损害，可以通过撤销影响货物贸易的减让来得到补偿。对服务贸易部门的损害应优先通过对相关部门（如交通、旅游或运输）采取行动来得到补偿。对于与知识产权有关的问题，补偿也应针对造成损害的相同领域（如版权保护）。但是，如果受损害的一方认为这样做是不实际的或无效的，那么报复也可以针对另外一个部门，甚至在情况十分严重的时候，报复可以针对世界贸易组织的另外一个协议。如果受影响的国家反对，认为拟议的措施过分了，那么这个国家可以请原专家组的成员或者一位独立的仲裁人进行仲裁，仲裁的结果将是最终的。

5. 争端解决机制的作用

世界贸易组织的争端解决机制强调法治，并使多边贸易体制更安全和可预见。如果没有一个解决争端的办法，以规则为基础的多边贸易体制将因为其规则无法实施而变得毫无价值。争端解决机制是多边贸易体制的主要支柱，是世界贸易组织对全球经济稳定作出的最独特的贡献。

然而，重要的不是作出裁决，首要目的是在可能的情况下通过磋商解决争端。截至2008年1月，369个案件中只有136个经过了专家组的全部过程，其余绝大部分是"庭外"解决的。

世界贸易组织强调，争端的迅速解决对世界贸易组织的有效运作而言是基本的要求，因此，它非常详细地规定了解决争端所应遵循的程序和时间表。世界贸易组织争端解决机制的目的在于"为终端寻求积极的解决方法"。因此，对于成员之间的问题，它鼓励寻求与世界贸易组织规定相一致的、各方均可接受的解决办法。通过有关政府之间的双边磋商，找到解决办法。争端解决的第一阶段要求进行这样的磋商。如果磋商失败了，经双方同意，在这个阶段的案件可以提交给世界贸易组织的争端解决机构。

【国际贸易博览 8-1】

WTO 争端解决机制——WTO 最独特的贡献

如果不提及争端解决机制，任何对 WTO 成就的评论都是不完整的。从许多方面讲，争端解决机制是多边贸易体制的主要支柱，是 WTO 对全球经济稳定作出的最独特的贡献。与 GATT 的争端解决机制相比，新的 WTO 争端解决机制从一开始就更有力、更自动、更可靠。这反映在使用这一机制的国家的类型越来越多样，以及在最终裁决前在“庭外”解决案件的趋势上。目前 71 个案件中有 19 个是“庭外”解决的。这一机制正按人们设想的那样运转，即作为一项重要的调解和鼓励解决争端的手段，而不是仅仅作出判决。通过减少单边行动的范围，(对于力量较小的国家)这一机制也成为公平贸易的重要保证。

——雷托纳·鲁杰罗，1997 年 4 月 17 日

（资料来源：世界贸易组织秘书处，《贸易走向未来》）

8.2.3 世界贸易组织的贸易政策审议机制

从理论上讲，政府如果接受国际协议，就应该能够保证实施协议的规定，并按协议的要求更改国内法律、政策和程序。而实际上，这种情况可能不会发生。最坏的情况是，议会或政府官员可能有意不去理会政府所承担的国际义务。但是，更有可能的情况是，一项义务被忽视或被解释成与其他签署方理解的意思不同。世界贸易组织规则之所以存在，主要是为了给国际贸易建立一个可预测的和自由的经济和法律环境。为未来制订计划和进行投资，商业界和政府都需要能够确定其贸易伙伴正在实施有关规则，并且它们是以同样的方式实施的。世界贸易组织实现这一目的的手段是建立贸易政策审议机制，对各成员方的贸易政策进行审议。

贸易政策审议机制(Trade Policy Review Mechanism，TPRM)是乌拉圭回合谈判的一项成果。但是，这一机制却先于世界贸易组织而建立。该机制是在 1988 年乌拉圭回合谈判中期审评会议上经部长们临时批准而基本建立的，当时整个谈判仍在进行当中。该机制于 1989 年开始运行，在乌拉圭回合谈判结束时成为常设机制，定义其目标和程序的文字成为《建立世界贸易组织协定》的一个附件，即《贸易政策审议机制》。总理事会为此目的而成立贸易政策审议机构(Trade Policy Review Body，TPRB)。TPRB 的决定主要与对世界贸易组织单个成员的审议有关。但是，TPRB 的决定要求对世界贸易环境的发展情况进行广泛的年度审议，并鼓励成员促进在其国内所做的努力，以改善贸易政策事务方面决策的透明度。

1. 贸易政策审议的目标

TPRM 审议的目的在于能“对各成员的全部贸易政策和做法及其对多边贸易体制运行的影响进行定期的集体审议和评估”，以“促进所有成员更好地遵守多边贸易协议及适用的诸边贸易协议所制定的规则、纪律和承诺”。但是，这一集体审议区别于世界贸易组织其他机构的运作，这些机构负责监督每个成员执行具体协议的情况，如有关农产品补贴的协议等，也区别于争端解决程序。贸易政策审议机构不是一个执行机构，也不能给成员增加新的政策承诺。虽然审计的重点是接受审议国家的贸易政策，但也要考虑更广泛的经济和发

展需要、政策、目标以及外部环境。也就是说，审议常常使接受审议的国家有机会了解其他国家对其所面临问题的理解，说明其贸易政策与其更广泛的经济增长和发展如何发生联系，以及强调其贸易伙伴的政策可能对其造成的困难。

2. 国别审议

对所有世界贸易组织成员都要进行审议。审议的频率取决于成员对多边贸易体制的影响程度，因此对于占世界贸易最大份额的国家的审议更加频繁。目前对 4 个最大的成员——欧盟、美国、日本和加拿大每两年审议一次，对另外 16 个成员每 4 年审议一次，对余下的成员每 6 年审议一次，对最不发达的国家的审议可以间隔更长。这些审议的周期表明，由于世界贸易组织成员数远远超过 100 个，要求 TPRB 每年要审议 20 个以上国家的贸易政策。这个意味着更频繁的会议及对所有有关方面的巨大工作量，包括接受审计的成员、TPRB 的参加者、编写报告和为 TPRM 提供服务的世界贸易组织秘书处工作人员。

真正的审计由贸易政策审议机构进行，对所有成员开放。从成员那里选取两位讨论人，以便鼓励辩论，这两个人以个人身份参加会议，不代表各自政府。会议一般连续举行两个上午。第一次会议由接受审计的成员致开幕词，该成员的代表团通常为部长级的。随后讨论人发言，与会者发表意见。在第二次会议场，讨论主要围绕主席、讨论人及秘书处与接受审议的成员根据第一次会议情况进行磋商后确定的主题进行。成员对已经提出的问题作出答复，并进行进一步讨论；如果有必要，可以在一个月内作出书面补充答复。会议在主席自负全责作出总结后结束。主席和秘书处随后立即向新闻界进行简要的介绍，接受审议的成员也可以举行自己的新闻发布会。秘书处的意见摘要及主席的闭幕词随后公布，包括在互联网上发布。两份报告和秘书处的会议记录（由秘书处撰写并经成员批准）随后以英文、法文和西班牙文发布。

3. 贸易政策审议机制的作用

TPRM 被认为是世界贸易组织体制中有价值的甚至是独特的组成部分，主要体现在以下 3 个方面：

（1）它是世界贸易组织全体成员对贸易政策的所有方面进行审议的唯一场所。该机制包括对成员的贸易和经济形势的客观、独立的评估和外部审计，也是可以对贸易和与贸易有关的政策进行解释和讨论的场所，可以获得信息，可以表达关注。

（2）接受审议的成员所获得的好处也是很多的。进行贸易政策审议的过程包括对首都的访问，可以为国别政策制定提供有价值的建议。审议帮助许多国家增强了国内各部门之间对贸易和与贸易有关的政策的讨论和合作。此外，该机制还可对许多发展中国家发挥重要的技术合作作用，向它们介绍了世界贸易组织成员资格的各个方面，确定今后可以满足的具体技术援助要求。

（3）多边贸易体制从整体上讲可在这一过程中获益，因此这一过程能够帮助政府推行理想的贸易政策改革。TPRM 也可以不断阐明至今未受到足够重视的世界贸易组织的义务，因而有助于保证这些义务得到重视。

8.3 世界贸易组织的基本原则与规则

8.3.1 世界贸易组织的基本原则

世界贸易组织有其成员必须遵守的基本原则,主要体现在其协定、协议条款中。世界贸易组织的基本原则主要包括非歧视原则、最惠国待遇原则、国民待遇原则、贸易自由化原则、可预测原则、公平竞争原则、鼓励发展和经济改革原则等。这些基本原则构成了多边贸易体制的基础。

1. 非歧视原则

非歧视原则是针对歧视待遇的一项缔约原则,它要求成员在实施某种优惠或限制、禁止措施时,不得对其他成员实施歧视待遇。根据非歧视原则,世界贸易组织一成员方在任何贸易活动中都要给予他方以平等待遇,使所有成员方能在同等条件下进行贸易。非歧视原则是多边贸易体制的基石,是避免贸易歧视、贸易摩擦的重要基础。非歧视原则主要通过最惠国待遇和国民待遇原则加以体现。

2. 最惠国待遇原则

最惠国待遇(most-favored-nation treatment)是指一缔约方将在货物贸易、服务贸易和知识产权领域给予任何一个国家的优惠待遇立即无条件、无补偿、自动地给予其他各成员方。

在国际贸易中,最惠国待遇的实质是保证市场竞争机会均等。它最初是双边协定中的一项规定,要求一方保证给予任何其他国家的贸易优惠(如低关税或其他特权)同时给予对方。《关税与贸易总协定》将双边协定中的最惠国待遇作为基本原则纳入多边贸易体制,适用于缔约方之间的货物贸易,乌拉圭回合谈判将该原则延伸至服务贸易领域和知识产权领域。

最惠国待遇原则包含以下 4 个要点:

(1) 自动性。这是最惠国待遇的内在机制,体现在“立即和无条件”的要求上。当一成员给予某个国家的优惠超过其他成员享有的优惠时,这种机制就启动了,其他成员便自动地享有这种优惠。

(2) 同一性。当一成员给予某个国家的某种优惠自动转给其他成员方时,其受惠标的必须相同。

(3) 相互性。任何一成员既是给惠方,又是受惠方,即在承担最惠国待遇义务的同时,享受最惠国待遇权利。

(4) 普遍性。这是指最惠国待遇适用于全部进出口产品、服务贸易的各个部门和所有种类的知识产权所有者和持有者。

3. 国民待遇原则

国民待遇(national treatment)是指向其他成员方的产品、服务或服务提供者及知识产权所有者和持有者所提供的待遇不低于本国同类产品、服务或服务提供者及知识产权所有者和持有者所享受的待遇。

国民待遇原则对最惠国待遇原则起着补充作用。最惠国待遇原则使所有成员方的产品处在相同的条件下，而国民待遇原则要求这些进口产品与进口国的国内产品处在相同的条件下。实施国民待遇必须对等，不得损害对方国家的主权，并且限制在一定的范围之内。

国民待遇原则包含以下要点：

(1) 国民待遇原则适用的对象是产品、服务或服务提供者及知识产权所有者和持有者，但因产品、服务和知识产权领域具体受惠对象不同，国民待遇条款的适用范围、具体规则和重要性有所不同。

(2) 国民待遇原则只涉及其他成员方的产品、服务或服务提供者及知识产权所有者和持有者在进口成员方境内所享有的待遇。

(3) 国民待遇定义中"不低于"一词的含义是指其他成员方的产品、服务或服务提供者及知识产权所有者和持有者应与进口成员方同类产品、相同服务或服务提供者及知识产权所有者和持有者享有同等待遇，若进口成员方给予前者更高的待遇，并不违背国民待遇原则。

【国际贸易博览 8-2】

所谓"对等"开放不符合世界贸易组织非歧视原则

在世界贸易组织中，互惠互利原则与非歧视原则(包括最惠国待遇原则与国民待遇原则)紧密相连。《马拉喀什建立世界贸易组织协议》及 1994 年《关税与贸易总协定》的序言中提到互惠互利安排，后面紧跟的是"实质性削减关税和其他贸易壁垒，消除国际贸易关系中的歧视待遇"，核心是要向所有世界贸易组织成员提供最惠国待遇，不能随意在世界贸易组织成员之间构成歧视。但在实践中，互惠互利原则常常遭到误读或滥用，在很多场合并非总是和最惠国待遇相容，成为歧视待遇的掩护。

2018 年 2 月 12 日，美国首次提出考虑征收对等税，对进入美国的某国某类产品征收该国进口美国同类产品时所征收的同等关税。显然，这种同类对等的做法实际上是将互惠原则曲解成为针对单一产品的下移和绝对对等。世界贸易组织所讲的"互惠"和美国所讲的"对等"虽然在英文上是同一个词，却具有不同含义。如果全面实施对等税，将使美国针对来源于不同国家的同一产品征收不同关税，这与最惠国待遇原则相背离。如果仅仅针对少数高税率国家征收对等税，意味着美国不会给予这些国家最惠国待遇。

(资料来源：国务院新闻办公室，《关于中美经贸摩擦的事实与中方立场》，2018 年 9 月 24 日)

4. 贸易自由化原则

世界贸易组织倡导并致力于推动贸易自由化，要求成员方尽可能地取消不必要的贸易障碍，开放市场，为货物和服务在国际间的流动提供便利。贸易自由化是指通过多边贸易谈判，实质性削减关税和减少其他贸易壁垒，扩大成员方之间的货物和服务贸易。开放市场可以带来好处，但同时也需要进行调整。世界贸易组织允许各国通过"渐进的自由化"，循序渐进地进行改变。发展中国家通常被允许用更长的时间履行义务。

1) 贸易自由化原则的基本要点

贸易自由化原则的基本要点如下：

(1) 以共同规则为基础。成员方根据世界贸易组织的协议，有规则地实行贸易自由化。

(2) 以多边谈判为手段。成员方通过参加多边贸易谈判,并根据在谈判中作出的承诺,逐步推进贸易自由化。贸易自由化在货物贸易方面体现为逐步削减关税和减少非关税贸易壁垒,在服务贸易方面则更多地体现为不断增加开放的服务部门,减少对服务提供方式的限制。

(3) 以争端解决机制为保障。世界贸易组织的争端解决机制具有强制性。如某成员被诉违反承诺,并经争端解决机制裁决败诉,该成员方就应执行有关裁决,否则世界贸易组织可以授权申诉方采取贸易保护措施。

(4) 以贸易救济措施为"安全阀"。成员方可以通过援引有关例外条款或采取保障措施等贸易救济措施,消除或减轻贸易自由化带来的负面影响。

(5) 以过渡期方式体现差别待遇。世界贸易组织承认不同成员之间经济发展水平的差异,通常允许发展中成员履行义务有更长的过渡期。

2) 贸易自由化的主要表现

贸易自由化主要表现在以下几点:

(1) 削减关税。关税透明度高,易衡量,但对进出口商品价格有直接影响。高关税是制约货物在国际间自由流动的重要壁垒,因此,世界贸易组织在允许成员方使用关税手段的同时,要求成员方逐渐下调关税水平并加以约束,以不断推动贸易自由化进程。关税约束是指成员方承诺把进口商品的关税限定在某个水平,不断提高。如一成员因实际困难需要提高关税约束水平,则须同其他成员方再行谈判。

(2) 减少非关税贸易壁垒。非关税贸易壁垒通常是指除关税以外各种限制贸易的措施。随着关税水平逐步下调,非关税贸易壁垒增多,且形式不断变化,隐蔽性强,越来越成为国际贸易发展的主要障碍。世界贸易组织针对一些可能限制贸易的措施制定了专门协议,以规范成员方的相关行为,减少非关税贸易壁垒,不断推进全球贸易自由化进程。

(3) 扩大服务贸易的市场准入。国际服务贸易的迅速发展,客观上要求各国相互开放服务领域。但各国为了保护本国服务业,对服务业的对外开放采取了诸多限制措施,包括限制服务提供者数量,限制服务交易或资产总值,限制服务业务总数或服务产出总量,限制特定服务部门或服务提供者的雇用人数,要求通过特定类型的法律实体提供服务,限制外国资本投资总额或参与比例,以及国民待遇限制等。这些限制影响服务业的公平竞争、服务质量的提高和服务领域资源的有效配置,不但对服务贸易本身,而且对货物贸易乃至世界经济发展都构成了不利影响。《服务贸易总协定》要求,成员方为其他成员方的服务产品和服务提供者提供更多的投资与经营机会,分阶段逐步开放商务、金融、电信、分销、旅游、教育、运输、医疗保险、建筑、环境、娱乐等服务领域。

5. 可预测原则

可预测原则要求成员方之间提供稳定的、可预测的贸易发展环境,这是通过成员方用减让承诺约束自己和保持贸易政策透明度来实现的。

有时,成员方承诺不提高贸易壁垒,对国际贸易的发展来说,这与成员方降低贸易壁垒一样重要,因为这种承诺给工商业提供了一个稳定的、可预测的未来发展环境,使它们能够清晰地看到未来的发展机会。稳定的、可预测的发展环境能够鼓励投资,创造就业机会,消费者能够充分享受到竞争带来的选择多样化和商品价格低廉的好处。以世界贸易组织为基础的多边贸易体制的初衷之一就是要营造一个稳定的、可预测的商业和贸易环境。

在世界贸易组织中，当各成员方同意开放其货物或服务市场时，他们就约束了各自的承诺。就货物贸易而言，这些约束构成了关税税率的上限。有时，成员方对进口产品征收的关税低于约束税率，发展中成员方经常出现这种情况，而发达成员方实际征收的税率与约束税率是趋于一致的。

一成员方可以改变其约束税率，但只能在与贸易伙伴谈判后进行。谈判可能意味着要对贸易伙伴的贸易损失作出补偿。

多边贸易体制也试图通过其他方式提高可预见性和稳定性。一个是限制使用配额和其他进口数量限制的措施。另一个是使各成员方的贸易规则尽可能公开和透明，通过贸易政策审议机制对各成员方贸易政策举行定期审议，以保持其可预见性。

6. 公平竞争原则

世界贸易组织有时被称为自由贸易组织，但这并不完全准确。多边贸易体制确实允许使用关税，在少数情况下还允许其他形式的保护。确切地说，这是一个致力于公开、公平和无扭曲竞争的规则体系。

在世界贸易组织框架下，公平竞争原则是指成员方应避免采取扭曲市场竞争的措施，纠正不公平贸易行为，在货物贸易、服务贸易和与贸易有关的知识产权领域，创造和维护公开、公平、公正的市场环境。

公平竞争原则包含以下要点：

(1) 公平竞争原则体现在货物贸易领域、服务贸易领域和与贸易有关的知识产权领域。

(2) 公平竞争原则既涉及成员方的政府行为，也涉及成员方的企业行为。

(3) 公平竞争原则要求成员方维护产品、服务或服务提供者在本国市场的公平竞争，不论他们来自本国还是来自其他任何成员方。

世界贸易组织主张公平竞争，反对采取不公平的贸易手段进行竞争，反对倾销和出口补贴等不公平的贸易做法，允许成员方采取措施来抵消倾销行为和出口补贴政策的影响。

7. 鼓励发展和经济改革原则

针对世界贸易组织成员大多数是发展中国家的现实以及经济转型国家已加入世界贸易组织或正在申请加入世界贸易组织的状况，为了鼓励这些国家发展和进行经济改革，世界贸易组织在负责实施、管理的贸易协定和协议中对发展中国家和经济转型的国家都提出了一些鼓励措施。

世界贸易组织不但保留了 1947 年《关税与贸易总协定》对发展中缔约方予以照顾的原则，而且充实和丰富了原则的内容。

(1) 允许发展中成员方用较长的时间履行义务，或有较长的过渡期。例如，在农产品关税削减上，发达国家在 6 年内使关税降低 36%，而发展中国家在 10 年内使关税降低 24%，最不发达国家免除降税义务；在《与贸易有关的投资措施协议》中有一项对外资企业不可采用“当地成分”“外汇平衡”措施的规定，要求发达国家在两年内取消，发展中国家则可有 5 年过渡期，最不发达国家有 7 年过渡期。

(2) 允许发展中成员方在履行义务时有较大的灵活性。例如《农业协定》规定，原则上取消并禁止进口数量限制，但在特定条件下，对发展中成员给予特殊待遇，即仍可采用进口限制措施，通常可长达10年之久。

(3) 规定发达国家对发展中国家提供技术援助，以使后者得以更好地履行义务。例如，《服务贸易总协定》第4条规定发达国家要在技术获得、销售渠道、信息沟通等方面帮助发展中国家，并主动向发展中国家更多地开放自己的服务市场。又如，《与贸易有关的知识产权协定》第67条规定，发达国家向发展中国家提供财政和技术援助，帮助后者有效地履行知识产权协定。

8.3.2 世界贸易组织的规则

世界贸易组织的原则通过世界贸易组织负责实施、管理的贸易协定与协议转化为具体的货物贸易规则、服务贸易规则和与贸易有关的知识产权规则，使世界贸易组织的原则更加具体化，以便于实施和操作。从涉及领域划分，世界贸易组织的规则包括三大领域，即货物贸易规则、服务贸易规则和与贸易有关的知识产权规则。

1. 货物贸易规则

现在《关税与贸易总协定》作为国际组织已经不存在，但是《关税与贸易总协定》作为协议仍然存在。原来的《关税与贸易总协定》文本被称为1947年《关税与贸易总协定》。而新文本被称为1994年《关税与贸易总协定》，它成为《建立世界贸易组织协定》的组成部分，以多边货物贸易协定的形式纳入附件。1994年《关税与贸易总协定》是适用于货物贸易的多边协定，是其他多边货物贸易协定的法律与原则基础。

1994年《关税与贸易总协定》确定了货物贸易的框架规则，货物贸易具体规则体现在各个具体的贸易协议上。在货物贸易领域，具体的货物贸易协议有《农业协定》《纺织品与服装协定》《实施卫生与动植物检疫措施协定》《海关估价协议》《装运前检验协议》《技术性贸易壁垒协议》《进口许可程序协议》《原产地规则协议》《与贸易有关的投资措施协议》《反倾销协议》《补贴与反补贴措施协议》《保障措施协议》等。

2. 服务贸易规则

与货物贸易规则相比，服务贸易规则不仅在整体框架方面，而且在某些具体内容上都具有相似之处。首先，作为服务贸易规则的核心是《服务贸易总协定》(GATS)，它以货物贸易规则的基础——1994年《关税与贸易总协定》为范本，确定了服务贸易领域适用的若干基本原则。其次，与货物贸易的若干具体规则相对应，服务贸易领域也将订立若干基本规则，这些规则有的已经作为《服务贸易总协定》的附件与《服务贸易总协定》一同生效，有的在乌拉圭回合谈判之后通过各个成员的努力也形成了具体的协议，还有些内容有待以后继续谈判。

但是，由于服务贸易是世界贸易组织管辖的一个新的领域，其本身具有特殊性，有许多规则必然与货物贸易不同。有关服务贸易的若干具体协议目前也只能以签字生效的形式存在，而不像货物贸易的若干具体协议那样，是作为一揽子协议的一部分，对全体成员生效。与货物贸易规则相比，服务贸易规则还处于相对不完善、不稳定的状态。

3. 与贸易有关的知识产权规则

乌拉圭回合谈判达成的《与贸易有关的知识产权协定》(TRIPs协定)将与贸易有关的

知识产权纳入了世界贸易组织的管辖范围。与 GATT 和 GATS 一样，TRIPs 协定一开始就规定了基本原则。同其他两个协定一样，非歧视性是 TRIPs 最显著的特点，即最惠待遇原则和国民待遇原则。国民待遇原则也是世界贸易组织之外其他知识产权协定的主要原则。TRIPs 协定的规则覆盖了以下知识产权的类型：版权及相关权利、商标(包括服务商标)、地理标识、工业设计、专利、集成电路布图设计、未公开的信息(包括商业秘密)。对不同类型的知识产权，TRIPs 协定规定了不同的保护方法，目的是保证对所有成员方都有足够的保护。

8.4　世界贸易组织的主要协议与协定

8.4.1　《农业协议》

《农业协议》(Agreement on Agriculture)是乌拉圭回合谈判一揽子协议中最重要的自由化协议之一，是世界贸易组织管辖的一项多边贸易协议。《农业协议》的宗旨是建立一个公正的以市场导向为目标的农产品贸易，通过在国内支持和保护方面的承诺谈判来建立起强有力的、在操作上更为有效的规则，以此推动农产品贸易体制改革工作，从根本上逐步实现减少现存的农业补贴额和保护，最终纠正和防止世界农产品市场中存在的种种限制和扭曲现象，逐步实现农产品贸易自由化。

1.《农业协议》产生的背景

农业是容易引起政治和社会问题的领域。考虑到农业领域的特殊性，各国在农业领域中实施了农产品保护政策。农产品贸易作为一个特殊领域，从《关税与贸易总协定》生效到乌拉圭回合谈判生效的 30 多年时间里，一直游离于《关税与贸易总协定》规则的有效约束之外，成为贸易保护最严重的部门。为了实现农产品贸易的自由化，《关税与贸易总协定》做了大量工作。1964—1967 年的肯尼迪回合谈判，曾把农产品确定为重要议题，但美国、欧共体等农产品贸易大国持有异议，美国提出大幅度削减农产品的进口关税，并要求取消进口数量限制，但遭到欧共体的拒绝，因而该轮谈判未能就抑制农业保护主义取得实质性的成果。1973—1979 年的东京回合谈判，再次把农产品确定为重要议题，同样因为美、欧的冲突，最后就牛肉和奶制品签订了两个协定，农产品贸易自由化进展甚微。在肯尼迪回合谈判及东京回合谈判中，美国及凯恩斯集团强烈要求农产品贸易的自由化，以及削减和废除对贸易有影响的农业补贴。由于美国和欧共体的对立，农产品问题的谈判未能获得满意的结果。

1980 年乌拉圭回合谈判开始时，农业贸易问题被确定为本轮谈判的中心议题。农业谈判主要在三大利益集团之间展开，即美国、欧共体和凯恩斯集团。大幅度削减农业生产补贴和出口补贴对美国极为有利，而有可能使欧共体处于明显的竞争劣势和导致严重的社会问题；同时，美、欧的出口补贴大战和对本国农产品市场的保护使凯恩斯集团出口损失惨重。这样，三方利益尖锐对立，导致农产品贸易谈判面临巨大困难，一直在希望与失望的反复中艰难进行。在审议各种提议和意见的谈判初期似乎一切都有希望，但随着向实质性问题的接近，分歧便逐渐尖锐化。乌拉圭回合谈判原计划用 4 年的时间完成各项议题的谈判任务，然而由于农产品贸易谈判不时地充满火药味，谈判代表们多次闹得不欢而散，使谈判几乎濒临破裂的边缘。经过多次艰苦的谈判，美、欧双方终于作出让步，于 1992 年 11 月 20 日达成了《布莱尔大厦协定》，并在此基础上，谈判各方终于在 1993 年 12 月 15 日签署了《乌拉圭回合农业协议》(The Uruguay Round Agreement on Agriculture，简称《农业协议》)。《农业协议》从 1995 年 1 月 1 日开始生效，发达国家的承诺应在 2000 年年底前(即在 6 年内)完成，发展中国家的承诺在 2004 年年底前(即在 10 年内)完成。

2.《农业协议》的主要内容

《农业协议》主要涉及市场准入、国内支持、出口补贴及动植物卫生检疫措施 4 个方面的内容。

1) 市场准入

市场准入(market access)简单地说就是指一个国家允许进口的商品数量。关于市场准入的规定主要包括关税减让、关税税制的简化、关税配额及其管理和特殊保障条款等方面。不同种类的关税壁垒和非关税壁垒可以被用来限制一国进口国外产品的数量，从而降低了一国的市场准入水平。由于许多国家有关税壁垒及名目繁多的非关税壁垒来限制他国农产品进入其国内市场，导致了世界农产品贸易的不公平竞争，妨碍了农产品贸易自由化的实现。为此，《农业协议》针对农产品市场准入方面作出如下规定：

(1) 明确禁止各成员方对农产品贸易实施非关税壁垒，关税是唯一符合协议要求的手段。

(2) 要求基本上所有的普通关税都应为约束性关税，即任何时期的最高关税税率都是固定的、约束性的。

(3) 各成员方的约束性关税在实施期内必须以承诺的比率降低。

(4) 各成员方必须维持现行的市场准入机会，针对以前没有市场准入机会的农产品，必须保证最低市场准入。

最低市场准入是指各成员方对一些过去应高度限制或少量甚至禁止进口的农产品作出的最低市场准入机会的承诺。《农业协议》规定，对于关税化产品，要以关税配额的形式承诺最低市场准入机会(mininum access opportunity)或现行市场准入机会(current access opportunity)。

最低市场准入机会用于在基期(1986—1988 年)内的进口量不足国内平均消费量 5%的关税化产品。此类产品在《农业协议》生效时的最低市场准入机会应为基期国内平均消费量的 3%，并在 6 年内增至 5%。在此比例下的进口适用较低的关税，超出此比例的进口则适用较高的关税。

现行市场准入机会用于在基期(1986—1988 年)内的进口量超过国内平均消费量 5%的关税化产品。对于此类产品，《农业协议》要求成员方维持或增加已经存在的市场准入机会。在增加现行市场准入机会时，增加部分应以最惠国方式分配。

2) 国内支持

国内支持(domestic support)是指成员采取的以农业和农产品生产者为扶持资助对象，扩大国内农产品生产或扭曲国际市场农产品贸易的各种保护和支持的财政支出政策和措施。从本质上讲，国内支持是政府向国内生产者提供的补贴。这种支持国内价格或借其他方式补贴生产的政策鼓励了过量生产，进而排挤了进口产品，或导致出口补贴和在国际市场上以低价倾销。世界贸易组织按照补贴对生产和贸易立场的不同而划分为不同类型，并将这些分类的国内支持政策形象地称为“绿箱”政策、“黄箱”政策和“蓝箱”政策。

（1）“绿箱”政策是指对生产和贸易没有影响或者影响非常微弱的政策。《农业协议》既不要求削减，也不限制将来扩大和强化使用政策。《农业协议》在《政府服务计划》的附件中列举了很多形式的绿箱政策，例如：在农业研究、病虫害控制、基础设施及粮食的安全、特定产品的检验分级、营销和促销活动等方面的开支；不刺激生产的对农民的直接支付，如某种形式的直接收入支持；政府参与的收入保险和社会安全网计划；救济自然灾害的开支；帮助农民进行农业结构调整的援助；环保计划下的开支；区域援助下的开支；等等。

（2）“黄箱”政策是指有利于农业生产者，而又不能被证明满足于《农业协议》中《政府服务计划》附件中的标准、被认为刺激国内农产品生产或扭曲国际市场农产品贸易的国内支持政策，这些政策在过渡期内可以继续实行，但过渡期后要取消，如价格支持、营销贷款、面积补贴、牲畜数量补贴、种子肥料灌溉等投入补贴、某些有补贴的贷款计划等。“黄箱”补贴的大小通常用综合支持总量（Aggregate Measure of Support，AMS）来衡量。

（3）“蓝箱”政策是指那些虽然对生产和贸易有扭曲作用，但是以限制生产面积和产量为目的，给农民以某种直接支付的国内支持政策，是“黄箱”政策的特例，不列入需要削减的国内支持计算。

【国际贸易博览 8-3】

中国的农业支持政策改革和美国的“黄箱”补贴

在 2014—2016 年改革试点的基础上，2017 年 3 月，中国国家发展改革委、财政部印发《关于深化棉花目标价格改革的通知》，调整 2017—2019 年新疆棉花目标价格补贴方式，限定了有资格接受棉花目标价格补贴的产量，目标价格定价周期由“一年一定”调整为“三年一定”，棉花补贴政策已转型为“蓝箱”措施。

中国虽然还保留了对水稻和小麦的最低收购价政策，但近年来已连续下调最低收购价。同时，中国政府还加大了对财政支付补贴改革的力度，突出绿色生态导向。2015 年 5 月，中国财政部和农业部印发《关于调整完善农业三项补贴政策的指导意见》，将 80％的农资综合补贴存量资金，加上种粮农民直接补贴和农作物良种补贴资金，用于支持耕地地力保护；将 20％的农资综合补贴存量资金，加上种粮大户补贴试点资金和农业“三项补贴”增量资金，在近几年用于重点支持建立完善农业信贷担保体系。

美国长期对农业实施高额财政补贴政策，世界上绝大多数农业补贴政策均起源于美国。根据乌拉圭回合谈判的结果，美国可在 191 亿美元的补贴上限内对各单项产品提供“黄箱”补贴。凭借雄厚的财力和充裕的补贴空间，美国对其大量出口的农产品提供了高额补贴。这些补贴影响了世界农产品的公平竞争，多次遭到相关国家挑战，巴西与美国之间历时 12 年之久的陆地棉补贴案就是典型代表。2014 年，美国对农业补贴政策作出重大调整，以“价格损失保障计划”和“农业风险保障计划”替代原有的“反周期支付”等直接补贴计划，但仍与价格挂钩，“黄箱”补贴的性质并未变化，而支持水平却持续增加。美国农业部前首席经济学家约瑟夫·格劳勃等指出，这两种保障计划设定的参考价格均高于过去的目标价格，实际是提高了补贴支持水平。美国国会研究局的测算表明，两项保障计划在 2015 年和 2016 年的支出分别为 101 亿美元和 109 亿美元，而且 2016—2017 年度支持水平超出了

2014年新法案出台前的水平。其中，对各单项产品支持的总金额接近150亿美元，为近10年的最高水平。此外，美国还通过各类信用担保计划促进农产品出口，并通过各类非紧急粮食援助计划将大量过剩农产品转移到国外，导致了严重的商业替代，对受援国当地农产品市场造成严重干扰，侵害了其他农产品出口国的利益。

（资料来源：国务院新闻办公室，《关于中美经贸摩擦的事实与中方立场》，2018年9月24日）

3）出口补贴

出口补贴（export subsidy）被认为是最容易产生不公平竞争（贸易扭曲）的政府政策。乌拉圭回合谈判之前的各轮谈判只是成功地对工业品出口补贴进行了限制，直到乌拉圭回合谈判才在削弱农业出口补贴上取得进展，并达成了以减让基期的出口补贴为尺度，在一定的实施期内逐步削减农业出口补贴的有关协议。协议规定：减让基期为1986—1990年，从1995年开始，发达国家的实施期限为6年，发展中国家的实施期限为10年。《农业协议》规定，农产品加工业的出口补贴只需削减预算开支。出口补贴减让方式有两种，即数量减让和价值减让。数量减让以1986—1990年的平均水平为尺度，在实施期结束时，发达国家将有补贴的农产品出口数量减少21%，发展中国家减少14%。价值减让以1986—1990年的平均水平为尺度，在实施期结束时，发达国家出口补贴的支出额减少36%，发展中国家减少24%。《农业协议》规定，应控制补贴的扩大。如果在基期没有对某种农产品进行出口补贴，则禁止该国将来对该产品出口进行补贴。

4）动植物卫生检疫措施

农产品国际贸易中的环境保护和动植物卫生检疫措施是指各国或地区出于保护居民、动物和植物的生命安全和健康的需要而采取的某些限制农产品进口的措施。这类进口限制措施有其一定的合理性，但近年来在农产品贸易中存在着滥用这类措施以构筑贸易壁垒的现象。《农业协议》第14条明确规定了对农产品的进出口检疫措施适用《实施卫生与动植物检疫措施协定》。该协定的具体内容包括各成员方在实施动植物卫生检疫措施方面的权利和义务、各成员方相关措施之间的协调、透明度和对发展中国家成员方的特殊待遇等。

3. 农业协议的积极作用及局限性

1）农业协议的积极作用

农业协议的积极作用如下：

（1）《农业协议》打破了农业贸易保护主义的壁垒，抑制了贸易保护主义的倾向。针对发达国家日益加剧的贸易保护主义措施，《农业协议》提出了自由贸易的发展方针，并为此在协议中规定，取缔一切非关税壁垒，实行关税化，同时逐步降低关税水平，还规定逐步削减不利于贸易发展的农业补贴和内部支持，从而抑制了贸易保护主义的发展倾向，有利于各国农产品自由进入市场，展开公平的市场竞争，并使交易价格能够较好地反映市场供求关系，防止贸易扭曲现象的继续。

（2）《农业协议》提出了区别对待的原则，对发展中国家实行一些比较优惠的执行措施。允许发展中国家在降低关税、削减农业补贴和国内支持等方面的承诺数均低于发达国家；规定发达国家自1995年起到2000年为执行期，共6年，而允许发展中国家延长到2004年，这样发展中国家就可以有比较宽裕的时间来进行政策调整，并能较好地保护其农业发展；

允许发展中国家可以例外地提供补贴，以减少农产品的销售费用和不同的国内运费，有利于加强其产品的竞争能力；《农业协议》还要求主要的捐赠国增加粮食援助承诺数，改善粮食援助的管理，提高无偿援助的比重，以协助贫穷、缺粮的发展中国家维护粮食安全。

(3)《农业协议》确立了环境保护和动植物卫生检疫措施行为规范，如非歧视性、国际标准性和透明度等，以免因滥用这些措施而构筑贸易壁垒，使农业保护的透明度增加，使农产品贸易的安全性和可预见性有所提高。

(4)《农业协议》建立了一个有效的农产品贸易争端解决程序，增强了国际农产品贸易的稳定性。《农业协议》最重要的一个特征是，它为国内农业政策建立了一套全新的、可操作的规则，而且将对保护主义的约束承诺纳入国际法中。

2) 农业协议的消极作用

农业协议的消极作用如下：

(1) 农产品关税削减水平有限，存在大量高关税。乌拉圭回合谈判关税减让承诺是以所有产品关税的简单算术平均数为基础的，使世界贸易组织成员在削减关税总体水平的同时，继续对其关切的重要产品实施高关税。因此，各国农产品关税仍保持在较高水平。一些国家虽然平均关税水平较低，但其重要产品或不具有比较优势的产品的关税很高。

(2)《农业协议》要求各国对国内支持和出口补贴的削减从支持总量的减少和涉及的政策范围来看都是相当有限的。根据各国的减让承诺，全球农业的国内综合支持总量将由基准期的 1980 亿美元减少到执行期末的 1620 亿美元，出口补贴由 213 亿美元减少到 136 亿美元，允许的国内综合支持总量(Aggregate Measure of Support，AMS)和出口补贴在削减后仍保持在较高的水平。

(3) 发展中国家与发达国家间存在严重不平衡。《农业协议》允许发达国家使用的 AMS 为 1460 亿美元，占全部 AMS 的 90%；目前，多数发达国家对农业的支持和补贴仍维持在非常高的水平，而绝大多数发展中国家对农业的支持水平很低，一些发展中国家对农业甚至是负保护；现行“绿箱”政策的设置没有充分考虑发展中国家的实际情况，一些政策因财力和执行成本过高等原因而无法为发展中国家所利用。在关税水平和关税结构方面，国家间的不平衡也十分严重，特别是新加入国家与其他国家间的差异尤为突出，如表 8-2 所示。

表 8-2　一些国家关税税率比较　　%

国　家	全部	农产品	非农产品
日本	2.1	11.1	1.2
美国	2.4	3.8	2.3
欧盟各国	3.0	7.8	2.6
澳大利亚	4.0	2.4	4.1
中国	4.4	9.7	4.0
韩国	6.9	55.4	4.0
印度尼西亚	6.8	7.8	6.7
印度	7.6	38.0	5.6

(资料来源：新华社)

8.4.2 《实施卫生与动植物检疫措施协议》

《实施卫生与动植物检疫措施协议》(Agreement on the Application of Sanitary and Phytosanitary Measure,简称《SPS 协议》)是在乌拉圭回合中达成的一项新协议,隶属世界贸易组织多边货物贸易协定项下。《SPS 协议》突出地反映了世界贸易组织各成员努力追求维护国家主权与实现开放式贸易体制利益之间的平衡。由此,该协议的目的被巧妙地概括为"维护任何政府提供其认为适当健康保护水平的主权,但确保这些权利不为保护主义目的所滥用并不产生对国际贸易的不必要的障碍"。

1. SPS 协议的产生背景

随着国际贸易的发展和贸易自由化程度的提高,各国实行动植物检疫制度对贸易的影响已越来越大,某些国家尤其是一些发达国家为了保护本国农畜产品市场,多利用非关税壁垒措施来阻止国外尤其是发展中国家农畜产品进入本国市场,其中动植物检疫就是一种隐蔽性很强的技术壁垒措施。由于 GATT 和 TBT 对动植物检疫措施约束力不够,要求不具体,为此,在乌拉圭回合谈判中,许多国家提议制定了《SPS 协议》,它对国际贸易中的动植物检疫提出了具体的、严格的要求,它是《建立世界贸易组织协定》原则渗透到动植物检疫工作中的产物。

2. SPS 协议的主要内容

1) 科学依据

各成员应确保任何动植物卫生检疫措施的实施都以科学原理为依据;没有充分科学依据的动植物卫生检疫措施则不再实施;在科学依据不充分的情况下,可临时采取某种 SPS 措施,但应在合理的期限内作出评价。

科学依据包括:有害生物的非疫区;有害生物的风险分析;检验、抽样和测试方法;有关工序和生产方法;有关生态和环境条件;有害生物传人、定居或传播条件。

以前不少国家常以行政手段制定一些动植物卫生检疫限制或禁止措施,对采取的科学依据问题考虑得不够多。但现在,如果执行的 SPS 措施被认为是没有科学依据的就不能执行了,否则可以申请仲裁。当今世界,科技日新月异,人们研究科学、发展科学的意识很强。SPS 协议紧紧抓住了这一点作为该协议的基本权利和义务,其目的是把这个紧密联系贸易的规则建立在科学基础上。

2) 国际标准

国际标准是指三大国际组织制定的国际标准、准则和建议,分别是:国际营养标准委员会关于食品安全(食品添加剂、兽药和杀虫剂残留、污染物等)的国际标准;世界动物卫生组织关于动物健康的国际标准;国际植物保护公约组织关于植物健康的国际标准。

强调各国的动植物卫生检疫措施应以国际标准、准则和建议为依据。将符合国际标准、准则和建议的 SPS 措施视为保护人类、动物和植物的生命和健康所必需的。可以实施和维持比现有国际标准、准则和建议高的标准,但需要有科学依据。

实施没有国际标准、准则和建议的 SPS 措施,或实施的 SPS 措施与国际标准、准则和建议的内容的实质上不一致时,如限制或潜在地限制了出口国的产品进口,进口国则要向出口国作出理由解释,并及早发出通知。

3) 等同对待

如果出口国对出口产品所采取的SPS措施客观上达到了进口国适当的动植物卫生检疫保护水平,进口国就应当接受这种SPS措施,即使这种措施不同于自己所采取的措施,或不同于从事同一产品贸易的其他国所采取的措施。可根据等同性的原则进行国家间的磋商并达成双边和多边协议。由于气候、原产地的不同以及有害生物和食品状况的不同,进口国总是采取同一种卫生检疫措施显然是不适宜的。

4) 有害生物风险分析

有害生物风险分析是进口国的科学专家对进口产品可能带来的有害生物的繁殖、传播、危害和经济影响作出的科学理论报告。该报告将是一个成员决定是否进口该产品的理论依据或决策依据。有害生物风险分析强调适当的动植物卫生检疫保护水平,并应考虑对贸易不利影响减少到最低程度。有害生物风险分析要考虑有关国际组织指定的风险评估技术。有害生物风险分析要考虑有害生物的传入途径、定居、传播、控制和根除的经济成本等。

5) 非疫区的概念

若检疫性有害生物在一个地区没有发生,则该地区就是非疫区。例如,地中海实蝇或非洲猪瘟在北京地区没有发生,那么北京地区就是非疫区。SPS协定将非疫区定义为"经主管单位认定,某种有害生物没有发生的地区,这可以是一个国家的全部或部分,或几个国家的全部或部分"。

确定非疫区的大小时要考虑地理、生态系统、流行病监测以及SPS措施的效果等。各国应承认非疫区的概念。出口国声明其境内某些地区是非疫区时,应提供必要的证据等。一个国家非疫区里生产的产品不会受出口检疫的限制;基于同样的道理,一个国家疫区里生产的产品将不能出口。

6) 透明度原则

各国应确保及时公布所有动植物卫生检疫法规。除紧急情况外,各国应允许在动植物卫生检疫法规公布和生效之间有合理的时间间隔,以便让出口国,尤其是发展中国家的生产商有足够的时间调整产品和生产方法,以适应进口国的要求。

为了实现透明度原则,SPS咨询点、通知机构负责对感兴趣的成员提出的所有合理问题提供答复,并提供有关文件。

不了解进口国的SPS规定,就不知道该出口什么,不该出口什么。事先及时了解了进口国的SPS规定,就会减小或避免出口的盲目性,不至于发生退货甚至货物被销毁的情况。

7) SPS措施委员会

SPS措施委员会为磋商提供了一个经常性的场所。SPS措施委员会的职能是执行SPS协定的各项规定,推动协调一致的目标实现。

SPS措施委员会的主要职责如下:

(1) 鼓励各国就特定的SPS措施问题进行不定期的磋商或谈判。

(2) 鼓励所有国采用国际标准、准则和建议。

(3) 与国际营养标准委员会、世界动物卫生组织和国际植物保护公约组织保持密切联系。

(4) 拟定一份对贸易有重大影响的动植物卫生检疫措施的国际标准、准则和建议清单。

(5) 及时协调和解决各国之间的 SPS 问题,并直接影响各国 SPS 措施的修订,把可能发展成为纠纷的 SPS 问题解决在萌芽阶段。

8.4.3 《与贸易有关的知识产权协定》

《与贸易有关的知识产权协定》(简称 TRIPs 协定)是 WTO 规则对贸易领域知识产权加以保护的专门协议。列为 TRIPs 协定保护对象的知识产权必须与贸易有关,主要包括版权和相关权利、商标权、地理标志权、工业品外观设计权、专利权、集成电路布图设计权、对未披露信息的保护权和对许可合同中限制竞争行为的控制权。随着技术的进步和人类社会的发展,人们追求更高质量的生活,必将带来全球经济贸易的进一步繁荣,同时也面临更加紧张的资源和环境约束。世界贸易组织规则中与贸易有关的知识产权的保护范围和保护质量都将发生变化,以不断适应新形势的需要。

1. TPRIs 协定的历史背景

随着人类社会的不断进步和经济、政治、文化的不断改发展,法律制度也在不断完善。知识产权制度也不例外,它是随着工业革命的到来和商品经济的出现而产生的。1623 年,英国国会通过并颁布了世界上最具现代意义的第一部专利法——《垄断法规》。该法规规定了发明专利权的主体、客体,可以取得专利的发明创造以及取得专利权的条件、专利有效期、专利被视为无效的情形等。继英国之后,美国于 1790 年、法国于 1791 年、荷兰于 1817 年、德国于 1877 年、日本于 1885 年先后颁布了自己的专利法。

随着各国商品经济的发展和国家之间贸易往来的增加,单个国家制定的知识产权法已经不能满足贸易国际化发展的要求,国际知识产权制度应运而生。1883 年 3 月,国际社会缔结了第一个多边国际知识产权条约——《保护工业产权巴黎公约》(简称《巴黎公约》)。此后,多国共同签署的知识产权条约不断增加,对国际生产和国家之间的贸易往来起到了重要作用,如 1886 年 9 月签订的《保护文学艺术作品伯尔尼公约》(简称《伯尔尼公约》),1891 年 4 月签订的《商标国际注册马德里协定》(简称《马德里协定》)和 1891 年签订的《制止商品虚假产地或者欺骗性标记马德里协定》等。

进入 20 世纪以来,特别是随着第三次工业革命的发展,国际贸易间的交往出现了新的特征,知识产权成为各国竞争的重要工具,由此,知识产权的保护显得尤为重要。为顺应时代潮流,促进国际贸易的正常发展,1967 年,51 个国家在斯德哥尔摩签订了《建立世界知识产权组织公约》,并成立了关于知识产权国际保护的政府间国际组织——世界知识产权组织(World Intellectual Property Organization, WIPO)。这一组织的成立,对国际知识产权保护的发展起到了积极的作用。然而,到了 20 世纪 80 年代,随着国际政治经济体制的演变和世界经济形势的变化,尤其是科技的突飞猛进,世界知识产权组织日益显示出其缺陷和不足。由此,TRIPs 协定应运而生。

TRIPs 协定是在以美国为首的发达国家的倡导和积极推动下建立的。在 1986 年乌拉圭回合谈判中,美国积极主张将与贸易有关的知识产权问题列入谈判议题。以美国为首的发达国家认为,WIPO 下的知识产权保护制度已不适应新技术革命对知识产权保护提出的更高要求，因此需要在《关税与贸易总协定》的体制下建立新的国际知识产权保护制度。但是这一建议遭到发展中国家的广泛抵制，理由是 WIPO 下有一套完整的知识产权国际规则和组织机构。面对这种情况，发达国家一面对发展中国家施加压力甚至威胁，一面承诺给予发展中国家多方面的贸易优惠，如在纺织业和服务业上的贸易优惠。经过一系列磋商，最终发展中国家与发达国家于 1994 年 4 月共同签订了 TRIPs 协定。该协定于 1995 年 1 月 1 日起开始生效。

2. TRIPs 协定出台的现实意义

TRIPs 协定是在经济全球化和贸易国际化的背景下产生的。在 TRIPs 协定之前，有关知识产权国际保护的国际条约主要包括《保护工业产权巴黎公约》《保护文学艺术作品伯尔尼公约》《商标国际注册马德里协定》《世界版权公约》《保护表演者录音制品录制者和广播组织罗马公约》《保护录音制品录制者防止擅自复制其录音制品日内瓦公约》《建立世界知识产权组织公约》《专利合作条约》《商标注册用商品和服务国际分类尼斯协定》《保护植物新品种国际公约》等。在世界贸易组织成立以前，这些国际条约是世界各国国内知识产权立法的重要依据，也是世界各国解决知识产权争议的主要依据。但是，这些国际条约存在两个问题。一方面，由于每个条约只规定了知识产权制度中的一个方面，例如，《保护文学艺术作品伯尔尼公约》主要是对版权的保护进行了规制，而没有对专利和商标等其他方面进行规制，而且各个条约的缔约国并不一致，例如有的国家缔结了其中的一个条约而未缔结另一个条约，这一结果必然会给发达国家推行其高标准知识产权保护措施的过程带来阻碍。另一方面，在各个条约的具体内容上，不同发展水平的国家对条约有不同的期望和理解，从而在执行国际条约上各个国家往往出现分歧。

在这种情况下，主导世界经济发展的发达国家对现有知识产权国际保护体系极为不满，发展中国家在经济产权保护国际条约的某些具体条款上与发达国家产生的矛盾必然会导致各种针对知识产权保护国际条约的纠纷，而这又体现为对知识产权保护国际条约的修改最终都无果而终。

3. TRIPs 协定的基本内容及其与其他国际公约的区别

1）版权及相关权利

版权是指文学、艺术作品或科学作品的作者或合法所有人对自己通过智力创作而产生的作品所享有的专有权利。这种权利包括禁止他人未经许可复制、发行、播放自己作品的权利。相关权利包括对计算机程序的保护，对表演者、录音制品制作者及广播组织的保护。例如，成员应授权其作者或作者的合法继承人许可或禁止将其享有版权的作品原件或复制件向公众进行商业出租；未经表演者许可，不得对其表演进行录音、传播和复制；未经广播组织者许可，不得将其广播或以无线方式传播，或以其他的方式向公众传播等。

版权的保护期限不得少 50 年；对表演者和录音的制品制作权的权利应至少保护 50 年，对广播的保护应不少于 20 年。

在版权领域，TRIPs 协定和《伯尔尼公约》的规定基本是相同的。但是，由于发达国家的要求以及科技进步，出现了新的保护对象，TRIPs 协定加强了对版权的保护力度，扩大了版权的保护范围。TRIPs 协定在版权保护对象范围中增加了计算机程序和其他资料的汇编；在规定保护期上，《伯尔尼公约》和 TRIPs 协定对版权的保护期均为作者有生之年加 50 年；摄影作品和实用艺术作品由各国的法律具体规定，但这一期限不应少于自该作品完成之日起的 25 年。在专有权方面，《伯尔尼公约》对作者享有专有权范围的规定被 TRIPs 协定吸收，但 TRIPs 协定增加了对计算机软件和电影作品的租赁权以及邻接权的保护。此外，《伯尔尼公约》要求对精神权利进行保护，而 TRIPs 协定却不保护作者的精神权利。

2）商标权

世界知识产权组织对商标的定义为：用来区别某一工业或商业企业或这种企业集团的商品的标志。这些标志包括文字、图形、字母、数字、三维标志和颜色组合以及上述内容的任何组合。

注册商标所有人享有专有权，以防止任何第三方未经许可而在贸易活动中使用与注册商标相同或近似的标记去标示相同或类似的商品或服务，以造成混淆的可能。其中驰名商标应受到特别的保护，即使将其用于不同的产品或服务，也会暗示该商品或服务与注册商标所有人存在某种联系，因而在任何情况下都不得使用他人已注册的驰名商标。商标的首期注册及各期续展注册的保护期均不得少于 7 年。商标的续展注册次数应为无限次。

TRIPs 协定的商标权与其他国际公约有以下两方面区别：

（1）保护标准。《马德里协定》没有规定商标保护的最低标准，只规定国际注册商标权的期限为 20 年，对商标续展则规定得不甚明确；而 TRIPs 协定对商标权期限仅规定了 7 年，并规定到期后可以续展。《巴黎公约》规定商标注册期限至少为 5 年，之后其他人可以请求撤销该商标；而 TRIPs 协定规定，如果权利人至少 3 年不使用注册商标，该商标才能够被撤销。

（2）保护范围。TRIPs 协定将商标的保护扩展到服务商标。TRIPs 协定确认，只要在确保商标所有人正当的利益得到考虑的条件下，即承认对商标的合理使用。TRIPs 协定禁止对商标使用的强制许可。

3）地理标志权

地理标志是指能够确定一种商品来源于一国领域或该领域内的一个地区或地方，而该商品的特定品质、声誉或其他特征又有赖于其地理来源的一种标志。世界贸易组织各成员国应提供法律措施以使利害关系人停止侵犯他人地理标志权的行为，包括误导公众对商品的真正来源产生误解。特别是对葡萄酒和烈酒地理标志，TRIPs 协定提供了更为严格的保护，各国应为利害关系人提供法律措施，防止将某一葡萄酒和烈酒专用地理标志用于标识来源于其他地方的葡萄酒和烈酒。如果专用地理标志被允许用来标示来源于不同地方的同种商品，也需要同时标出商品的真正来源地。地理标志权的保护期限不受限制。对在起源国不受保护或已停止保护的地理标志无义务保护。

TRIPs 协定有关保护原产地名称的条款规定，商标不能以虚假的地理产地进行注册。TRIPs 协定对原产地名称的保护与 WIPO《里斯本协定》对原产地名称的保护及其国际注册相似。此外，TRIPs 协定还特别规定，要求成员国对防止酒类产品的虚假地理原产地标识给予高标准的保护，应该达到使公众不产生怀疑的标准，要排除任何引起混淆的情况。

4）工业品外观设计权

工业品外观设计权指的是对独立创作的、具有新颖性或原创性的工业品外观设计提供保护。TRIPs 协定规定，受保护的工业品外观设计必须符合以下两个条件：第一，必须是独立创作的；第二，必须是新颖的或独创的。TRIPs 协定还规定，成员国可以不保护那些实质上受技术或功能因素支配的外观设计。TRIPs 协议对纺织品外观设计可能提出的要求作出了限制。成员国可选择用工业品外观设计权法或用版权法去履行该项业务。受保护的工业品外观设计所有人有权制止第三方未经许可而为商业目的制造、销售或进口带有或体现受保护设计的复制品或实质性复制品之物品。各成员国应保证符合保护纺织品外观设计权的要求，特别是对成本、检验或公布的要求。

对于工业品外观设计的上述权利，成员国可以选择工业品外观设计权法或版权法进行保护，保护期限应不少于 10 年。成员国可以规定有限的例外，但这种例外不得与受保护的工业品外观设计的正常利用冲突，且不得不合理地损害受保护的工业品外观设计所有人的合法利益。

5）专利权

专利是受法律规范保护的发明创造。专利权是指专利申请人就一项发明创造向国家审批机关提出专利申请，经依法审查合格后，向专利申请人授予的在规定的时间内对该项发明创造享有的专有权。所有技术领域内的一切发明，不论是产品还是方法，只要具有新颖性、创造性和工业实用性，即可申请获得专利。关于专利权有两种例外：

（1）成员国可将某些发明排除在可获得专利的范围之外，在其区域内制止这种发明的商业性开发，以此保护公共秩序或道德（包括保护人类、动物和植物的生命和健康或避免严重的环境损害）。但不得仅仅以该国法律禁止利用某发明为理由将该发明排除在可获专利的范围之外。

（2）成员国还可将下列发明排除在可获专利的范围之外：人类或动物疾病的诊断、治疗和手术的方法；除了微生物之外的植物、动物以及生产植物或动物的生物方法。但成员国应以适当的方式对植物新品种提供法律保护。

在符合 TRIPs 协定有关规定的条件下，专利及专利权不得因发明地点不同、技术领域不同及产品是否进口或是否本地制造而加以歧视。

TRIPs 协定规定了专利所有人的两种不同性质的权利：专利权和专利处置权。专利所有人享有的专利权因产品专利和方法专利的不同而有所不同。对于产品专利，专利所有人享有制止第三人未经其许可而制造、使用、提供、销售专利产品，以及为上述目的而进口该产品的专有权利。对于方法专利，专利所有人享有制止第三人未经其许可使用该方法以及使用、提供、销售以及至少为上述目的而进口直接用该方法获得的产品的专有权利。专利所有人的专利处置权主要包括两项：转让权和许可权。TRIPs 协定规定，专利所有人的专利处置权与 TRIPs 协定序言中提出的“知识产权是私权”的原则是一致的。

此外，专利的保护期限应不少于自提交申请之日起的 20 年年终。

TRIPs 协定的专利权与《巴黎公约》有以下区别：

（1）专利的申请。《巴黎公约》未提及专利的申请，只规定了可获得专利的标准：新颖性、进步性和工业实用性；而 TRIPs 协定不仅规定了专利标准，还规定了专利申请人以足够清晰、完整的方式披露发明，要提供有关申请人的相关外国申请和授予的信息。

（2）专利的公布和请求。关于对一项专利的公布和请求，《巴黎公约》并未提及；TRIPs

协定则采用了美国的公布和请求的模式，规定了专利的公布和请求。

(3) 权力的授予。《巴黎公约》对一项专利权的权能未作具体的规定；TRIPs 协定则对专利权人享有的权利表述为制造、使用、销售、许可销售或者进口违法专利产品或者专利方法。

(4) 保护对象。《巴黎公约》并未细化专利保护对象。TRIPs 协定将保护对象扩展到道德领域，包括保护人类、动物或者植物生命或健康或者避免严重的损害环境。TRIPs 协定允许成员国将专利保护对象扩展到对人类和动物的诊断、治疗和外科方法方面以及对植物的诊断等方面。

(5) 专利保护期和强制许可。《巴黎公约》未规定最低的专利保护期；TRIPs 协定规定该保护期为 20 年。《巴黎公约》规定，如果一项专利权不被行使，则允许非独占强制许可，即，如果专利所有人不行使其专利权，成员国政府可以许可其他人使用该项专利，而不必经专利所有人许可，也不承担侵权赔偿责任。TRIPs 协定虽然也规定了非独占强制许可的义务，但同时规定了非常有限的实施条件，强制许可被限制在有限的范围和时期内；TRIPs 协定还规定了对专利所有人的补偿，以及对这种强制许可和赔偿数额的司法复审。

6) 集成电路布图设计权

集成电路是指采用半导体制作工艺，在一块较小的单晶硅片上制作许多晶体管及电阻器、电容器等元器件，并按照多层布线或隧道布线的方法将元器件组合而成的完整的电子电路。集成电路布图设计则是指集成电路中至少有一个是有源元件的两个以上原件和部分或者全部连接线路的三维配置，或者为制造集成电路而准备的上述三维配置。

依照《集成电路知识产权条约》，各成员国把以下活动视为非法：为商业目的的进口、销售或以其他方式发行被保护的布图设计；为商业目的进口、销售或以其他方式发行含有受保护布图设计的集成电路；以商业目的的进口、销售或以其他方式发行含有上述集成电路的物品(仅以其持续包含非法复制的布图设计为限)。成员国可将集成电路布图设计权的保护期规定为布图设计创作完成起 15 年。

7) 对未披露信息的保护权

所谓“未披露的信息”，在 TRIPs 协定中明确规定必须满足以下 3 个条件：

(1) 该信息属于秘密，即该信息作为整体或作为其中内容的确切组合，并非通常从事有关该信息工作之领域的人们所普遍了解或容易获得的。

(2) 因其属于秘密而具有商业价值。

(3) 合法控制该信息之人为了保密已经根据有关情况采取了合理措施。

凡未经信息合法所有者许可而披露、获得或使用该信息的人构成违背诚实商业行为，且这一行为方式应至少包括诸如违约、泄密及诱使他人泄密的行为。此外，除非出于保护公众的需要，或除非已采取措施保证对该信息的保护、防止不正当的商业使用，成员国均应保护该信息以防其被泄露。

《世界知识产权公约》未规定对商业秘密进行保护。而 TRIPs 协定规定对未披露的信息进行保护。TRIPs 协定还要求在化学、医药产品领域保护商业秘密。当然，这些化学和制药产品都要得到政府的批准。

与知识产权有关的某些妨碍竞争的许可证贸易活动或条件可能对贸易具有消极影响，

并可能阻碍技术的转让与传播。成员国可在与 TRIPs 协定的其他规定一致的前提下，顾及该成员国的有关法律及条例，采取适当措施防止或控制这类活动。这类活动包括诸如独占性返授条件、禁止对有关知识产权的有效性提出异议的条件或强迫性的一揽子许可证。

【国际贸易博览 8-4】

中国法院依法审理涉外知识产权案例

世界知识产权组织 2018 年 7 月发布的“2018 全球创新指数”排名中，中国由 2016 年的第 22 名升至第 17 名。2017 年，中国专利申请有 369.8 万件，授予专利权 183.6 万件；发明专利申请量达 138.2 万件，同比增长 14.2%，连续 7 年居世界首位；根据世界知识产权组织公布的数字，2017 年中国通过《专利合作条约》途径提交的国际专利申请量达 4.9 万件，仅次于美国。有 10 家中国企业进入企业国际专利申请量前 50 位。

中国在保护知识产权上的态度是明确而坚定的，在立法、执法和司法层面不断强化保护，取得了明显成效。中国美国商会所做的年度商务环境调查显示，其会员企业在华运营的主要挑战中，知识产权侵权行为已由 2011 年的第 7 位降低到 2018 年的第 12 位。

中国建立并不断完善知识产权法律体系，法律保护力度不断提高。中国在较短时间内建立起一套完备且高标准的知识产权法律体系，走过了发达国家通常几十年甚至上百年才完成的立法路程。目前已经建立了从法律、规划、政策到执行机构等知识产权保护、运用和管理的完整体系。世界知识产权组织前总干事阿帕德·鲍格胥博士曾评价称：“这在知识产权发展史上是独一无二的”。2013 年，中国修订了《商标法》，增加了惩罚性赔偿制度，将法定赔偿限额从 50 万元提高至 300 万元，保护力度大幅度提高。自 2014 年启动的《专利法》第 4 次全面修改工作提出了加强专利权保护的相关建议措施，包括加大对侵权行为的惩罚力度、完善证据规则、完善行政保护措施、加强网络环境下专利保护等。2017 年，中国修订《反不正当竞争法》，进一步完善了商业秘密的保护，明确了市场混淆行为，拓宽了对标识的保护范围，同时强化了对有关违法行为的法律责任。2017 年 10 月 1 日，《中华人民共和国民法总则》施行，该法律规定民事主体依法享有知识产权，并明确规定商业秘密属于知识产权，加强了对商业秘密的保护。

中国加强了知识产权司法保护，充分发挥了司法保护的主导作用。2014 年，中国在北京、上海、广州设立了专门的知识产权法院，跨区域管辖专利等知识产权案件。自 2009 年以来，中国共设立了天津、南京、苏州、武汉、西安等 16 个知识产权法庭，有效提升了知识产权专业化审判水平。2013 年至 2017 年，中国法院共新收各类知识产权案件 813 564 件，审结 781 257 件。2017 年，中国法院共新收一审知识产权案件 213 480 件，结案 202 970 件，分别比上年增加 46%和 43%。中国已经成为世界上审理知识产权案件尤其是专利案件最多的国家。

中国依法平等保护中外当事人合法权益。2016 年，中国法院共审结涉外知识产权民事一审案件 1667 件，同比上升 25.6%。中国处理涉外知识产权案件的审理周期是全世界最短的之一，北京知识产权法庭平均为 4 个月。由于司法程序快捷，目前中国法院已被国际上视为知识产权诉讼较为可取的诉讼地，北京知识产权法院受理的案件中有相当一部分双方当事人都是外国人。

例如，中国法院依法公开开庭审理了“乔丹”商标争议行政纠纷系列案件、“迪奥”立体商标行政纠纷案等一批重大、疑难、新类型案件，邀请了包括世界知识产权官员、有关国家驻华使节等到最高人民法院旁听庭审，表明了中国法院坚持开放透明，坚持平等保护中外权利人合法权益，坚定不移加强知识产权司法保护，维护激励创新和公平竞争市场环境的鲜明态度。

2013 年，上海市中级人民法院审理了美国礼来公司、礼来（中国）研发公司诉黄孟炜侵害技术秘密纠纷案，依法作出诉中行为保全裁定（诉中禁令），判令被告立即停止侵权行为，并在生效判决中认定被告构成商业秘密侵权行为，承担法律责任。

（资料来源：国务院新闻办公室，《关于中美经贸摩擦的事实与中方立场》，2018 年 9 月 24 日）

8.5 中国与世界贸易组织

8.5.1 中国恢复《关税与贸易总协定》缔约方地位以及加入世界贸易组织

1986 年 7 月，改革开放取得一定成就之后，中国正式提出恢复在《关税与贸易总协定》中的合法席位的要求，并开始了漫长的“复关”谈判。中国在谈判中有 3 项要求：中国是恢复《关税与贸易总协定》缔约方地位，而不是加入或重新加入；中国以关税减让方式为承诺条件，而不是以承担具体进口增长义务为条件恢复缔约方地位；中国是一个低收入的发展中国家，以发展中国家缔约方身份恢复并享受与其他发展中国家缔约方相同的待遇，承担与中国经济贸易发展水平相适应的义务。中国于 1987 年 3 月成立《关税与贸易总协定》中国工作组，并于当年 10 月召开了第一次会议。从 1987 年到 1995 年世界贸易组织建立，《关税与贸易总协定》中国工作组共举行过 20 次会议，但终因与《关税与贸易总协定》成员国（主要是美国和欧盟）的双边谈判未完成而没有恢复在《关税与贸易总协定》中的席位，也没有成为世界贸易组织的创始成员国。

1995 年世界贸易组织成立后，《关税与贸易总协定》中国工作组变成了世界贸易组织中国工作组，陆续召开了 18 次会议。经过多年努力，中国分别在 1999 年 11 月 15 日和 2000 年 3 月 19 日与美国和欧盟签署了关于中国加入世界贸易组织的双边协议。世界贸易组织中国工作组在 2001 年 9 月 17 日批准了所有法律文件。11 月 9—13 日于卡塔尔首都多哈举行的世界贸易组织第四届部长级会议就中国加入世界贸易组织进行表决，获得通过。2001 年 11 月 11 日，中国政府正式签订了《中国加入世界贸易组织协定书》，这标志着中国正式加入世界贸易组织。2001 年 12 月 11 日，中国正式成为世界贸易组织的第 143 个成员国，而这次“复关”和“入世”历时 15 年。

8.5.2 中国加入世界贸易组织后的权利及义务

1. 中国加入世界贸易组织后的权利

根据中国加入世界贸易组织的法律文件，中国加入世界贸易组织后的基本权利如下：

（1）全面参与多边贸易体制。加入世界贸易组织前，中国作为观察员参与多边贸易体制所能发挥的作用受到诸多限制；加入世界贸易组织后，中国将充分享受正式成员的权利，其中包括：全面参与世界贸易组织各理事会和委员会的所有正式和非正式会议，维护中国的经济利益；全面参与贸易政策审议，对美国、欧盟、日本、加拿大等重要贸易伙伴的贸易政策进行质询和监督，敦促世界贸易组织其他成员履行多边义务；在世界贸易组织其他成员对中国采取反倾销、反补贴和保障措施时，可以在多边框架体系下进行双边磋商，增加解决问题的渠道；充分利用世界贸易组织争端解决机制解决双边贸易争端，避免某些双边贸易机制对中国的不利影响；全面参与新一轮多边贸易谈判，参与制定多边贸易规则，维护中国的经济利益；对于现在或将来与中国有重要贸易关系的申请加入方，将要求与其进行双边谈判，并通过多边谈判解决一些双边贸易中的问题，包括促使其取消对中国产品实施的不符合世界贸易组织规则的贸易限制措施、扩大中国出口产品和服务的市场准入机会和创造更为优惠的投资环境等，从而为中国产品和服务扩大出口创造更多的机会。

(2) 享受非歧视待遇。中国加入世界贸易组织后，将充分享受多边无条件的最惠国待遇和国民待遇，即非歧视待遇。现行双边贸易中受到的一些不公正的待遇将会被取消或逐步取消。

(3) 享受发展中国家成员的大多数优惠待遇或过渡期安排。

(4) 享受世界贸易组织其他成员开放市场和扩大货物、服务的市场准入程度的利益。

(5) 利用世界贸易组织争端解决机制，公平、客观、合理地解决与其他国家的经贸纠纷，营造良好的经贸发展环境。

2. 中国加入世界贸易组织后的义务

中国加入世界贸易组织后承担的基本义务如下：

(1) 遵守非歧视性原则，给予外国商品、服务以最惠国待遇和国民待遇。

(2) 扩大货物、服务的市场准入程度。降低关税，规范非关税措施，逐步扩大服务贸易市场开放程度。

(3) 统一实施贸易政策。承诺在整个中国境内，包括民族自治地方、经济特区、沿海开放城市以及经济技术开发区等统一实施贸易政策。

(4) 确保贸易政策透明度。承诺公布所有涉外经贸法律和部门规章，未经公布的不予执行。

(5) 根据《与贸易有关的知识产权协定》，进一步规范知识产权保护。

(6) 接受过渡期审议。

8.5.3　中国加入世界贸易组织的法律文件

中国加入世界贸易组织的法律文件包括《马拉喀什建立世界贸易组织协定》《中华人民共和国加入议定书》及其附件《中国加入工作组报告书》。

议定书是确定申请加入方的权利与义务关系的法律文件，工作组报告书则是对整个加入谈判情况的记录和说明(也包括部分承诺)。工作组报告书在结构上与议定书有一定的差异，但作为谈判过程的记录和对议定书有关条款的进一步细化和说明，与议定书具有内在的统一性，具有与议定书同等的法律效力。此外，作为世界贸易组织成员，中国的权利与义务不仅包括在议定书和工作组报告书当中，也全面体现在世界贸易组织现行的各项协定与协议中。

【国际贸易博览 8-5】

《中国的对外贸易》白皮书

国务院新闻办公室2011年12月7日发布的《中国的对外贸易》白皮书指出，截至2010年，中国加入世界贸易组织的所有承诺全部履行完毕。

改革开放以来，中国顺应经济全球化趋势，不断扩大对外开放，在平等互利的基础上积极同世界各国开展经贸合作。经过多年发展，对外贸易成为中国经济最为活跃、增长最快的部分之一，中国也成为跻身世界前列的贸易大国。中国对外贸易的发展，将中国与世界更加紧密地联系起来，有力推动了中国的现代化建设，也促进了世界的繁荣与进步。

2001年12月11日，历经16年谈判，中国成为世界贸易组织第143个成员。根据加入世界贸易组织的承诺，中国扩大了在工业、农业、服务业等领域的对外开放，加快推进贸易自由化和贸易投资便利化。在履行承诺过程中，中国深化外贸体制改革，完善外贸法律法规体系，减少贸易壁垒和行政干预，理顺政府在外贸管理中的职责，促进政府行为更加公开、公正和透明，推动开放型经济进入一个新的发展阶段。

——加快对外经济贸易法制化建设。加入世界贸易组织后，中国集中清理了2300多部法律法规和部门规章。对其中不符合世界贸易组织规则和中国加入世界贸易组织承诺的，分别予以废止或修订。新修订的法律法规减少和规范了行政许可程序，建立健全了贸易促进、贸易救济法律体系。根据世界贸易组织《与贸易有关的知识产权协定》，中国对与知识产权相关的法律法规和司法解释进行了修改，基本形成了体系完整、符合中国国情、与国际惯例接轨的保护知识产权法律法规体系。

——进一步降低关税，削减非关税措施。在加入世界贸易组织过渡期，中国进口商品关税总水平从2001年的15.3%逐步降低到2005年的9.9%。到2005年1月，中国绝大多数关税削减承诺执行完毕。根据承诺，中国自2005年1月起全部取消对424个税号产品的进口配额、进口许可证和特定招标等非关税措施，仅仅保留了依据国际公约以及在世界贸易组织规则下为保证生命安全、保护环境实施进口管制产品的许可证管理。2010年，中国关税总水平已经降至9.8%，其中农产品平均税率降至15.2%，工业品平均税率降至8.9%。关税约束率自2005年起一直维持在100%。

——全面放开外贸经营权。根据2004年新修订的《中华人民共和国对外贸易法》，自2004年7月起，中国政府对企业的外贸经营权由审批制改为备案登记制，所有对外贸易经营者均可以依法从事对外贸易。取消外贸经营权审批促进了国有企业、外商投资企业和民营企业多元化外贸经营格局的形成。在国有企业和外商投资企业进出口持续增长的同时，民营企业对外贸易发展迅速，进出口市场份额持续扩大，成为对外贸易的重要经营主体。2010年，国有企业、外商投资企业和民营企业进出口分别占中国进出口总额的20.9%、53.8%和25.3%。

——进一步扩大服务市场开放。中国认真履行加入世界贸易组织的承诺，为境外服务商提供了包括金融、电信、建筑、分销、物流、旅游、教育等在内的广泛的市场准入机会。在世界贸易组织服务贸易分类的160个分部门中，中国开放了100个，开放范围已经接近发达国家的平均水平。2010年，中国服务业新设立外商投资企业13 905家，实际利用外资487

亿美元，占全国非金融领域新设立外商投资企业和实际利用外资的比重分别为50.7%和46.1%。

——营造更为公平的市场竞争环境。中国通过建立、完善公平贸易法律制度和执法、监督机制，遏制与打击对外贸易经营中的侵权、倾销、走私、扰乱市场秩序等不公平贸易行为，努力为境内外企业提供一个宽松、公平、稳定的市场环境。中国政府依据国内法律和国际贸易规则，加强预警监测，同时利用贸易救济和反垄断调查等措施，对贸易伙伴的不公平贸易行为予以纠正，维护国内产业和企业的合法权益。在应对国际金融危机过程中，中国与国际社会一起坚决反对任何形式的贸易保护主义，严格遵守世界贸易组织相关规定，在实施经济刺激计划时平等地对待境内外产品，促进了境内外企业的公平竞争。

截至2010年，中国加入世界贸易组织的所有承诺全部履行完毕。中国认真履行承诺的实际行动得到世界贸易组织大多数成员的肯定。2006年、2008年和2010年，中国政府接受了世界贸易组织的3次贸易政策审议。世界贸易组织所倡导的非歧视、透明度、公平竞争等基本原则已经融入中国的法律法规和有关制度。市场意识、开放意识、公平竞争意识、法治精神和知识产权观念等在中国更加深入人心，推动了中国经济进一步开放和市场经济体制进一步完善。

中国对外贸易的发展不仅推动了中国经济的现代化和综合国力的提升，提高了13亿多中国人民的生活水平，也使中国经济成为世界经济的一部分，促进了经济全球化向有利于世界各国和地区共同繁荣的方向发展。

中国对外贸易的发展为贸易伙伴提供了广阔市场。2001年以来，中国货物进口总额扩大了约5倍，年均增长约20%，中国迅速扩张的进口已成为世界经济增长的重要推动力，为贸易伙伴扩大出口创造了巨大市场空间。目前中国已经是日本、韩国、澳大利亚、东盟、巴西、南非等国家第一大出口市场，是欧盟的第二大出口市场，是美国和印度的第三大出口市场。中国工业化、城镇化正在快速推进，内需持续增长，不断扩大和开放的市场将为贸易伙伴提供越来越多的发展机会。

中国是对最不发达国家开放市场程度最大的发展中国家之一。截至2010年7月，中国已经对36个已建交最不发达国家原产的4700多个税目商品实施进口零关税，约占全部税则税目的60%。中国已承诺将继续扩大对已建交最不发达国家的给惠范围，使实施零关税商品达到全部税则税目的97%。零关税措施促进了最不发达国家对中国的出口。自2008年以来，中国一直是最不发达国家第一大出口市场。2010年，中国自最不发达国家的货物进口总额比上年增长58%，约占这些国家出口总额的四分之一。

中国全面参与并推动了全球经济治理机制的改革。中国政府积极倡导以“均衡、普惠、共赢”作为多边贸易体制改革的目标，努力推动建立公平、公正的国际经济贸易新秩序。作为迅速成长的发展中大国，中国积极参与了二十国集团领导人峰会、金砖国家领导人会晤、多哈回合谈判等国际对话和合作机制，努力承担与自身发展水平及国力相适应的国际责任。中国不断加强与新兴国家在经济、金融、贸易和投资等领域的合作，促进国际经济秩序朝着公正、合理、共赢的方向发展。

中国严格履行有关出口管制的国际义务。中国一贯主张全面禁止和彻底销毁一切大规模杀伤性武器，坚决反对此类武器及其运载工具的扩散。中国有关法律明确规定对裂变、聚变物质或者衍生此类物质的货物、技术进出口，以及与武器、弹药或者其他军用物资有关的进出口采取必要的限制措施。中国认真遵守有关出口管制的国际公约，履行防扩散承诺，为国际和平与地区稳定作出了积极努力。近年来，中国政府广泛采纳国际通行规范和做法，形成了一整套涵盖核、生物、化学和导弹等敏感物项和技术的完备的出口管制体系，为更好地实现防扩散目标提供了法律依据和制度保障。

（资料来源：国务院新闻办公室，《中国的对外贸易》白皮书，2011 年 12 月 7 日）

复习思考题

1.《关税与贸易总协定》通过 8 轮谈判成功地降低了各成员国货物贸易中的关税与非关税壁垒，为什么还要成立世界贸易组织？

2. 简述世界贸易组织的职能。

3. 试分析世界贸易组织争端解决机制的特点和作用。

4. 简述世界贸易组织的基本原则。

5. 简述最惠国待遇和国民待遇原则，阐述它们在世界贸易组织中的地位。

6. 试分析中国加入世界贸易组织对世界经济的影响。

7. 中国加入世界贸易组织后有哪些权利和义务？

第 9 章

国际直接投资和跨国公司

9.1 国际直接投资与跨国公司概述

9.1.1 国际直接投资的含义

国际直接投资一般又称为对外直接投资或外国直接投资（Foreign Direct Investment，FDI），指一国居民（含自然人和法人）以一定生产要素投入用于他国的生产或经营，并掌握一定经营控制权的行为。国际直接投资主要表现为资金、技术、经营管理知识的综合体由投资国的特定产业部门向东道国的特定产业部门实行转移。

9.1.2 国际直接投资的种类

国际直接投资可以按不同的标准分类。现有的分类方式主要有根据建立方式分类、根据投资动机分类和根据投资部门结构分类。

1. 根据建立方式分类

根据建立方式，国际直接投资可以分为两类：在东道国建立新企业、收购与兼并东道已有企业。

1）在东道国建立新企业

在东道国建立新企业的投资方式又称绿地投资，是指由外国投资者投资全部资本或部分资本，在东道国创立一个拥有全部或部分控制权的企业的投资方式。这种投资类型既可采取独资的方式，也可采取合资或合作的方式。这种投资类型的优点是：手续比较简单；享受东道国的优惠政策。其缺点是：从立项到施工再到正式营运需要的时间较长，即周期长；不能像收购海外企业那样利用当地企业的销售渠道，不利于迅速占领通道和市场；不利于新产品、新业务的拓展；市场竞争激烈，风险大。

2）收购与兼并东道国已有企业

收购与兼并东道国已有企业是指外国投资者通过一定的程序和渠道依法取得东道国某企业的部分或全部所有权的行为。出资收购的企业称为收购公司，被收购的企业称为目标公司。国际企业收购已经成为国际直接投资的一种主要方式，具体又可分为直接收购和间接收购两种方式。直接收购是指收购公司直接向目标公司提出拥有所有权的收购要求，双方经过磋商达成协议，最后完成所有权的转移。如果收购公司提出的是部分所有权要求，目标公司可以允许收购公司取得其增发的股份；如果收购公司提出的是全部所有权的要求，双方应本着互惠互利的原则进行有关收购条件和形式的磋商，达成协议，并按协议进行所有权的转移。间接收购是指收购公司并不向目标公司直接提出收购要求，而是通过在证券市场上收购目标公司股份的方式取得对目标公司的控制权的方式。

这种投资类型的优点如下：

(1) 进入迅速。可以大大缩短项目的建设周期，迅速扩大企业的生产和经营规模。

(2) 获得市场份额。可以利用目标企业原有的销售渠道快速打入当地市场。

(3) 可以提高现有技术水平，促进研究与开发能力的形成和深化；获得现成的经营人才以及技术、商标等无形资产。

(4) 减少竞争对手。将对手兼并之后，必然减少了竞争对手的数量。

(5) 迅速扩大企业产品种类。当收购公司把目标公司并入自己门下之时，即可为收购公司超越原有的产品生产范围、实行多样化经营提供支持。显然，收购现有企业是迅速而有效的途径。

(6) 廉价获得。通过收购后再次出售目标公司的股票或资产，收购公司获得了更多利润。

(7) 减少收购公司与当地文化不同而造成的摩擦。利用熟悉当地市场原有管理制度的管理人员，可以避免由于对当地情况缺乏了解而造成的种种麻烦。

这种投资类型的缺点如下：

(1) 价值评估困难。由于目标企业与收购企业所在国的会计准则和财务制度存在差异，收购企业有时很难准确评估目标企业的真实情况。

(2) 管理困难。收购行为受东道国法律和政策限制，有时不适应收购公司的管理要求，以致造成管理上的问题，甚至导致经营失败。

(3) 公司规模和地点受到制约。目标公司原有的一些条件，如企业的规模、生产的地点等，往往不完全符合跨国公司战略布局的需要，这也对企业的并购形成了制约条件。

(4) 容易受当地舆论的抵制。

(5) 对目标企业进行改造存在障碍，如剩余人员的安置问题等。

2. 根据投资动机分类

国际直接投资根据投资动机可以分为自然资源导向型、市场导向型、追求生产效率导向型、地缘导向型、宗主国导向型和全球战略导向型 6 种类型。

1) 自然资源导向型国际直接投资

自然资源导向型国际直接投资是指为了开发油田、矿产等自然资源以及林业、水产资源而在当地投资。投资企业为寻求稳定的资源供应，可以在世界任何地方进行投资。

2) 市场导向型国际直接投资

市场导向型国际直接投资是指以扩大商品销售、占领市场为目的而进行的投资。这一类型的投资有 3 种情况：

(1) 利用当地各种原料资源，降低生产成本，在当地销售。

(2) 实现规模经济，降低单位产品成本，提高产品竞争力。

(3) 绕过东道国的贸易壁垒，开拓市场。

3) 追求生产效率导向型国际直接投资

追求生产效率导向型国际直接投资是指为利用境外廉价劳动力、土地等资源，降低企业的生产成本，维护或提高企业竞争能力而进行的投资。由于劳动力的流动受到限制，土地等自然资源没有流动性，为利用这些资源，就必须到拥有这些资源的国家去投资。

4) 地缘导向型国际直接投资

地缘导向型国际直接投资是指以地理位置、空间距离来决定的投资。这种情况多发生在工业较为发达并具有向外辐射功能的地区，例如，美国对墨西哥及某些拉美国家的投资，西欧国家对西欧和中欧的投资。

5) 宗主国导向型国际直接投资

宗主国导向型国际直接投资是指殖民国家为了控制殖民地或附属国的政治和经济，对殖民地或附属国进行的投资。在近代史上，一些发达国家往往采用这种方式进行投资，例如，英国在北美、印度、澳大利亚和新加坡的投资，法国在北非的投资等。

6) 全球战略导向型国际直接投资

全球战略导向型国际直接投资是指企业为了实现其全球发展战略，取得最佳经营效果而进行的投资，是跨国公司进行全球扩张的一种经营战略。跨国公司将其全球范围的经营活动视为一个整体，依据资源和市场的分布情况，在世界范围内进行灵活、有效和统一的经营，有计划地对生产、销售和技术开发等方面进行直接投资。一般来说，这种类型是国际直接投资发展到较高层次的体现。

3. 根据投资部门结构分类

根据投资部门结构，国际直接投资可以分为垂直型国际直接投资和水平型国际直接投资。

1) 垂直型国际直接投资

垂直型国际直接投资又可以分为两种。一种是一国投资者为了在生产过程的不同阶段实行专业化而将生产资本直接输出到另一国进行设厂或建立企业的投资活动。这种国际直接投资在资源的开采、提炼、加工和制成品制作过程中使用得较多。另一种是把劳动密集型产品的某些生产阶段采用投资的方式转移到劳动力成本较低的国家进行。这种投资方式，发达国家或一部分新兴工业化国家及地区在进行产业结构调整时经常采用。这种类型的垂直型国际直接投资一般是依据每一生产阶段的不同特点和要求，利用有关国家或地区的资源、加工条件、优惠措施等进行的。

2）水平型国际直接投资

水平型国际直接投资是指一国的公司或企业作为投资者将生产资本输出到另一国，在投资东道国建立子公司，根据当地情况，从事某种产品的设计、规划、生产和销售等全部经营活动。

9.1.3 国际直接投资的特点

由于科学技术的迅速发展和新技术革命的兴起，生产国际化的发展和世界市场竞争的加剧，以及发展中国家和转型国家的对外开放及市场经济的发展，跨界兼并和收购大量出现，导致国际直接投资迅速发展。20 世纪 80 年代以来，国际直接投资对经济发展的影响力大幅度上升，与国际间接投资相比，国际直接投资主要有以下特点：

（1）国际直接投资是一种真实的资本移动。国际直接投资往往是与生产要素的跨境移动联系在一起的，以对经营管理的有效控制权为核心，以获取利润为主要目的的资本外投。之所以称为直接投资，是指投资所形成的新的资本用于生产事业，可以直接增加社会的物质财富，或提供社会所需要的劳务。国际直接投资中所移动的生产要素包括资本、技术和专利、管理人员等。

（2）国际直接投资是一种不完全的竞争。国际直接投资与国际间投资不同。首先，国际直接投资不是单纯的资本在国际间移动，而是同时包含着投资企业的资本、技术和管理才能等生产要素的转移，而且投资企业要对转移到国外生产地点的生产要素实施控制。其次，直接投资是企业发展到一定规模和具有某些垄断优势时的海外扩张行为，跨国公司是垄断企业海外扩张的产物。因此，国际直接投资是一种不完全的竞争。但是，跨国投资的公司具有在不完全竞争条件下的竞争优势。跨国投资企业可以比较充分地利用国际分工的好处；跨国投资企业可以最大限度地发挥技术垄断优势；跨国投资企业可以较易回避各种贸易和资金流动的限制；跨国投资企业可以开辟多种融资渠道。

（3）国际直接投资承担的风险较大。这主要表现在 3 方面。一是国际直接投资周期长，资本流动性差，一旦发生东道国政局不稳定或政策变化，投资者很可能收不回投资。二是国际直接投资未来收益的不确定性使得投资者经常遇到汇率变动的风险，而又无法采取有效的避险措施；国际间接投资的未来收益则是基本固定的，投资者可以采取一些防范措施来避免汇率变动的风险。三是投资者直接参加经营管理，便于管理、控制，并且有利于改善出口商品结构；但是，这种直接管理有可能引起文化、社会意识上的冲突，甚至因此发生劳资纠纷，从而影响投资收益。

（4）国际直接投资带动了技术出口和管理经验的传播。国际直接投资直接参与企业的生产经营，因而可以带动投资国的技术出口。对投资接受国来说，国际直接投资有利于促进技术进步，而且引进了先进的管理技术与经验，有利于提高企业的经营管理水平。

【国际贸易博览 9-1】

中国大幅放宽投资准入

2015 年和 2017 年，中国两次修订《外商投资产业指导目录》，外商投资限制性措施缩减了 65%，减至 63 条，禁止类条目只有 28 条。2018 年 6 月 28 日，中国首次发布《外商投资准入特别管理措施（负面清单）（2018 年版）》，清单长度由 63 条减至 48 条，共在 22 个领域推出新的开放措施。

在一些外商投资企业关注的领域，中国大幅度扩大了市场开放。在制造领域：船舶行业，包括设计、制造、修理各环节，取消了外资股比限制；飞机制造业，包括干线飞机、支线飞机、通用飞机、直升机、无人机、浮空器等，取消了外资股比限制；汽车行业，取消了专用车、新能源汽车外资股比限制，并在未来 5 年内逐步取消汽车行业的全部外资股比限制。在金融行业，取消了银行业外资股比限制，将证券公司、基金管理公司、期货公司、寿险公司的外资股比放宽至 51%，2021 年取消金融领域所有外资股比限制。

市场开放吸引了更多外商投资进入中国。2018 年 7 月 10 日，上海市政府和美国特斯拉公司签署合作备忘录，特斯拉将独资在上海建立美国之外的首个超级工厂。外资金融机构也加快布局中国市场。2017 年以来，已有富达、瑞银资管、英仕曼、贝莱德、施罗德等 14 家外资机构先后在中国登记成为私募证券投资基金管理人。2018 年 6 月 29 日，世界最大的对冲基金——桥水基金在中国完成私募基金管理人登记，其在华私募业务正式启动。

世界贸易组织 2018 年 7 月发布的《中国贸易政策审议报告》认为，中国仍是最大的外商投资目的地之一，吸引外国直接投资连续多年保持上升。

（资料来源：新华社，2018 年 9 月 24 日）

9.1.4　跨国公司的定义

跨国公司的定义有很多。联合国对跨国公司的定义是：“跨国公司是股份制的或非股份制的企业，包括母公司和它们的子公司。”简单来说，跨国公司是指通过直接投资、转让技术等经济活动，在国外设立分支机构或控制当地的企业使之成为子公司，从事生产、销售或其他经营活动的经济实体。总的来说，只要是跨国界进行直接投资并且获得控制权的企业就叫跨国公司。

联合国跨国公司委员会认为，跨国公司应具备以下 3 个要素：一是跨国公司是指几个工商企业，组成这个企业的实体在两个或两个以上国家内经营业务，而不论其采取何种法律形式经营，也不论其在哪一个经济部门经营；二是这种企业有一个中央决策体系，因而具有共同的政策，这种政策可能反映企业的全球战略目标；三是各实体通过股权或其他方式形成联系，使其中的一个或几个实体有可能对别的实体施加重大影响，特别是同其他实体分享信息、资源以及分担责任。

第二次世界大战以后，随着国际直接投资迅猛增加，跨国公司得到迅速发展。跨国公司在世界经济中的地位日益突出，对世界经济的影响也日益重要。

9.1.5　跨国公司的特征

跨国公司有以下四大特征。

1. 具有全球战略目标

在国际分工不断深化的条件下，跨国公司凭借其雄厚的资金、技术、组织与管理等方面的力量，通过对外直接投资在海外设立子公司与分支机构，形成研究、生产与销售一体化的国际网络，并在母公司控制下从事跨国经营活动。跨国公司总部根据全球战略目标，在全球范围内进行资源配置，而遍及全球的各个子公司与分支机构围绕着全球战略目标投资生产和经营活动。跨国公司的重大经营决策都以实现全球战略目标为出发点，着眼于全球利益的最大化。

2. 实行全球一体化经营

跨国公司对全球范围内各个子公司与分支机构的生产安排、投资活动、资金调配以及人事管理等重大活动拥有绝对的控制权，按照全球利益最大化的原则进行统一安排。跨国公司强有力的管理体制和控制手段是实现全球一体化经营必需的组织保证，当代通信技术的巨大进步和交通运输的现代化则为跨国公司的全球一体化经营提供了必要的物质基础。跨国公司通过采取集中与分散相结合的管理方式和全球战略，在国际范围内从事生产经营活动。

3. 采取灵活多样的经营策略

在实行全球一体化经营的同时，跨国公司也会根据国际政治经济形势、东道国的具体情况及其针对跨国公司的相关法律和法规、跨国公司自身的实力以及在竞争中的地位，采取灵活多样的经营策略，以更好地符合东道国当地的实际情况，与东道国政府建立融洽的关系，获得良好的经营效益。在组织机构上，跨国公司往往会相应地改变原有的集权管理模式，实行分权管理。

4. 拥有强大的技术创新能力

现今，技术进步已成为企业获取高额利润、争夺市场、增强国内及国际市场竞争力的重要途径。大型跨国公司是当代技术创新与技术进步的主导力量，它们拥有雄厚的技术优势和强大的研发能力。跨国公司要在国际分工和国际竞争中保持领先地位，就必须不断地投入巨额资金，加强技术研究与开发，保持自己的技术优势和技术领先地位。技术领先地位带来的丰厚市场回报又激励着跨国公司不断进行新的技术创新，推动技术进步。

9.1.6 跨国公司的形成与发展

1. 跨国公司的形成与发展

跨国公司的原始形态最早可以追溯到17世纪初的英国东印度公司，作为殖民主义侵略扩张的工具，它已具有跨国公司的雏形。但真正意义上的跨国公司，即作为一种以全球市场为经营目标的企业形态，则出现在19世纪60年代。当时，在经济比较发达的美国和欧洲国家，一些大型企业通过对外直接投资，在海外设立分支机构和子公司，其中比较有代表性的企业有3家：1865年，德国的弗里德里克·拜耳化学公司在美国纽约州的奥尔班尼开设了一家制造苯胺的工厂；1866年，瑞典的阿佛利·诺贝尔公司在德国汉堡开办了一家炸药工厂；1867年，美国的胜家缝纫机公司在英国的格拉斯哥建立了一个缝纫机装配厂，进行跨国的生产和经营。这些通常被认为是跨国公司的雏形。

19 世纪末至 20 世纪初，随着自由资本主义过渡到垄断资本主义，经济上的巨额资本过剩和政治上的掠夺扩张使跨国公司渐成气候。但在第二次世界大战前，跨国公司的发展还比较缓慢，其经济实力也十分有限，对国民经济乃至世界经济的影响微不足道。第二次世界大战后，跨国公司迅速发展。20 世纪 90 年代以后，跨国公司取得了巨大的发展。

经历了整整一个多世纪，随着经济生活国际化的发展，在国家垄断资本主义的支持下，跨国公司由小到大、由少到多，获得了举世瞩目的发展。但跨国公司真正的加速发展主要是在 20 世纪 50 年代以后。"二战"后，整个世界的政治、经济环境发生了变化，生产力水平不断提高，技术更新速度不断加快，运输、通信条件不断改善，使跨国公司获得了空前的发展，成为当今世界经济发展的主要推动力。

跨国公司是伴随着国际分工、国际贸易以及国际投资的发展而逐渐形成和发展的。国际分工是跨国公司形成的条件，国际贸易是跨国公司形成的基础，资本的国际化运动与直接投资是跨国公司形成的重要手段。在促使跨国公司形成与发展的众多因素中，作为第一生产力的科技因素发挥了至关重要的作用。

2. "二战"后跨国公司迅速发展的原因

"二战"后跨国公司的迅速发展有其深刻的经济和政治原因，主要体现在以下几个方面。

1）世界科技革命和社会生产力的发展

"二战"后，发达资本主义国家发生了第三次工业革命，这次革命对生产过程的影响范围和程度都是前两次工业革命无法相比的。第三次工业革命以原子能科学、电子计算机、空间技术、生物工程等高新技术的发展为特征，带来了许多新材料、新工艺、新通信手段和新的产业部门，引起了国际分工的巨大变化。社会生产力的发展导致一系列新兴工业部门的出现，发达国家的经济发展日益受到资源与市场的约束。企业为保证资源供应，维持旧市场，开拓新市场，大举向外投资。同时，社会生产力的发展也大大改进了运输工具和通信联络方式，这为跨国公司的国际化生产经营提供了物质条件。这些都直接促进了"二战"后跨国公司的发展。

2）国际市场竞争的日益尖锐化

国际市场竞争的日益尖锐化是跨国公司迅速发展的助推器。各国为了扩大市场份额，一方面努力扩大海外销售，另一方面又设置各种关税和非关税壁垒，限制其他国家商品的进入，以保护本国市场。在这种情况下，发达国家的跨国公司借助于对外直接投资的方式，进入出口受阻的国家或地区，在当地进行生产，产品也在当地直接销售，既突破了对方的贸易壁垒，又同时实现了对市场的占领。

3）发达国家政府的支持和积极推进

"二战"后，政府加强了对经济生活的干预、支持本国企业向外扩张，这也是跨国公司迅速发展的原因之一。"二战"后各国政府制定的各种政策措施为跨国公司进行海外投资活动提供条件。首先，政府通过与他国签订避免双重课税协定、投资安全保证协定来减轻跨国公司的纳税负担，保证跨国公司海外投资的安全与利益。通过与他国缔结贸易条约，使本国企业在缔约国能尽可能充分地享受国民待遇。其次，政府通过设立的专门银行向跨国公司提供各种优惠贷款和参股贷款，为跨国公司的海外扩张提供资金。政府通过税收优惠政策来支持企业的研究与开发活动，以提高其产品的竞争力。最后，政府还动用自身的力量为跨国公司海外投资创造条件，如美国的马歇尔计划。

4）跨国银行的发展

“二战”后，跨国银行的迅速发展对跨国公司的迅速发展也起着推动作用，体现在两个方面：一是跨国银行通过投资或参股，本身成为跨国公司；二是跨国银行运用自己庞大的金融资产和遍及全世界的信贷网络为跨国公司融资，使跨国公司的发展突破资金限制。

5）放宽对外资的限制

“二战”后，各国相继实行对外投资开放的政策，放宽对外资的限制，以改善国内投资环境。这也成为跨国公司迅速发展的一个促进因素。

【国际贸易博览 9-2】

中国石化居 2017《财富》世界 500 强第 3 位

中国石化集团公司（以下简称中石化）是 1998 年 7 月国家在原中国石油化工总公司基础上重组成立的特大型石油石化企业集团，注册资本 2749 亿元人民币，董事长为法定代表人，总部设在北京。公司对其全资企业、控股企业、参股企业的有关国有资产行使资产受益、重大决策和选择管理者等出资人的权力，对国有资产依法进行经营、管理和监督，并相应承担保值增值责任。

中石化主营业务范围包括：实业投资及投资管理；石油、天然气的勘探、开采、储运（含管道运输）、销售和综合利用；煤炭生产、销售、储存、运输；石油炼制；成品油储存、运输、批发和零售；石油化工、天然气化工、煤化工及其他化工产品的生产、销售、储存、运输；新能源、地热等能源产品的生产、销售、储存、运输；石油石化工程的勘探、设计、咨询、施工、安装；石油石化设备检修、维修；机电设备研发、制造与销售；电力、蒸汽、水务和工业气体的生产销售；技术、电子商务及信息、替代能源产品的研究、开发、应用、咨询服务；自营和代理有关商品和技术的进出口；对外工程承包、招标采购、劳务输出；国际化仓储与物流业务等。

目前，中石化是中国最大的成品油和石化产品供应商、第二大油气生产商，是世界第一大炼油公司、第二大化工公司，加油站总数位居世界第二，在 2017 年《财富》世界 500 强企业中排名第 3 位。

（资料来源：中国石化集团公司，2018 年 7 月 20 日）

9.2 跨国公司在国际市场的竞争

1. 跨国公司对外直接投资是向外扩张的重要手段

作为生产资本国际化实现形式的对外直接投资不同于作为货币资本国际化实现形式的对外间接投资。对外直接投资的特点主要表现为以下 3 点：一是跨国公司拥有被投资企业的控制权；二是能够实现生产要素的跨国流动；三是对外直接投资周期长、风险大。目前，跨国公司对外直接投资占世界对外直接投资的 90%以上。

跨国公司通过对外直接投资方式进入国外市场，可以将管理、技术、营销、资金等资源以自己控制企业的形式转移到目标国家，在目标市场更充分地发挥竞争优势。跨国公司的对外直接投资缩短了生产和销售的周期，减少了运输成本；可利用当地廉价的生产要素，进而降低生产成本；可以随时对当地市场信息和产品信息反馈作出反应，从而调整生产；此外，还可以使企业跨越东道国的贸易壁垒与非贸易壁垒，有时还可以享受东道国提供的优惠。跨国公司的对外直接投资无疑是跨国公司向外扩张、争夺世界市场的重要手段，是跨国公司实行国际化生产经营的基础。

2. 跨国并购已成为跨国直接投资中的主要方式

跨国公司对外直接投资按投资方式可以分为绿地投资和跨国并购两种。绿地投资是指跨国公司等投资主体在东道国境内依照东道国的法律设置的部分或全部资产所有权归外国投资者所有的企业。跨国并购是跨国兼并和跨国收购的总称。跨国并购是指一国企业为了达到某种目标，通过一定的渠道和手段，将另一国企业的所有资产或足以进行运营活动的股份收买下来，从而对另一国企业的经营管理实施实际的或完全的控制行为。跨国公司在发展的初期往往采取绿地投资的方式。但随着跨国公司实力的增强，更多地采取跨国并购的方式。

按跨国并购双方的行业关系，跨国并购可以分为以下 3 种：

(1) 横向跨国并购。是指两个以上国家生产或销售相同或相似产品的企业之间的并购。其目的是扩大世界市场的份额，增加企业的国际竞争力，直至获得世界垄断地位，以攫取高额垄断利润。在横向跨国并购中，由于并购双方有相同的行业背景和经历，所以比较容易实现并购整合。横向跨国并购是跨国并购中经常采用的形式。

(2) 纵向跨国并购。是指两个以上国家生产同一产品或相似产品但又处于不同生产阶段的企业之间的并购。其目的通常是为了稳定和扩大原材料的供应来源或产品的销售渠道，从而减少竞争对手的原材料供应量或产品的销售量。并购双方一般是原材料供应者或产品购买者，所以对彼此的生产状况比较熟悉，并购后容易整合。

(3) 混合跨国并购。是指两个以上国家处于不同行业的企业之间的并购。其目的是为了实现全球发展战略和多元化经营战略，减少单一行业经营的风险，增强企业在世界市场上的整体竞争实力。

20 世纪 90 年代以来，跨国并购的规模不断扩大，交易额不断上升，并购范围也极为广泛，涉及汽车、医药、能源、金融、互联网传媒等各个领域。跨国并购不仅可以转移资源，而且可以获得对被并购企业的控制权，并在一定条件下实现生产要素的流动与商品贸易和服务贸易的相互替代。这使得无论是发达国家之间的跨国并购，还是发达国家与发展中国家之间的跨国并购，均可以实现具有相对比较优势的不同生产要素的跨国界组合，以极大地提高效率。特别是在经济全球化进程加速的背景下，通过跨国并购，跨国公司可以绕过国家之间对商品贸易和服务贸易的各种壁垒，更加有效地占有市场，提高企业的国际竞争力。因此跨国并购已经成为跨国公司迅速占领市场最有效的方式。

3. 由综合多元化向归核化发展

第二次世界大战以后，相当多的跨国公司的经营范围和发展战略经历了一个由综合多元化向归核化发展的轨迹。所谓归核化，是指多元化经营的企业将其业务集中到其资源和能力具有竞争优势的领域。归核化通过剥离非核心业务、回归主业、保持适度相关多元化来培育、维护和发展核心竞争能力。

“二战”后初期，跨国公司采取横向一体化的经营战略，即在海外新建、兼并的企业均为与母公司相同的产品与服务的领域。20 世纪 70 年代以后，跨国公司采取纵向一体化战略，即将海外经营子公司的业务范围定位在与母公司生产经营方面相互配合，形成全球生产经营线上。这有两种情况：一是母公司和子公司的生产和经营处在不同产业但相互关联的产品，主要涉及原材料、初级产品的生产和加工行业；二是母公司和子公司生产和经营同一产业不同加工程度或工艺阶段的产品，主要涉及汽车、机械、电子等专业化分工水平较高的行业。20 世纪 90 年代以后，跨国公司逐步向综合多元化发展，即母公司和子公司生产不同的产品，经营不同的业务，而且它们之间互不衔接，也没有必要联系。

实行综合多元化，虽然有利于跨国公司分散风险，迅速扩张，但也暴露出不少弊端。一些跨国公司的摊子越铺越大，导致公司成本上升，收益下降，甚至出现高负债。20 世纪 90 年代以来，跨国公司纷纷从多元化扩张向有竞争力的主营业务回归。

实施归核化的措施主要包括以下 4 种：

(1) 并购。为强化核心业务而并购相关企业或部门。

(2) 重组。为加强核心业务，整合企业业务而改变企业组织形式。

(3) 拆分。为加强某一方面的竞争优势，将一家公司分拆为两个或更多的公司。

(4) 剥离。跨国公司通过关闭企业、出售企业或资产、互换股票、外包等多种形式把非核心业务剥离出去。

4. 形成全球产业链

在经济全球化背景下，跨国公司不断进行战略调整。跨国公司通过在全球最适宜的地点设置营销服务、生产制造、研发设计中心，整合全球资源，形成了全球产业链。

跨国公司的全球化首先是从营销服务的全球化开始的。跨国公司已从过去的多国经营转为全球经营。跨国公司目前除了巩固、完善在发达国家的营销服务外，正积极地把营销网络覆盖到发展中国家。

制造组装的全球化是为了满足迅速发展的新兴市场的需要。20 世纪 90 年代，不少新兴国家采取了吸引跨国公司投资的优惠政策。由于这些市场发展速度快，劳动力成本低，跨国公司加大了对其生产设施的投资。

研发设计的全球化是跨国公司应对经济全球化的新举措。研发设计是产业链中跨国公司最不愿意和最难以全球化的部分。过去，跨国公司的研发往往集中在母国，后来扩散到发达国家，目前，跨国公司为了增强其竞争力，也把一部分研发设计从母国转移出来，并且越来越多地进入新兴市场国家。跨国公司在打造全球产业链的过程中，不断通过外包来整合全球资源。外包已由原来的制造外包发展为服务外包。现在，财务管理、产品设计等过去完全由企业自己完成的服务业务也开始通过其他企业外包完成。

【国际贸易博览 9-3】

2018 年《财富》世界 500 强中的中国企业

《财富》中文网于 2018 年 7 月 19 日发布了最新的《财富》世界 500 强排行榜。在上榜公司数量上,今年中国公司达到了 120 家,已经非常接近美国(126 家),远超第三位的日本(52 家)。从 1995 年《财富》世界 500 强排行榜同时涵盖了工业企业和服务性企业以来,还没有任何一个其他国家的企业数量如此迅速地增长。

沃尔玛连续第五年成为全球最大的公司,它和 3 家中国企业——国家电网、中石化和中石油继续分列榜单前 4 位,位次没有变化。利润榜前 10 位的 4 家中国公司仍然是工建农中四大银行。

在净资产收益率榜上,中国公司中排位靠前的是腾讯、碧桂园、华为、美的和台积电。中国公司中,利润率最高的是腾讯控股有限公司,超过 30%。

值得注意的是,纵向比较近年来的数据,上榜中国企业的销售收益率和净资产收益率两个指标处在下行通道上。本刊特约撰稿人王志乐举例分析:2015 年,上榜中国公司销售收益率为 5.6%,到 2017 年只有 5.1%;2015 年,上榜中国公司净资产收益率为 10.7%,到 2017 年只有 8.9%。他呼吁中国公司管理者以及政府相关部门重视这一现象。

在排名位次的变化上,今年上升最快的是中国的国家能源投资集团,跃升 175 位。值得一提的是,排名跃升最快的前 10 家公司中有 8 家来自中国,除了国家能源投资集团外,其余 7 家是阿里巴巴(上升 162 位)、腾讯(上升 147 位)、山东能源集团(上升 138 位)、厦门国贸(上升 134 位)、美的(上升 127 位)、厦门建发(上升 126 位)和碧桂园(上升 114 位)。

从行业看,所有的互联网服务公司排名均有大幅提升,它们是来自中美两国的京东、阿里巴巴、腾讯、亚马逊、谷歌母公司 Alphabet 和社交媒体巨头 Facebook。

今年在汽车制造业领域,中国有 7 家上榜公司,美国仅有通用汽车和福特两家。吉利是中国唯一一家上榜的民营车企。该公司过去一年跨越了百万销量门槛,在销量增幅和 500 强排名跃升幅度上位于国内汽车行业首位。

此外,值得注意的是所有上榜的房地产行业企业均来自中国。

但是,中国企业产业结构调整明显面临巨大挑战。作为参照,2018 年美国大公司中没有房地产、工程建筑和金属冶炼企业,却在 IT、生命健康和食品相关等领域存在众多大公司;中国正好与此形成反差。尤其在卫生健康、食品批发、保险管理式医疗、食品生产加工和娱乐等与人的生活和健康密切相关的产业里,有美欧、日本、巴西等国公司,中国却没有任何企业上榜。

(资料来源:《财富》中文网,2018 年 7 月 19 日)

9.3　跨国公司在国际贸易中的作用

1. 促进国际货物贸易的发展

第二次世界大战后,在跨国公司发展的同时,国际贸易的总量也迅速增加。1950 年的世界贸易额为 607 亿美元,1980 年增长到 20 014 亿美元,1988 年增长到 29 474 亿美元,2003 年增长到 76 500 亿美元,2014 年增长到 184 220 亿美元。国际贸易的增长速度超过了世界生产的增长速度。在整个国际贸易中,约有 3/5 与跨国公司有密切联系,其中约 1/3 是各跨国公司系统内部母公司与子公司之间或各子公司之间相互的贸易。

国际分工的发展是国际贸易发展的基础。虽然跨国公司在国外组织生产的产品有一部分是就地销售，替代了原来由母国出口这类产品的作用，但总的来说，跨国公司的发展使国际间的贸易量增大了。这主要是由于跨国公司到国外建立子公司进行生产，需要由母公司为其供应机器设备、某些原材料或零部件。在子公司生产的产品，除在东道国就地销售外，还可以出口到邻近的国家，甚至向母国市场返销。按国际专业化方式进行的生产，许多中间产品要经过国际间的多次贸易，所有这一切，大大加速了国际贸易的发展。

2. 推动了国际服务贸易的发展

跨国公司的大规模发展提高了服务国际化的速度，信息技术的发展也有助于加速服务的扩大，更便于向外国市场提供服务。上述状况也产生了规模经济，增强了公司提供产品范围的能力。跨国公司在金融、信息和专业服务上都是重要的供应者，其中许多公司迅速扩大，向全球出售服务。推动这种趋势发展的主要有以下几个原因：

(1) 跨越国境数据资料的流动和世界信息网的建立，使跨国公司有能力提供超出其传统部门的各种服务，如银行提供非银行服务。

(2) 跨国公司需要扩大其活动以继续为顾客服务，这在保险和银行业上表现得更为明显。国际保险公司传统上一直为国际原料和工业制成品贸易服务。在银行部门，跨国公司势力尤强。跨国银行网迅速扩大以满足国际贸易发展的需要，扩大国际金融市场的活动，国内商业支持的服务也使广告公司和专业服务，如会计、法律和咨询服务得以扩大。

(3) 为数不多的跨国公司提高了供应世界市场各种服务的能力，它们有能力同时向几个市场提供各种服务，或把商品和服务结合起来。它们有更好的进入金融领域、扩大信息系统的能力，把交钥匙工程、设计和其他劳务相结合。在工业广告领域中，少数占统治地位的公司将其活动范围扩大到市场研究、公共关系和经营咨询方面。

3. 推动了国际技术贸易的发展

“二战”后，特别是20世纪60年代以来，世界技术贸易发展迅速，其中跨国公司起到相当大的作用。由于跨国公司拥有庞大的研究和发展机构，故在很大程度上垄断了世界技术贸易。全世界专利总额约有1/3是国外申请者申请的，其中绝大部分为垄断组织所拥有。国际间的技术贸易的3/4是由跨国公司进行的。

拥有比较先进的生产技术和管理技能，是跨国公司能够在国际竞争中生存的重要条件，许多跨国公司投入相当高比例的资金从事产品的科研和开发活动，为了把这些产品的生产逐步推向国外，跨国公司在客观上成了先进技术的传播者。有时跨国公司还直接向公司系统外部进行技术转让。

一方面，跨国公司通过向其国外分支公司出售技术，既可收取大量技术使用费，又可提高分支公司生产技术水平，加强竞争能力，控制所在国的经营和对外贸易。另一方面，一些跨国公司往往根据自身的需要引进先进技术，它不但可以缩短某些科研项目的研究时间，节省研究费用，降低生产成本，而且可以较快地提高劳动生产率和改进产品质量，增加新产品，增强竞争能力。

跨国公司进行技术转让，主要采取以下3种方式：

(1) 由母公司向各个子公司进行技术转让。在这种转移方式下，关键技术仍控制在母公司手里，只是将部分技术转移给国外的子公司。这样，既可以保持母公司对技术的垄断权，又可以通过向子公司出售技术和工艺获得收益，增加利润。

(2) 跨国公司通过技术许可证贸易向外转让技术。国际贸易中的技术许可证贸易主要由3部分组成：一是技术专利使用权的转移；二是技术诀窍的转移；三是商标使用权的买卖。跨国公司通过技术许可证贸易，有助于进入直接投资无法进入的市场和部门。

(3) 跨国公司向国外合资经营企业转让技术。跨国公司向国外合资企业提供技术，一方面可以获得技术使用费收入，另一方面还可以从合营企业中的盈利中获得分成。

当然，跨国公司对技术转让并非毫无保留，实际上在公司内部转让技术和向公司外部转让技术会有明显的差别待遇，有时跨国公司对转让的技术在运用上附加许多限制条件。跨国公司是国际技术贸易中最活跃、最有影响的力量。它控制了工艺的80%和生产技术的90%，国际技术贸易的75%以上属于与跨国公司有关的技术转让。因此，"二战"后国际技术贸易的快速发展是与跨国公司技术发明和技术转让的发展分不开的。

4. 跨国公司在国际贸易中的双重性

跨国公司促进了国际贸易的发展，带来了世界经济的发展。但是，跨国公司也给国际贸易的发展带来了一些问题。

1) 强化了世界市场的垄断

跨国公司强化了世界市场上的垄断，加剧了国际贸易中竞争的双重性。垄断和竞争是跨国公司自身的一对矛盾。竞争是跨国公司活力的源泉，然而竞争又促使优势企业通过内部积累与外部兼并走向集中和垄断。

在一定意义上，垄断是跨国公司的起点。因为企业通常是在国内取得垄断地位后才有向国外扩张的力量，也才有向国外扩张的需求。而垄断利润则增强了跨国公司在国际和国内进行扩张的能力。"二战"以后兴起的跨国公司与"二战"前的跨国公司有所不同，但它们仍然是依靠各种优势追求高额垄断利润的经济组织。那么，跨国公司何以在国际贸易中取得垄断地位？它们是靠雄厚的资本、技术创新、高超的管理、全球生产和营销网络而取得的。跨国公司通过对外直接投资控制了资本主义国家的生产。它不但控制了原料的开发，而且也控制了以发展迅速、面向出口和技术高超为特征的工业部门。在这一过程中，跨国公司输出资本，取得国外企业的全部或部分所有权，把它们联结在一个跨国经营的体系中，在母公司集中管理下进行国际生产，从而在生产领域处于垄断地位，这就使世界大部分的原料贸易、工业制成品贸易和技术贸易都控制在跨国公司手中。但是这个垄断不能阻止竞争，在一定条件下反而会促进竞争。这是因为知识产权可以垄断，但人们的思想和智慧是无法垄断的。当代的世界市场格局强化了跨国公司的竞争性，弱化了跨国公司的垄断性。但跨国公司的垄断性并未消失，因此，东道国尤其是发展中国家在引进外资、与跨国公司合作时，要防止它对贸易的垄断，促进对外贸易的竞争。东道国反垄断不能伤害跨国公司创新的积极性，保护知识产权不能妨碍公司之间的公平竞争。跨国公司的发展使国际贸易中的垄断和竞争更加激烈，从而使国际贸易关系更加复杂。

2) 追求高额贸易利润和促进贸易发展的双重性

为了追求高额利润，跨国公司在全球战略安排下，通过对外直接投资，绕过东道国在进口上设置的各种贸易壁垒，就地生产，就地销售，成为变相的垄断贸易，把东道国的对外贸易纳入跨国公司的内部贸易中，使得跨国公司的贸易利润率大大提高；跨国公司通过对外贸易中的转移价格实现国民价值转移。另外，跨国公司又给东道国尤其是发展中国家带来资金、技术和管理经验，东道国的企业和公司通过进入跨国公司的生产和营销网络，开拓了市场，促进了对外贸易的发展。

3）国际贸易的高效和不平等分配的双重性

跨国公司的运营无疑是效率极高的，其原因如下：

（1）跨国公司能够实现全球各国的比较优势，在全球范围内配置资源，实现生产要素的最佳组合。在跨国公司全球战略安排下，把世界各国的劳动、资本、原材料、研究与开发有机地结合到跨国公司的全球生产与营销网络中，实现成本的最小化和利润的最大化。

（2）跨国公司是一种多功能的经济体，集科研、生产、贸易、金融于一体，在进行经营活动时，可以把货物、服务与技术贸易有机地结合起来，并利用跨国公司的内部渠道，采取多种贸易方式，从而获得最佳的经营效果。

（3）跨国公司的经营规模往往大于国内大企业和公司，它所实现的已经不是一般的规模效益，而是全球的规模效益。然而，在分配上，跨国公司是按资本分配的，出现了财富、贸易利益的日益集中和两极分化的现象，一些发展中国家和地区出现了“贫困性的增长”，在国际分工中的地位没有取得实质性的改变，在国际贸易中的地位也没有显著的提高。

【案例分析 9-1】

美的集团收购德国库卡

2017 年 1 月 6 日，美的集团公告称，公司完成要约收购库卡集团股份的交割工作，并已全部支付完毕本次要约收购涉及的款项。收购交割完成后，公司通过境外全资子公司 MECCA 合计持有库卡集团 3760.57 万股股份，约占库卡集团已发行股本的 94.55%。至此，美的集团要约收购德国机器人巨头库卡已经全部实施完毕。

美的集团成立于 2000 年 4 月 7 日，2013 年 9 月 18 日在深交所上市。美的集团是一家以家电制造业为主的大型综合性企业集团，旗下拥有小天鹅、威灵控股两家子上市公司。2016 年 7 月 20 日，美的集团首次进入《财富》世界 500 强名单。

库卡集团成立于 1889 年 2 月 14 日，1980 年在德国法兰克福证交所上市。库卡集团是全球领先的机器人及自动化生产设备和解决方案的供应商。库卡机器人板块处于市场领先地位，在汽车工业机器人行业位列全球前三、欧洲第一。

美的在收购草案中表示，库卡集团的优势与美的“双智”战略符合。所谓“双智”战略，是美的集团去年提出的“智慧家居＋智能制造”战略。具体到机器人方面，美的希望通过“智能制造＋工业机器人”的模式，全面整合提升公司智能制造水平，同时以工业机器人带动伺服电机等核心部件、系统集成业务的快速发展；以“智慧家居＋服务机器人”模式，推动公司智慧家居的快速发展与生态构建，并以服务机器人带动传感器、人工智能、智慧家居业务的延伸。作为“四大家族”唯一仅以机器人为主营业务的公司，库卡的机器人本体和系统集成业务营收占据其总营收的 80%以上，尽管库卡不具备电机、减速器这两类核心零部件的供应能力，但是它掌握机器人核心控制技术，在多个领域有丰富的集成应用经验，并在汽车领域的市场份额处于领先地位，其营收中有一半来自汽车制造业的机器人应用。收购库卡，一方面有助于提高美的本身的制造水平，另一方面有助于美的寻找新的业务增长点。

美的此前已经在自己的制造工厂中大规模使用机器人，截至目前，美的已经投入超过50 亿元用于自动化改造，在生产线上应用了超过 1000 台工业机器人。美的计划未来每年在工业机器人和自动化领域投资 10 亿元，它自身的需求就是一个巨大市场。库卡的技术和设备还有助于美的提升生产线的制造水平。

值得一提的是，美的对智能制造理解颇深。美的董事长方洪波曾在公开演讲中表示，智能制造不是黑灯工厂、不是自动化，也不是机器人应用，智能制造的本质是数字化，是将企业的研发、供应链、采购、制造、物流、销售等各个环节用数字化连接起来，对以前的机器、设备、生产线、人、车辆、渠道这些物理形态的事物进行数据形态的思考。

美的从 2012 年开始启动了代号为"632 项目"的信息化升级工程，希望统一流程、统一数据、统一 IT 系统。"632"是指 6 大运营平台、3 大管理平台和 2 大技术平台。该项目目前已全面上线。

中国从 2013 年开始就成为全球最大的机器人市场，至今保持高速发展。与国际成熟的机器人市场不同，中国在非汽车领域的一般制造业也有广泛的"机器换人"需求。方洪波曾在公开演讲中表示："不会因为喜欢吃火锅就把海底捞买下来。"言下之意，收购库卡，是因为美的还瞄准了国内巨大的机器人市场。无论是在工业机器人领域还是在服务机器人领域，这笔收购都有助于美的进军国内机器人市场，而非仅仅满足自用。

对库卡而言，美的就是自己产品的一个大客户。库卡目前的营收中，大约一半来自汽车制造领域，是"四大家族"中比例最高的。与美的联姻，有助于库卡开拓其他行业的市场。

美的作为家电公司，旗下拥有电机事业部，在电机伺服驱动技术方面有一定技术积累。而电机技术是机器人上游三大核心零部件技术之一，库卡并不掌握这项技术，库卡的电机主要由西门子提供。在伺服电机方面，收购也将产生协同效应。

除了与机器人相关的业务，库卡还收购了自动化仓库及物流配送领域的百年老店瑞仕格公司，其营收占库卡营收的接近五分之一。美的旗下拥有安得物流公司，在全国拥有超过 260 个仓库，仓储面积超过 500 万平方米。美的收购库卡之后，美的的物流业务也将受益。

（资料来源：澎湃新闻，《企业改革与管理》，2017 年 1 月 6 日）

案例讨论：美的集团收购德国库卡有何意义？

9.4　中国国际直接投资和跨国公司

9.4.1　中国国际直接投资和跨国公司的发展

1. 中国企业的对外直接投资是中国跨国公司成长的基础

中国跨国公司的产生和发展是建立在中国企业海外直接投资的基础上的，没有企业的海外直接投资，中国跨国公司是很难发展起来的。改革开放以来，中国跨国直接投资大体经历了 3 个发展阶段。

1）1979—1991 年的探索起步阶段

1979 年 8 月，国务院明确规定允许出国办企业之后，一些长期从事进出口业务的专业外贸公司和开展对外经济合作的省市国际经济技术公司首先跨出国门到海外投资。这些公司凭借其涉外经营经验、进出口渠道等优势，在国外开设海外代表处或海外贸易公司。例如，1979 年 11 月，北京市友谊商业服务公司同日本东京丸一商事株式会社在东京开办京和股份有限公司，建立起中国对外开放以来第一家国外合资企业，拉开了中国企业跨国经营的第一步。

1985 年，对外经贸部根据国务院指示精神，制定了在国外开办非贸易性企业的审批管理办法，明确指出："只要是经济实体，有资金来源，具有一定的技术水平和业务专长，有合作对象，均可申请到国外开设合资经营企业。"此后，一些有实力的大型生产企业和综合型国际信托投资公司等非贸易企业开始加入对外直接投资行列，如首都钢铁总公司、中国国际信托投资公司、深圳赛格公司等，同时出现了投资主体多元化的趋势。截至 1991 年，中国境外直接投资企业 1008 家，分布于全球 106 个国家和地区，境外非贸易直接投资累计总额为 13.95 亿美元。

2）1992—2001 年的积极推进阶段

1992 年，国家批准首都钢铁总公司扩大境外投资和经营权，这标志着中国企业的对外投资进入一个新的发展阶段。1992—1993 年，中国对外直接投资额增长迅速，但 1994 年之后的几年，由于宏观调控，国家对境外投资进行清理整顿，致使对外直接投资流量总体有所下降。从 1998 年开始，国家又出台一系列政策和措施，鼓励企业开展对外直接投资。1998 年 2 月，中共十五届二中全会明确提出："要有领导有步骤地组织和支持一批有实力有优势的国有企业走出去，到非洲、中亚、中东、中欧、南美等地投资办厂。"1999 年 2 月，国务院办公厅转发外经贸部、国家经贸委、财政部《关于鼓励企业开展境外带料加工装配业务的意见》，随后，国务院各有关部门又分别制定了具体实施的配套文件，完善了对外直接投资管理体制。与此同时，在项目审批和外汇管理方面的政策也有所松动，中国对外直接投资呈现加速增长态势。2001 年 12 月，"多哈会议"正式通过中国成为世界贸易组织第 143 个成员，为中国企业的对外直接投资开辟了更为广阔的发展空间。2001 年，中国对外直接投资出现爆发性增长，投资额达 68.85 亿美元，是 2000 年的 7.5 倍。随着对外直接投资的扩大，中国一大批跨国公司开始成长。

3）2002 年至今的加速发展阶段

2002 年 10 月，国家外汇管理局启动外汇管理改革试点，放松 300 万美元以下的外汇审批权，同时允许境外企业保留利润，不必再调回国内。2003 年，正式取消境外投资外汇风险审查和汇回利润保证金两项行政审批。此外，国家还制定了对外投资的信贷支持、外汇管理等一系列政策措施，支持和引导中国企业的对外直接投资快速发展。在此期间，不少有实力的中国跨国公司开始在海外开展并购活动，如 2004 年联想公司收购 IBM 公司全球个人电脑业务，2012 年中海油公司收购加拿大尼克森能源公司等。

2. 实施"走出去"战略是中国跨国公司发展的重大机遇

2000 年 10 月，中共十五届五中全会首次明确提出了"走出去"战略。实施"走出去"战略是中国对外开放的重大举措，它鼓励国内有比较优势的各类企业对外直接投资，从而带动商品和劳务出口，形成一批有实力的跨国企业。

实施"走出去"战略是中国参与经济全球化进程的必然要求，是中国企业参与国际市场竞争的重要举措，是国内有实力的企业主动参与国际合作与竞争，获得重要资源、市场份额和技术开发能力的重要机遇。在实施“走出去”战略过程中，中国企业积极参与国际分工与国际合作，努力提高中国企业的国际竞争地位和影响力，不断壮大自身，很多中国企业逐渐成为与经济大国跨国公司相当的跨国公司。

近年来，中国装备制造业持续快速发展，产业规模、技术水平和国际竞争力大幅度提高，国际产能和装备制造合作初见成效。2015 年，国务院出台了《关于推进国际产能和装备制造合作的指导意见》。积极推进国际产能和装备制造合作，有利于促进优势产能对外合作，形成中国新的经济增长点；有利于促进中国企业不断提升技术、质量和服务水平，增强整体素质和核心竞争力，推动经济结构调整和产业转型升级，实现从产品输出向产业输出的提升。

积极推进国际产能和装备制造合作将进一步促进中国装备、技术、标准和服务“走出去”，推动钢铁、有色金属、建材、铁路、电力、化工、轻纺、汽车、通信、工程机械、航空航天、船舶和海洋工程等重点行业的境外投资和对外合作，促进中国跨国公司的发展。

9.4.2　中国跨国公司的类型

20 世纪 90 年代以来，中国企业的海外直接投资进入一个蓬勃发展时期，形成了一批新的跨国公司。中国跨国公司大致可以分为以下 3 类。

1. 大批“中”字头的国有独资企业或国有控股企业

“中”字头的国有独资企业或国有控股企业是中国企业海外经营的先锋和主力。这些跨国公司涉及的领域不仅有采掘和加工制造，还有金融保险、电力通信等服务领域，如中国石油化工集团公司、中粮集团有限公司、中国工商银行、中国人民保险集团股份有限公司等。

2. 大型生产型企业集团和新兴高科技公司

由于大型生产型企业集团和新兴高科技公司有相对成熟的生产技术和较强的研发能力，在国内有庞大的生产基地和销售网络，在资金、技术、人才、市场、管理等方面有明显的竞争优势，海外经营起步虽晚，但正以较快的发展速度向海外扩张。例如，海尔集团创立于 1984 年，从生产冰箱起步，逐渐拓展到家电、通信、数码产品、家居、物流、金融、房地产、生物制药等领域，成为全球领先的美好生活解决方案提供商。

3. 民营中小企业

近年来走出国门的民营企业不断增加，不乏非常成功的案例，如远大集团、新希望集团、上海紫江集团等，它们积极开拓国际市场，成为跨国经营的新生力量。那些迅速崛起的民营企业在国际市场上的成功案例表明：它们越来越成为中国海外直接投资的重要力量。

9.4.3　中国跨国公司发展的特点

中国跨国公司的产生与发展有其自身的特殊性，这主要体现在以下两个方面：

(1) 中国跨国公司是伴随着中国改革开放进程成长壮大的。改革开放前，中国只有少数国有企业从事对外贸易，直接参与国际市场竞争，而绝大多数企业只在国内市场活动。

改革开放后,随着国家一系列改革开放政策的实施,首先是国有大中型企业,然后是中小企业和民营企业,逐渐走出国门,参与货物进出口和对外直接投资。在此基础上,一批跨国公司逐渐成长与壮大。

(2) 中国跨国公司的发展历史虽短,但发展速度超过了其他发展中国家。中国改革开放只有40年,在40年的时间里,中国跨国公司从无到有、从小到大,不断发展壮大。特别是中国加入世界贸易组织后,中国企业积极参与经济全球化的进程,跨国公司的发展速度超过其他发展中国家。在世界500强中,中国公司的数量不断增加,现已跃居世界前列。

复习思考题

1. 简述跨国公司的特点。
2. 简述跨国公司在国家贸易中的作用。
3. 简述国际直接投资的种类和特点。
4. 跨国公司如何强化其竞争优势?
5. 简述跨国公司发展的阶段及原因。
6. 结合实际阐述中国跨国公司的发展历程。

第 10 章

区域经济一体化

10.1 区域经济一体化的概念及发展原因

10.1.1 区域经济一体化的含义

区域经济一体化是指区域内或区域之间的国家和政治实体通过书面文件，逐步实现彼此之间货物、服务和生产要素的自由流动，进行各种要素的合理配置，促进相互间的经济与发展，取消关税与非关税壁垒，进而协调产业、财政和货币政策，并相应建立超国家组织机构的过程。区域经济一体化表现为各种形式的区域经济贸易集团的建立。

区域经济一体化也可以从制度性一体化和功能性一体化两方面进行阐述。前者是指通过一定的条约和协定，建立某种超国家的组织形式一体化；后者是指现实经济领域中，由于各国之间经济活动关系日益密切而导致市场扩大、贸易壁垒消除所形成的一种客观的融合。制度性一体化和功能性一体化是当代世界经济中同时发展的两种趋势，两者互为因果。一般说来，功能性一体化是实际需要，而制度性一体化是实现这种实际需要的制度保证。因此,大多数区域经济集团都是两者一起发展的。

10.1.2 区域经济一体化的发展历程

区域经济一体化的发展经历了以下 3 个阶段。

1. 区域经济一体化迅速发展阶段("二战"后初期至 20 世纪 70 年代初)

目前仍在运行的一些区域一体化组织多数是在这一阶段发展起来的,这些组织在欧洲、拉丁美洲和非洲得到广泛发展,据统计,20 世纪 60 年代,全球共有 19 个区域经济一体化组织,20 世纪 70 年代增至 28 个,其中欧洲共同体、欧洲自由贸易联盟和经济互助委员会表现得最为突出。

20 世纪 60 年代,一大批原殖民地国家脱离了殖民统治,进而寻求摆脱本国对外经济关系中的殖民成分,迫切需要一套有利于自力更生和纠正殖民地经济特有畸形产业结构的对外经济关系;欧洲共同体的初步成功形成了普遍的示范效应,为不同发展水平的国家谋求建立互利的对外经济关系提供了参照。基于上述背景,区域经济一体化进入了蓬勃发展时期。

2. 区域经济一体化缓慢发展甚至停滞发展阶段(20 世纪 70 年代中期至 80 年代中期)

从 20 世纪 70 年代中期起,由于石油危机的冲击,各国经济增长速度普遍放慢,经济衰退,导致贸易保护主义泛滥,贸易和投资自由化受到较大的阻力,经济一体化步伐放慢。除了欧洲共同体仍在缓慢推进一体化进程外,其余的一体化组织几乎都停止发展,甚至分化、解体。

3. 区域经济一体化迅猛发展并实现新的飞跃阶段(20 世纪 80 年代中期以来)

20 世纪 80 年代中后期,国际政治趋向缓和,而国际经济竞争趋于激化。以欧共体为代表的区域一体化集团将国际竞争从国家间竞争推向区域集团间的竞争,这使得未加入一体化组织的国家备感压力。同时,鉴于前一时期的尝试,不同经济发展水平的国家也从简单模仿转向探索本地区特色的一体化模式。参加区域经济一体化的国家越来越多,经济一体化的层次也越来越高。区域经济一体化从简单的数量扩张、规模扩张迈向了内涵深化的新时期。

10.1.3 区域经济一体化的发展原因

区域经济一体化是多种原因促成的结果,包括地缘接近、经济发展水平相近或具有互补性、文化观念相似、政治和价值观念一致、政治上能够包容等。

1. 联合一致、抵御外部强大压力是区域经济一体化产生的直接原因

"二战"结束后,美国与苏联在欧洲形成了对峙的冷战局面,双方在欧洲展开了激烈的争夺。西欧国家为了维护国家主权,增强与美苏相抗衡的力量,恢复和提高西欧在国际舞台上的地位,以及发挥其应有的作用,深感需要联合起来,走一体化的道路,这是欧洲共同体成立的直接原因。其后建立的区域经济一体化组织大都出于类似的原因。

2. 发展中国家维护民族经济权益和发展的需要

"二战"后,殖民体系瓦解,原来的殖民地附属国纷纷获得政治上的独立,开始致力于民族经济的发展。但是,广大的发展中国家在发展经济上面临很多问题,如物质和技术能力薄弱、资金不足、国内市场狭窄、国际经济体系不合理等。这种情况迫使发展中国家联合起来,进行集体的自力更生,走经济一体化的道路。

3. 科学技术和社会生产力的高速发展是区域经济一体化产生的经济技术基础

"二战"后,以原子能工业、电子工业和高分子工业为标志的第三次工业革命的出现,极大地促进了社会生产力的提高和国际分工向广度和深度发展,加速了各国经济的相互依赖和经济生活的国际化趋势。生产力的发展要求打破国家的疆域界线,在彼此之间进行经济协调和联合。这种建立在现代科学技术基础上的日益加深的各国经济的相互依赖性是发达国家趋向联合、走向经济一体化的客观基础。

4. 区域经济一体化自身所带来的各种积极经济效应是其产生和发展的内在动力

区域经济一体化的建立会给各成员国带来各种各样积极的经济效应。例如,建立区域经济一体化组织之后,成员国之间相互取消或削减关税并减少非关税贸易壁垒,这就为成员国之间产品的相互出口创造了良好的条件,从而使区域内贸易的规模趋于扩大,这被称为贸易创造效应。利用区域内市场扩大出口,带动经济发展,对于那些国内市场相对狭小的国家来说尤其重要。区域经济一体化组织的建立还会使所有成员国的国内市场组成一个统一的区域性市场,这种范围的扩大为企业实现生产的规模经济创造了条件,并且可以进一步增强区域内部的企业相对于非成员国企业的竞争力。区域经济一体化的建立也有利于促进成员国企业之间的竞争,从而打破国内垄断,优化资源配置,提高经济运行的效率,也有助于吸引外部投资。区域经济一体化组织会对来自非成员国的产品产生一定的排斥作用,非成员国为了抵消这种不利影响,会倾向于将生产地点转移到区域的内部,在当地直接生产并销售。对于成员国来说,这就在客观上促进了外部资本流入。

5. "多米诺骨牌"效应

区域经济一体化组织的建立使国家间的竞争转为集团间的竞争。由于区域经济一体化组织对来自成员国和非成员国的产品采取差别待遇,它在扩大区域内贸易的同时,也减少了区域内成员国与区域外国家之间的贸易往来,从而造成了贸易方向的转移。这种转移无疑会对非成员国的出口造成负面影响。因而,当几个国家签订了一个区域经济一体化协议之后,就会对其他非成员国造成压力,促使他们也加入这个区域经济一体化组织或寻求建立他们自己的区域经济一体化组织。而新的区域经济一体化协议的签订又会进一步增加对其他非成员国家的压力,进而促使更多的区域经济一体化组织的诞生。

6. 有利于维护周边环境的和平与稳定、提高国际地位和加强对外谈判力量

区域经济一体化会使各成员国的经济更加紧密地结合在一起,增强了相互间的依存度和信任度,从而避免了相互间矛盾的激化。例如,欧洲经济一体化的一个主要动机就是通过经济上的合作防止在欧洲再度爆发战争。发展中国家组成区域经济集团,也希望改变西方大国操纵世界事务的局面,提高自身国际地位,进而建立国际政治新秩序。

10.2 区域经济一体化的基本形式及特点

10.2.1 区域经济一体化的基本形式

区域经济一体化形式的划分主要以一体化程度的高低为标准。区域经济一体化按照一体化程度由低到高主要有以下几种形式。

1. 优惠贸易安排

优惠贸易安排(preferential trade arrangement)是区域经济一体化最初级和最松散的一种形式。在优惠贸易安排的成员之间,通过协定或者其他形式,对全部商品或者一部分商品规定特别的关税优惠。但是,优惠贸易安排并不一定涉及全部商品领域,其优惠幅度也并不一定达到完全取消关税壁垒和非关税壁垒的程度。例如,1932年,英国针对其以前的殖民地建立的大英帝国特惠税制就规定:成员国间互相减让关税,但对非成员国仍维持较高的关税,形成一种优惠贸易集团。

2. 自由贸易区

自由贸易区是指由签订自由贸易协定的国家组成的区域经济一体化组织,在成员方之间废除关税与数量限制,使区域内各成员方的商品可完全自由移动,但每个成员方仍然保持对非成员方的贸易壁垒。例如,2003年6月29日中国中央政府与香港特别行政区签署《内地与香港关于建立更紧密经贸关系的安排》,其主要内容有三大部分:贸易自由化;内地自2004年1月1日起对273个税目的港产品实行零关税;内地自2006年1月1日起对全部港产品实行零关税。现代意义的自由贸易区往往还要求实现服务贸易一定程度上的自由化。自由贸易区不要求成员方建立共同的对外关税,但是从理论上说,没有建立统一对外关税的自由贸易区容易引起的关税壁垒的规避。

3. 关税同盟

关税同盟是指两个或者两个以上的经济体完全取消关税和其他贸易壁垒,并对非同盟国家实行统一的关税率而缔结的同盟。关税同盟相比自由贸易区的一体化程度又前进了一步,关税同盟意味着撤除了成员国各自原有的关境,组成了共同的对外关境。这样不仅使成员国的商品和服务在区域内部自由流动,而且排除了来自非成员国的竞争。关税同盟开始具有超国家的性质,是实现全面经济一体化的基础。

4. 共同市场

所谓共同市场,除了要求其成员国之间完全取消关税与非关税壁垒,并且建立对非成员国的共同关税之外,共同市场之间的生产要素也可以自由流动。因为对于成员国之间人员的流入和流出以及资本的跨国界移动没有任何限制,所以共同市场内的成员国之间联合的密切程度远大于关税同盟。建立共同市场需要成员国在财政、货币和就业政策方面达到很高程度的协调与合作,而要实现这种层次的合作非常困难。目前,除欧盟以外,世界其他地区还没有建立起成功的共同市场。欧盟现已从共同市场阶段跨入了全面的经济同盟。

5. 经济同盟

经济同盟是指成员国之间不但商品和生产要素可以完全自由流动,建立对外共同关税，而且要求成员国之间制定和执行某些共同经济政策和社会政策，逐步消除政策方面的差异，使之形成一个统一的经济实体。在经济同盟这个阶段，成员国还可能实行某种形式的货币同盟，而且每个成员国都要为这个机制牺牲一定的国家主权。1999 年 1 月 1 日欧元启动，标志欧盟已经进入这一阶段。

6. 完全经济一体化

完全经济一体化是经济一体化的最高形式。在这个阶段，区域各国在经济、金融和财政等政策上完全统一化，在成员方之间完全废除商品、资金、劳动力等自由流动的人为障碍，并且各成员国的社会、政治、防务等方面的政策也趋于一致，等同于一个扩大了的国家。这是经济一体化化的最高组织形式，迄今并未出现。

10.2.2　区域经济一体化的特点

1. 区域经济一体化由西欧向其他地区延伸

1948—1994 年，在世界上 109 个一体化协定中，西欧国家就占了 76 个。1958 年欧洲联盟和 1960 年欧洲自由贸易协会的产生，推动了欧洲国家之间的经济一体化过程。

2. 以发展中国家为主的区域经济一体化进展缓慢

发展中国家组建的经贸集团为数众多，但达成的建立自由贸易区或关税同盟的协定并未按原定日期实现。特别是非洲和拉美地区的组织进展缓慢。除了由于 20 世纪 70 年代和 80 年代初外部环境的恶化以外，一体化进展缓慢的主要原因是其内向型发展政策和区域经济一体化的目标不一致。

3. 多数区域经济一体化处于低级阶段

多数区域经济一体化处在自由贸易区阶段，少数区域经济一体化进入了关税同盟阶段，采取共同市场的区域经济一体化组织很少，只有欧盟目前进入完全一体化阶段。

4. 区域经济一体化的构成基础发生了重大变化

20 世纪 80 年代以前，区域经济一体化组织主要由国土相接、经济发展水平相近、社会制度相同的国家构成。20 世纪 80 年代以来，区域经济一体化突破了上述范围，其构成的基础也发生了变化，主要表现为以下 4 点：

(1) 突破了国土相邻的界限，出现了跨洲和跨洋的区域合作组织，如亚太经合组织的成员遍布亚洲、北美洲、南美洲和大洋洲。

(2) 打破了经济发展水平差距的障碍，经济发展水平不同的国家也成立了区域经济一体化组织，如发达国家美国、加拿大与发展中国家墨西哥组成的北美自由贸易区。

(3) 拆除了社会制度不同的篱笆，社会制度不同的国家也可以共同组成经贸集团。例如在亚洲，东盟自由贸易区搁置了社会制度和意识形态的差异，接纳了越南和柬埔寨等国家。

(4) 从排他性转向对外开放。区域经济一体化组织的排他性色彩有所淡化，开始追求开放的区域主义。

5. 区域经济一体化的其他特点

区域经济一体化组织呈现相互交错的特点，一些较大的区域经济一体化组织内出现了次区域经济一体化组织，很多国家同时参加几个经贸集团。区域经济一体化沿着以下的特点发展；不断深化和升级现有的地区经济经贸集团，扩展现有组织的成员，以及缔结新的区域贸易协定。

10.3 区域经济一体化的实践

目前主要的区域经济一体化组织有欧盟、北美自由贸易区、亚太经合组织和东南亚国家联盟等，其中发展历史最悠久、影响最大的、最成熟的是欧盟。

10.3.1 欧盟

欧盟(European Union，EU)是当今世界上一体化程度最高的区域政治、经济集团组织，从区域化合作开始到一体化进程，开启和引领了世界区域经济一体化的浪潮，也是当今世界各种区域经济一体化组织中最成功的典范。欧盟是一个集政治实体和经济实体于一身、一体化程度最高、在世界上具有重要影响的区域一体化组织。欧盟的总部设在比利时首都布鲁塞尔，欧洲中央银行设在德国法兰克福，欧盟有自己的盟旗、盟歌、货币及外交政策。

1. 欧盟一体化的主要进程

“二战”后经济一体化浪潮发端于西欧。1950 年 5 月 9 日，法国外长贝尔·舒曼发表了著名的舒曼计划，标志着经济一体化思想的形成并正式开始实践。遵循舒曼计划，比利时、法国、联邦德国、意大利、荷兰和卢森堡 6 国于 1952 年成立了欧洲煤钢共同体。同时，比利时、荷兰和卢森堡组成比荷卢经济联盟。1957 年 3 月 25 日，这 6 个国家又在罗马签订了《欧洲经济共同体条约》和《欧洲原子能共同体条约》，通称《罗马条约》，决定于 1958 年 1 月 1 日建立欧洲经济共同体和欧洲原子能共同体。1967 年 7 月 1 日，欧洲经济共同体、欧洲煤钢共同体和欧洲原子能共同体签订协议，合三为一，即欧洲共同体(简称欧共体)。1992 年底以前，基本建成了欧洲内部的统一大市场，在欧共体范围内实现了商品、劳务、人员和资本无国界的自由流动。1991 年 12 月 11 日，欧共体首脑会议在荷兰马斯特里赫特召开，通过了以建立欧洲经济货币联盟和欧洲政治联盟为目标的《经济与货币联盟条约》和《政治联盟条约》，通称《马斯特里赫特条约》(简称《马约》)，于 1993 年 11 月 1 日起生效，从此，欧共体成为欧洲联盟。1999 年 1 月 1 日发行欧元，2002 年 1 月 1 日，欧元正式流通，成为比利时、德国、西班牙、法国、爱尔兰、意大利、卢森堡、荷兰、奥地利、葡萄牙、芬兰和希腊这 12 个国家的法定货币。斯洛文尼亚于 2006 年达到标准，并于 2007 年 1 月 1 日加入欧元区；塞浦路斯和马耳他于 2008 年加入欧元区；斯洛伐克于 2008 年达到标准，并于 2009 年 1 月 1 日加入欧元区。目前欧元区共有 16 个成员国和超过 3 亿 2 千万的人口。

2. 欧盟成立后的 6 次扩充

1973 年，英国、丹麦、爱尔兰加入，欧共体成员国增加到 9 个。1981 年，希腊加入，使欧共体成员国增加到 10 个。1986 年，西班牙和葡萄牙先后加入，使欧共体成员国增加到 12 个。1995 年，奥地利、瑞典、芬兰加入，使欧盟成员国增加到 15 个。2004 年 5 月 1 日，塞浦路斯、匈牙利、捷克、爱沙尼亚、拉脱维亚、立陶宛、马耳他、波兰、斯洛伐克和斯洛文尼亚 10

个中东欧国家加入，使欧盟成员国增加到 25 个。2007 年 1 月 1 日，保加利亚和罗马尼亚加入欧盟。2013 年 7 月 1 日，克罗地亚成为欧盟成员国。

3. 欧盟的主要成果

欧盟的主要成果表现为以下 7 个方面。

1）成立关税同盟

主要采取了以下措施：取消内部关税，统一对外税率，取消数量限制和禁止与数量限制具有同等效率的措施。按照《罗马条约》的规定，成员国应分 3 个阶段减税，原六国之间的工业品和农产品分别提前于 1968 年 7 月和 1969 年 1 月建成关税同盟。在取消内部关税的同时，1968 年 7 月 1 日，欧共体六国开始对非成员国工业品实行统一的关税，即以六国对外关税率的平均数作为共同的关税率。1960 年 5 月，欧共体决定，于 1961 年提前取消工业品的进口限额，将农产品数量限制改为共同体配额，适用于所有成员国，同时取消贸易的技术壁垒，协调间接费，简化边境海关监管手续等。

2）实施共同的农业政策

实施共同的农业政策这方面的主要成果如下：

(1) 对非成员国的农产品进口征收差价税，即按非成员国农产品的进口到岸价格与欧共体内同种农产品的最高市场价格的差额征税。

(2) 统一农业政策和农产品价格，即成立各类农产品的共同市场组织，制定共同价格，使农产品在欧共体内自由流通。

(3)对农产品出口实行补贴，即各成员国把征收的进口差价税上缴欧共体，建立共同的农业基金以补贴农产品出口。

3）建立欧洲货币体系

欧共体于 1973 年成立欧洲货币合作基金，于 1974 年设立欧洲计算单位（European Units of Account，EUA），用于各成员国中央银行之间的债务结算和蛇形行动制的货币业务。EUA 是一种货币篮子，各成员国货币在其中的权重按 1969—1973 年该国出口额在欧共体出口总额中的比重确定，以九国货币当时的汇率决定折算价值。1979 年 3 月，欧共体又设立了欧洲货币单位（European Currency Unit，ECU）取代了欧洲计算单位，也是一个篮子货币。成员国货币的比重是根据各国国民生产总值和在欧共体内部贸易总额中的大小来确定的。为了稳定各成员国的汇率，欧共体建立了一种固定的可调整的汇率制度，即以欧洲货币单位为中心，首先规定成员国货币与欧洲货币单位的中心汇率或平价，然后通过欧洲货币单位确定各成员国货币之间的双边固定汇率，各成员国保证其货币汇率偏离中心汇率的最大波动幅度在±2.25%之间，否则有义务进行干预。

4）建立欧洲内部统一大市场

根据《单一欧洲法令》所确定的目标，欧共体 12 国先后采取了 282 项立法措施，克服了有形壁垒、技术壁垒和财政壁垒，在 1992 年底以前基本建成了欧洲内部统一大市场，在欧共体范围内实现了商品、劳务、人员和资本无国界的自由流动。

5）发行单一货币，建立欧洲中央银行，统一货币政策

1999 年 1 月 1 日，欧盟中的德国、比利时、奥地利、荷兰、法国、意大利、西班牙、葡萄牙、卢森堡、爱尔兰和芬兰 11 个成员国率先放弃了货币主权，共同采用统一的货币——欧元。

希腊于2001年1月1日采用欧元，成为欧元区第12个成员国。2002年1月1日0时，欧元正式流通，并成立了欧洲中央银行，因此，货币政策已经统一。

6）统一财税政策

欧盟在改革成员国不同增值税、消费税等税收制度和财政补贴政策方面有一整套协调财政政策的法律程序和制度框架，并逐步确立了成员国税收一体化的基本原则：禁止以税收方式对本国产品提供保护原则；协调成员国税收立法原则；消除重复征税原则；成员国从属原则；成员国一致同意原则。此外，欧盟建立了超国家的共同财政预算制度，财政收入来源于成员国全部进口关税、农产品进口差价税和糖税、成员国增值税提成等。通常欧盟每年的共同财政预算约为900亿欧元。

7）建立共同体一级的决策机构和执行机构，实施共同的外交和安全政策

欧盟拥有许多共同体一级的决策机构和执行机构，以保证区域一体化的深入推进，主要有以下几个机构：

(1) 欧洲理事会(European Council)，即首脑会议，由成员国国家元首或政府首脑及欧盟委员会主席组成，负责讨论欧盟的内部建设、重要的对外关系及重大的国际关系。每年至少举行两次会议。欧洲理事会主席由各成员国轮流担任，任期半年。

(2) 欧盟理事会(Council of European Union)，即部长理事会，主席由各成员国轮流担任，任期为半年。

(3) 欧盟委员会(Commission of European Union)，是欧盟的常设机构和执行机构，负责实施欧盟条约和欧盟理事会作出的决定，向理事会和欧洲议会提出报告和立法动议，处理欧盟的日常事务，代表欧盟对外联系和进行贸易等方面的谈判等。在欧盟实施共同外交和安全政策范围内，只有建议权和参与权。

(4) 欧洲议会(European Parliament)，是欧盟的执行监督、咨询机构，在某些领域有立法职能，并有部分预算决定权，还可以2/3多数弹劾欧盟委员会，迫其集体辞职。

(5) 欧洲法院(European Court of Justice)，是欧盟的仲裁机构，负责审理和裁决在执行欧盟条约和有关规定中发生的各种争执。

(6) 欧洲审计院(European Court of Auditors)，负责欧盟的审计和财政管理。

(7) 欧洲中央银行(European Central Bank)，负责制定货币政策和发行欧元。

2004年10月，欧盟25个成员国的领导人在罗马签署了欧盟历史上的第一部宪法条约——《欧盟宪法条约》，标志着欧盟在推进政治一体化方面又迈出重要的一步。2005年1月，欧洲议会批准了《欧盟宪法条约》，但随后该条约在法国、荷兰的公投中先后遭到否决。为解决欧盟制宪危机，欧洲领导人于2007年12月13日在葡萄牙首都里斯本正式签署《里斯本条约》，取代已经失败的《欧盟宪法条约》，该讨论已获得当时欧盟全部成员国的批准，并于2009年12月1日正式生效。从某种意义上来讲，欧盟一体化已经成为一个难以逆转的进程。不管人们愿意与否，它时刻都在影响着欧洲人的生活：在欧盟范围内，法规一体化的覆盖率达到60%以上；在经济一体化方面，成员国的主权转让共享超过85%。

4. 欧盟一体化的主要特点

欧盟一体化的主要特点如下：

(1) 循序渐进，由低级形式逐步走向高级形式。最初是关税同盟，逐步发展到经济货币

联盟阶段。

(2) 逐步推进。最初是部门一体化,逐步扩大到全面一体化;最初仅为 6 国,现在已经有 28 国,未来还会逐步扩大。

(3) 从单纯的商品贸易领域扩大到货币、金融、服务、科技、农业、财政等各个领域。

(4) 经济一体化促进了社会和区域政策的协调,为推进政治一体化打下了基础。

【国际贸易博览 10-1】

欧盟建设的里程碑——《里斯本条约》

2004 年 10 月 29 日,欧盟 25 个成员国的领导人在罗马签署了《欧盟宪法条约》。但在法国、荷兰的公投中先后遭到否决。为解决欧盟制宪危机,欧盟领导人于 2007 年 12 月 13 日在葡萄牙首都里斯本正式签署《里斯本条约》,取代已经失败的《欧盟宪法条约》,该条约已获得当时欧盟全部成员国的批准,并于 2009 年 12 月 1 日正式生效。

相比《欧盟宪法条约》,新条约内容大为简化,但仍保留了宪法条约的实质内容。根据新条约,欧盟的决策方式和机构设置都将进行大刀阔斧的革新,旨在让扩大后的欧盟更好地运转。其主要内容有:设立常任欧盟理事会主席职位,主席任期两年半,可以连任;设立欧盟外交和安全政策高级代表一职,全面负责欧盟对外政策;从 2014 年起欧盟委员会的委员人数将从 27 名减至 18 名;欧洲议会的权力将增强;议会的议席将从目前的 785 席减至 750 席;将更多的政策领域划归到以"有效多数表决制"决策的范围,以简化决策过程,成员国不再能"一票否决",但在税收、社会保障、外交和防务等事关成员国主权的领域,仍采取一致通过原则;从 2014 年开始,以"双重多数表决制"取代目前的"有效多数表决制",即有关决议必须至少获得 55%的成员国和 65%的欧盟人口的赞同,才算通过,"双重多数表决制"实施后的 3 年为过渡期;成员国议会将在欧盟决策过程中发挥更重大的作用,例如,如果一项欧盟立法草案遭到 1/3 成员国议会的反对,将返回欧盟委员会重新考虑;欧洲法院将被赋予更大权力,可以就各国司法和内政相关的法律是否与欧盟法律相冲突进行裁决等。

10.3.2 北美自由贸易区

1. 北美自由贸易区的主要进程

随着欧洲经济一体化的深入发展,以美国为首的美洲自由贸易区正在形成。早在 20 世纪 80 年代初,就有了建立美、加、墨自由贸易区的设想,但由于种种原因,未能付诸实施。在欧洲经济一体化浪潮的冲击下,北美自由贸易区(North American Free Trade Area, NAFTA)加快了启动的步伐。1988 年 1 月 2 日,美国和加拿大正式签署了自由贸易协定,该协定于 1989 年 1 月 1 日正式生效。该协定规定在 10 年内消除两国间仍保留的大部分关税和非关税壁垒。1990 年 9 月,美国总统布什向国会提出开始与墨西哥进行自由贸易谈判的要求,并于同年 11 月访问墨西哥,商讨签订自由贸易协定的有关事宜。1991 年 2 月,加拿大也加入进来,三国就建立自由贸易区问题开始举行谈判。此后,三国政府高级官员举行了 200 多次会谈,最后敲定长达 400 页的《北美自由贸易协定》文本,于 1992 年 12 月 17 日,分别由美国、墨西哥总统和加拿大总理签署,经三国国会审议通过,《北美自由贸易协定》于 1994 年 1 月 1 日起正式生效。该协定规定,美国、加拿大和墨西哥三国决定,自该协定生效之日起，在15年内逐步取消货物和服务贸易以及资本流动的所有关税和非关税壁垒。该协定涉及市场准入、贸易、法规、服务业、投资和知识产权等方面。

2. 北美自由贸易区的主要内容

《北美自由贸易协定》明确表示美、加、墨三国将根据自由贸易的基本精神，秉承国民待遇、最惠国待遇和透明度的原则，建立自由贸易区。其宗旨是：取消贸易壁垒，创造公平竞争的条件，增加投资机会，对知识产权提供适当的保护，建立执行办公室和解决争端的有效程序，以及促进三边的、地区的和多边的合作；最终建成一个取消所有商品和贸易障碍的自由贸易区，实现生产要素在自由贸易区内的完全自由流动。

《北美自由贸易协定》的主要内容包括：降低与取消关税；汽车产品；纺织品和服装；原产地规则；能源和基本石化产品；农业；放款对外资的限制；开放金融保险市场；公平招标；服务贸易；知识产权保护。除上述主要内容外，《北美自由贸易协定》还就三国的海关管理、卫生和动植物检疫措施、紧急措施、技术标准、公共部门的采购、竞争垄断和国有企业、商务人员的临时入境、反倾销和补偿配额的争端解决、例外及保留条款等专门做了详细规定。

3. 北美自由贸易区的特点

北美自由贸易区有以下3个特点。

1）南北共存性

区域经济集团一般由社会经济发展水平相对接近的有关国家组成，这样可以大大减少实际运行中的调整成本，如欧盟。而北美自由贸易区则不然，其中既有当今世界上的第一经济大国美国和发达国家加拿大，也有发展中国家墨西哥，经济发展水平迥异。因此，在北美自由贸易区中既存在着美、加之间的“水平形态的经济合作与竞争”，又存在着美、墨与加、墨之间的“垂直形态的经济合作与竞争”，而且二者交织在一起。

2）一国主导性

在北美自由贸易区的3个成员国中，美国的经济发展水平最高，综合国力最强，在双边贸易、直接投资、技术转让及金融、保险等生产性服务业诸领域都有雄厚的经济实力，而加拿大、墨西哥的总体经济实力远不能与美国同日而语。经济发展水平和总体经济实力方面的巨大差异造成美国和加拿大、墨西哥之间尤其是美、墨之间相互依赖的不对称性，由此导致了美国在北美自由贸易区中占据主导和支配地位。美国既是建立北美自由贸易区的积极倡导者，也是北美自由贸易区得以正常运行的主要支撑力量。可以说北美自由贸易区是以美国为核心的区域经济集团。

3）经济互补性

美、加、墨的经济互补关系在三国的经济运行中随处可见。例如，墨西哥和加拿大拥有丰富的能源资源，而美国是世界上的能源消费大国，每年需要进口大量石油，三国在能源领域有很强的互补关系；墨西哥作为一个人口大国，拥有大量的廉价劳动力，美国则有先进的技术设备和雄厚的资本实力，两者的结合，必将从总体上提高北美地区制造业竞争力。

【国际贸易博览10-2】

北美自由贸易协定的重新谈判

美国总统特朗普自2017年上任以来曾多次批评北美自由贸易协定造成美国制造业岗

位流失。北美自由贸易协定重启谈判，首轮谈判于 2017 年 8 月正式启动。2018 年 8 月 27 日，美国与墨西哥就更新北美自由贸易协定达成初步原则性协议：

(1) 在北美生产的汽车零部件比例达到 75%，高于旧协议的 62.5%。

(2) 40%～45%的汽车零部件由时薪至少为 16 美元的工人生产，旨在遏制车企将就业岗位转向墨西哥。

(3) 2026 年评估一次协议，并可根据评估结果将协议期限延长 16 年。

2018 年 9 月 30 日，美国和加拿大宣布双方就新协议达成共识：

(1) 加拿大将向美国农民局部开放价值 160 亿美元的加拿大农产品市场。

(2) 如果美国将来向进口汽车征收关税，这些关税将不会适用于加拿大和墨西哥制造的汽车。

(3) 加拿大和墨西哥制造的汽车每年向美国免税出口的限额为 260 万辆。

(4) 每部在美国、加拿大和墨西哥制造的汽车中，最少要有 40%的零件由这 3 个国家的不低于 16 美元时薪的工人生产。

(资料来源：维基百科)

10.3.3　亚太经合组织

1989 年 11 月 5 日至 7 日，澳大利亚、美国、加拿大、日本、韩国、新西兰和东盟在澳大利亚堪培拉举行亚太经济合作会议首届部长级会议，这标志着亚太经济合作会议的成立，1993 年 6 月改名为亚太经济合作组织(Asia-Pacific Economic Cooperation，APEC)，简称亚太经合组织。1991 年 11 月，中国以主权国家身份，中国台北和中国香港以地区经济体名义正式加入亚太经合组织。目前该组织共有 21 个成员：澳大利亚、文莱、加拿大、智利、中国、中国香港、印度尼西亚、日本、韩国、墨西哥、马来西亚、新西兰、巴布亚新几内亚、秘鲁、菲律宾、新加坡、中国台北、泰国、美国、俄罗斯和越南。

亚太经合组织成员位于环太平洋地区，分布在美洲、亚洲和大洋洲，总人口占世界人口的 45%，国内生产总值占世界的 55%，贸易额占世界的 46%，在全球经济活动中具有举足轻重的地位。

自 1989 年起，亚太经合组织每年举行一次由各成员外交和经贸部长参加的年会，并召开 3 次或 4 次高级官员会议，还可就某一专题举行部长级特别会议。亚太经合组织领导人非正式会议是亚太经合组织最高级别的会议，首次亚太经合组织领导人非正式会议于 1993 年 11 月 20 日在美国西雅图举行，这次会议发表了《经济展望声明》，揭开了亚太贸易自由化和经济技术合作的序幕。此后，亚太经合组织领导人非正式会议每年召开一次，在各成员间轮流举行。

亚太经合组织具有以下特点：

(1) 开放性。成员间的所有优惠措施或安排也适用于非成员国。

(2) 灵活性。允许各成员根据本国或本地区的具体情况，选择实现贸易投资自由化的进程和速度。

(3) 多层次性。亚太地区地域辽阔，经济、社会、文化差异极大，因此，次区域经济合作蓬勃发展，如北美自由贸易区、南太平洋自由贸易区、东盟自由贸易区等。

(4) 渐进性。由于亚太经合组织成员间巨大的差异性,决定了其不可能在短期内形成像欧盟或北美自由贸易区那样的一体化组织,而要经过先易后难、先初级后高级、渐进的、长期的发展过程。《茂物宣言》宣布发达国家不迟于2010年、发展中国家不迟于2020年在亚太地区实现贸易和投资自由化的长远目标。

10.3.4 东南亚国家联盟

东南亚国家联盟(Association of Southeast Asian Nations,ASEAN),简称东盟,是亚洲地区出现的第一个区域性贸易集团。东盟于1967年8月8日在泰国曼谷成立,有10个成员国,即泰国、印度尼西亚、马来西亚、菲律宾、新加坡、文莱、越南、柬埔寨、老挝、缅甸,人口约5.12亿人,总面积约450万平方千米。为加强成员国之间的贸易关系,东盟在1992年的峰会上达成了深化经济合作关系的框架协议,通过消除关税和非关税障碍,于2003年建立东盟自由贸易区(ASEAN Free Trade Area,AFTA),实现区域内贸易的零关税。多年来,中国与东盟各国的经贸关系不断发展和壮大。自1991年中国与东盟建立对话伙伴关系以来,双方在经济领域的合作得到了极大提升,双边贸易额保持了较高的增速。2001年11月6日,中国和东盟十国领导人在文莱的东盟—中国领导人会议上,决定签署经济合作框架和在10年内建立中国—东盟自由贸易区。2002年11月4日,朱镕基总理和东盟十国领导人共同签署了《中国—东盟全面经济合作框架协议》,总体确定了中国—东盟自由贸易区的基本框架,决定到2010年建成中国—东盟自由贸易区,这标志着中国和东盟建立自由贸易区的进程正式启动。2010年1月1日,拥有约19亿人口的发展中国家最大的自由贸易区——中国—东盟自由贸易区正式建立。

10.3.5 《跨太平洋伙伴关系协定》

2008年金融危机爆发后,美国奥巴马政府以贸易振兴经济,提出为期5年的"出口倍增"计划。为此,先后启动了《跨太平洋伙伴关系协定》(Trans-Pacific Partnership Agreement,TPP)和《跨大西洋贸易与投资伙伴协定》(Trans-Atlantic Trade Investment Partnership,TTIP)的谈判。

《跨太平洋伙伴关系协定》也被称作"经济北约"。其前身是《跨太平洋战略经济伙伴关系协定》(Trans-Pacific Strategic Economic Partnership Agreement),是由亚太经济合作会议成员中的新西兰、新加坡、智利和文莱4国发起,从2002年开始酝酿的一组多边关系贸易协定,原名亚太自由贸易区,旨在促进亚太地区的贸易自由化。2009年11月,美国正式提出扩大的跨太平洋伙伴关系计划,全方位主导TPP谈判。参与谈判的共有12个成员:美国、智利、秘鲁、越南、新加坡、新西兰、文莱、澳大利亚、日本、墨西哥、加拿大、马来西亚。2005年10月5日,美国等12个国家成功结束了TPP谈判,达成TPP贸易协定。2007年1月20日,美国总统特朗普在就职当天宣布从12国的跨太平洋伙伴关系中退出。2017年1月23日,特朗普在白宫签署行政命令,标志美国正式退出《跨太平洋伙伴关系协定》。

10.3.6 《跨大西洋贸易与投资伙伴协定》

2013年2月,美国与欧盟决定就《跨大西洋贸易与投资伙伴协议》举行谈判。旨在通过扩大双边贸易和投资,以促进经济增长、创造就业,最终摆脱金融危机的影响,提高国际竞争力,应对新兴经济体的挑战;在世界贸易组织之外解决贸易壁垒问题,并为 21 世纪的国际商品—投资—服务贸易制定新的国际规则。除减免关税外,TTIP 谈判将重点致力于解决市场准入和监管法规、非关税壁垒以及市场规则 3 个关键性问题。一旦美欧在产品技术标准上达成一致,将对全球产生重要影响,成为新的国际标准,进而影响到整个全球化规则的制定。欧美约占世界国内生产总值的一半和世界贸易额的 1/3,平均每天贸易额达 27 亿美元,相互投资达 3.7 万亿美元。这个协议如果达成,将成为史上最大的自由贸易协定。

10.4　区域经济一体化的影响

10.4.1　对区域集团内部成员国的影响

1. 促进集团市场的扩大,能获得规模经济效益

区域一体化能把分散的小市场统一起来,结成大市场,实现规模经济等技术利益。生产要素可以自由流动,也便于生产资料集中使用,利于实现规模集约。规模经济有内部规模经济与外部规模经济之分。内部规模经济主要来自内部贸易的开辟或创造而引起的生产规模扩大和生产成本降低。外部规模经济主要来源于区域经济的发展,区域性经济结合可导致区域内部市场扩大,带来各行业各部门经济的相互促进和发展。

2. 促进集团内部的贸易自由化和投资自由化,导致市场竞争程度提高

区域经济一体化的实现过程是成员国之间贸易壁垒逐步撤销、贸易自由化不断推进的过程,也是取消投资限制的过程。区域经济一体化促进了集团内部的贸易自由化和投资自由化,导致市场竞争程度提高,效率随之提高。实行贸易自由化后,各国厂商失去了本国的保护,必须面对集团内其他国家厂商的竞争,从而促进劳动生产率的提高和成本的下降,并刺激新技术的开发和利用。产品成本和价格下降了,再加上人们的收入水平随生产发展而提高,过去只供少数人消费的高档产品将转为多数人的消费对象,出现大市场、大规模生产、大量消费的良性循环。投资自由化以后,会导致生产要素的自由转移,经济资源配置也就趋于最优状态。

3. 促进集团内部的国际分工和技术合作,加快产业结构调整,提高国际竞争力

区域经济一体化的建立有助于成员国之间的协调和合作。例如,鉴于新技术的开发往往需要巨额资金,难度和风险也很大,有时单靠一国力量难以办到;新技术的利用一般需要广阔的市场,更需要真正地消除非关税壁垒,建立统一机构加以推动。为从本质上加强实力,适应外部竞争的需要,欧盟采取了一系列高科技联合与协调政策,从而获得了研究与开发的最佳效益。一体化还给区域内各企业提供了重新组织和提高竞争力的机会与条件。通过企业兼并或企业间的合作,加快地区分工和产业结构调整,能够促进企业经济效益的提高,实现产业结构的高级化。对于发展中国家来说,发展区域经济一体化,可以充分利用现有的资金、技术、设备和各种资源,建立起规模较大、技术水平较高的联合企业,建立起新兴的工业部门,逐步改变单一的经济结构,逐步改变出口商品单一的状况。近年来,发展中国家通过经济一体化发展工业生产,工业品的自给率已有较大幅度的提高。拉美经济一体

化组织中60%的机器及运输设备、35%的化工产品以及40%的钢材都是从区内贸易获得的。

4. 促进区域内部贸易的迅速增长和就业人数的增加

尽管区域经济一体化的层次有所不同,但其寻求的基本目标都是贸易自由化。随着成员国之间相互取消或削减关税并减少非关税壁垒,为成员国之间的产品相互出口创造了良好的条件,从而会使区域内部贸易迅速增长,区域内部贸易占成员国对外贸易的比重明显提高。从1958年欧洲经济共同体成立以来,欧共体及欧盟成员国间贸易的增长速度就一直高于与非成员国间贸易的增长速度,欧盟成员国间贸易在外贸总额中的比重大约上升近30个百分点,2003年,欧盟15国的区域内部贸易比重已经高达60%。随着中东欧国家的加入,这一比重预计增加至76%。

区域内部贸易的迅速增长增强了区域内部的经济活力,推动了经济增长,也创造出更多的高薪就业职位。在加拿大,出口相关行业的小时工资比非出口行业高出35%;在墨西哥,出口行业的工资水平比非出口行业高出近40%;在美国,1993—2000年,自贸区内出口行业的就业增加了90多万个职位,这些职位的工资高出美国平均工资水平的13%~18%。世界银行2005年指出,如果没有北美自由贸易区,2004年墨西哥的出口会少约25%,外国直接投资会少40%,人均收入也会有大幅下降。

5. 有利于吸引外资

由于区域经济一体化组织内外有别——对内采取自由贸易,而对外则采取歧视性做法,于是区域外国家的企业向区域内投资,以绕过贸易壁垒。投资的增加无疑会有力地推动区域经济集团国家的经济增长。1994—2001年,流入北美自由贸易区的外国直接投资占同期全世界外国投资总额的28%,其中美国每年吸收1102亿美元的外国直接投资,加拿大年均吸收外资额达到214亿美元,比《北美自由贸易协定》生效前7年的总额多了两倍。1994—2004年,墨西哥共得到1240亿美元的外国直接投资,每年平均吸纳120亿美元的外国直接投资,这比墨西哥在1984—1994年所得到的外国直接投资高出4倍以上。根据欧盟委员会的统计,欧盟在全球外国直接投资流量中的份额从1982—1987年的28.2%迅速提高到1991—1993年的44.4%,而其在发达国家中的份额从36.1%急速提高到66.3%。这说明单一市场对全世界的投资者有更大吸引力。

6. 增强和提高了区域经济集团在世界经济中的地位和谈判力量

区域经济一体化使得区域经济集团的实力大大增强,提高了在世界经济中的地位和发言权,尤其是增强了在国际贸易中的谈判力量。典型的例子当属欧盟,当欧盟成员国扩充到27个之后,其经济总量已与美国不相上下,贸易规模更是远远大于美国。在乌拉圭回合和多哈回合的谈判中,法国敢就农产品市场开放问题与美国"叫板",空中客车公司敢与波音公司竞争,就是因为欧盟在背后"撑腰"。

10.4.2 对区域集团外部成员国的影响

1. 排他性增强

一般情况下,区域经济集团扩大内部贸易是以牺牲与集团外国家的部分贸易额为代价的，使得集团外国家本可以进入区域内的商品或服务受到贸易保护主义的打击，这反映了区域经济集团固有的排他性和歧视性特征。随着一体化的深入和扩大，世界范围内的贸易保护主义将随之加强，这就有可能恶化国际贸易环境，使区域外发展中国家的贸易环境雪上加霜。

2. 改变了国际直接投资的地区流向

区域经济集团内部实行贸易自由化，生产要素流动障碍的逐步消除加强了集团成员国之间的内聚力，因此具有吸引力。这种安排若设计得当，有可能通过提高地区经济一体化组织内生产商的效率，提高竞争力；同时，通过扩大对来自区域之外的生产资料和生活用品的需求来促进全球贸易。但是，支持贸易壁垒的区域性安排可能人为地把来自外部国家的进口供应转移给区域经济集团内的国家，如果被排斥的外部供应厂商能够以更低的价格供应商品，就可能导致生产效率的下降。这种贸易转移可能会向国家贸易壁垒一样不利于全球出口竞争。而且随着贸易自由化进程的推进，以发达国家为中心的区域经济集团贸易自由化的深度和广度大大超过了以发展中国家为主的区域经济集团。此外，发达国家区域经济集团内部贸易发展速度超过对非集团国家的贸易发展速度，成员国内部贸易在成员国整个出口中的比重均呈上升趋势。

3. 对多边贸易体制构成双重影响

区域经济一体化各种安排的范围已超出了货物贸易自由化，向投资、服务方面延伸，自由化的途径拓宽，朝着协调各国管理规定、采用最低管制标准并相互承认各国的标准和惯例的方向发展。这些趋势将加强区域经济一体化中的开放地区主义，有助于加强区域经济集团的市场开放。此外，世界贸易组织对区域经济一体化安排的监督也在加强，可以防止区域经济集团出现的不利影响。

与此同时，区域经济一体化对多边贸易体制也产生不利的影响。在 1947 年《关税与贸易总协定》和 1995 年成立的世界贸易组织的有关协定和协议中，对区域经济一体化的内部优惠采取例外，即不实施最惠国待遇条款。这实际上对非区域经济集团成员构成了不平等待遇。在关税同盟建立后，成员国内厂商采购产品可能从高成本的集团内部进口，取代了集团外更低成本商品的进口，不利于世界性资源的合理配置，违背了世界贸易组织的宗旨。此外，在关税同盟下，成员国在关税统一的过程中，决策机构会更多地而非更少地偏向保护或者干预。例如，欧盟的贸易政策的制定具有餐馆账单问题的特点：一批人去餐馆就餐，分摊餐费，每个人都会想点他们自己吃饭时不会点的价格更高的菜肴，因为每个人都期待他人分担部分费用。这种情况也出现在欧盟贸易政策的制定中。保护的代价由欧盟所有的消费者承担，与各个国家的国内生产总值成正比；生产商得到的好处与每个国家在欧盟中有关产品的生产份额成正比。如果欧盟内部大国能够使欧盟委员会在某一具体领域内提出保护主义的政策建议，所有的欧盟成员都将有一种愿望，想使它们的一些产品也得到保护，这势必会加重贸易保护的程度，对世界贸易组织的作用构成了严重的挑战。

10.5 中国与区域经济一体化

区域经济一体化已经成为当今世界发展的一个潮流，对中国经济既有积极的一面，又有消极的一面。积极的一面表现为在一个成员国投资生产的产品可以方便地进入整个区域市场、单一货币发行带来诸多好处等；消极的一面主要是指贸易转向效应和投资转向效应等。中国要认真研究对策，扬长避短，为中国的改革开放和经济发展服务。

10.5.1 中国对区域经济一体化的态度

1. 顺应潮流，积极参与

中共十七大把自由贸易区建设上升为国家战略。中共十八大提出要加快实施自由贸易区战略。中共十八届三中全会提出，要以周边为基础，加快实施自由贸易区战略，形成面向全球的高标准自由贸易区网络。目前，中国已签署自由贸易协定 14 个，涉及 22 个国家；正在谈判的自由贸易协定 8 个，涉及 23 个国家。特别是 2010 年，中国成为世界第二大经济体后，更加积极地参与区域经济一体化，2013 年提出了“一带一路”战略和成立亚洲基础设施投资银行，将大大推动中国与其他国家的经济一体化进程。

2. 循序渐进，积极稳妥

区域经济一体化在给参与国带来好处的同时，参与国也要付出相应的代价。由于现在经济运行的复杂性，任何精确的计量模型和理论预测都难免出错，即使欧盟的成功经验也不是放之四海而皆准的。因此，为了确保国内产业的发展和对外开放的平稳运行，中国要深入研究区域经济一体化带来的影响，权衡利弊，按照由近及远、先易后难、循序渐进的方针，有步骤、有层次、由低到高、逐步推进区域经济一体化，尽可能避免贸易转移和投资转移带来的负面效应。目前中国经济一体化采用得最多的形式是优惠贸易协定和自由贸易区，先是与中国港澳台、东盟等地区签约，然后与巴基斯坦、秘鲁、新西兰等国签约，逐步推进。

3. 增强实力，赢得主动

能否抓住和充分利用区域经济一体化创造的机遇，能否化解冲击，完全取决于一国政府的管理能力和企业的竞争能力，为此，要练好内功。首先，要通过对外开放促进改革，推动政府简政放权，提高政府的宏观调控能力、防范风险能力和驾驭经济的能力。其次，要加快市场体系的完善，让市场竞争机制更好地发挥优胜劣汰的作用，培养国内企业的竞争能力。最后，加快经济结构调整，实现产业结构优化升级，促进中国跨国公司的成长。

10.5.2 中国参与的区域经济一体化组织

近年来，中国加快构建开放型经济新体制。中国在参与区域经济合作方面取得了阶段性进展。中国除了积极参与亚太经合组织、亚欧会议、上海合作组织、大湄公河次区域开发等区域经济一体化组织的贸易投资便利化和经济技术合作进程，开展“10＋3”和中日韩合作对话之外，又在参与双边贸易自由化方面取得了新的进展。截至 2015 年 6 月，中国已签署自由贸易协定 14 个，涉及 22 个国家和地区，包括中国与东盟、新加坡、巴基斯坦、新西兰、智利、秘鲁、哥斯达黎加、冰岛、瑞士、韩国和澳大利亚的自由贸易协定等。

1. 中国—东盟自由贸易区

2002 年 11 月 4 日，中国国务院总理朱镕基和东盟十国领导人签署了《中国—东盟全面经济合作框架协议》，决定到 2010 年建成中国—东盟自由贸易区。根据该框架协议，2003 年中国与东盟双方先后于 2 月、6 月、7 月和 11 月在桂林、雅加达、胡志明市和重庆举行了 4 次贸易谈判委员会会议，成立了原产地规则、服务贸易、投资 3 个工作组，并就货物贸易、服务贸易和投资等问题广泛交换了意见。从 2005 年 1 月 1 日起实施正常产品的降税；到 2010 年，中国与东盟老成员建成自由贸易区，东盟新成员则可享受最多 5 年的过渡期；到 2015 年建成自由贸易区。中国—东盟自由贸易区建成后，将形成一个拥有 17 亿消费者、3 万多亿美元国内生产总值、2 万多亿美元贸易总额的经济区，从而成为世界上人口最多的自由贸易区。

2.《曼谷协定》

《曼谷协定》签订于 1975 年，全称为《亚太经社会发展中成员国贸易谈判第一协定》，它是在联合国亚太经社会主持下，在发展中成员国之间达成的贸易优惠安排。其核心内容和目标是：通过相互提供优惠关税和非关税减让来扩大相互间的贸易，促进成员国经济发展。在中国加入前的《曼谷协定》成员国为印度、韩国、孟加拉、斯里兰卡和老挝。中国于 2001 年 5 月正式加入《曼谷协定》，并于 2002 年 1 月 1 日开始实行《曼谷协定》税率。《曼谷协定》是中国参加的第一个具有实质意义的区域性优惠贸易安排。2003 年 2 月，中国代表团与印度代表团通过积极的双边磋商，在北京达成了《中国与印度关于〈曼谷协定〉的双边磋商纪要》，成功解决了中国与印度在《曼谷协定》中的相互适应问题，进一步增强《曼谷协定》的活力。

3.《中国—巴基斯坦优惠贸易安排》

《中国—巴基斯坦优惠贸易安排》于 2003 年 11 月 3 日签订，自 2004 年 1 月 1 日起正式实施。这是中国与外国政府签署的第一个双边优惠贸易安排，在中国参与区域经济合作的进程中具有重要的意义。根据该安排，中国将对巴基斯坦 893 个 8 位税目的商品实行中国在《曼谷协定》中承诺的优惠税率，整体优惠幅度达 18.5%。巴基斯坦对中国出口商品参照印度在《曼谷协定》的承诺实行优惠关税安排，整体优惠幅度达 31.7%。巴基斯坦减让清单包括 188 项产品。

为进一步发展中巴双边经贸关系，促进双赢和共同发展，2005 年 12 月 9 日，中国与巴基斯坦政府又在北京签署了《中国—巴基斯坦自由贸易协定早期收获协议》，该协议从 2006 年 1 月 1 日起对一系列产品实施降税。自实施之日起，两国政府间签署的优惠贸易安排同时废止。2006 年 11 月 24 日，中国与巴基斯坦签署了《中国—巴基斯坦自由贸易协定》，于 2007 年 7 月 1 日起全面启动。中巴两国确定分两个阶段对全部产品实施降税。除了货物贸易自由化外，该协定也就投资促进与保护、投资待遇、损害补偿以及投资争端解决等作出了规定。2009 年 2 月 21 日，双方签订了《中国—巴基斯坦自由贸易区服务贸易协定》，是迄今两国各自对外国开放程度最高、内容最为全面的自由贸易区服务贸易协定。根据该协定,在各自对世界贸易组织承诺的基础上,在全部 12 个主要服务部门中,巴基斯坦将在 11 个主要服务部门中的 28 个分部门对中国服务提供者进一步开放,中国将在 6 个主要服务部门中的 28 个分部门对巴基斯坦服务提供者进一步开放,从而两国建成一个涵盖货物贸易、服务贸易和投资等内容全面的自贸区。

4.《中国—瑞士自由贸易协定》

2013 年 7 月 6 日,中国商务部部长高虎城与瑞士联邦委员兼经济部长施耐德·阿曼代表两国政府在北京签署《中国—瑞士自由贸易协定》,并于 2015 年 7 月 1 日正式生效。该协定是中国与欧洲大陆国家签署的第一个一揽子自由贸易协定,是一个高质量、内容丰富、互利共赢的协定。该协定不仅货物贸易零关税比例高,还在钟表等领域为双方合作建立了良好的机制,并涉及环境、知识产权等许多新规则,将进一步提高中、瑞双方经贸合作水平,深化中欧经贸合作。瑞士对中国 99.7%的出口产品立即实施零关税,中国将对瑞士 84.2%的出口产品最终实现零关税。如果加上部分降税的产品,瑞士参与降税的产品比例为 99.99%,中国是 96.5%。该协定为双方合作建立了良好的机制。例如,双方同意加强环境方面的合作,提升彼此环境保护水平;双方承诺开展中医药合作对话,推动中医药“走出去”;等等。该协定还就政府采购、环境、劳工与就业合作、知识产权、竞争等中国以往自由贸易谈判中很少遇到的规则问题达成一致。

5.《中国—澳大利亚自由贸易协定》

经过历时 10 年的谈判,2015 年 6 月 17 日,《中国—澳大利亚自由贸易协定》正式签署。在完成各自的国内程序后,该协定已于 2015 年 12 月 20 日生效。该协定实现了“全面、高质量和利益平衡”的目标,是中国与其他国家迄今已商签的贸易投资自由化整体水平最高的自由贸易协定之一,在一些领域开创了新的谈判模式。在服务领域,澳大利亚承诺自该协定生效时对中国以负面清单方式开放服务部门,成为世界上首个对中国以负面清单方式作出服务贸易承诺的国家,中国以正面清单方式向澳大利亚开放服务部门。澳大利亚还在假日工作机制等方面对中国作出专门安排。在投资领域,双方自该协定生效时起将相互给予最惠国待遇。双方还同意未来以负面清单模式开展投资和服务的开放升级谈判。

6.《中国—韩国自由贸易协定》

2015 年 6 月 1 日,中国商务部部长高虎城和韩国产业通商资源部部长尹相直在韩国首尔签署《中国—韩国自由贸易协定》。在完成各自的国内程序后,该协定于 2015 年 12 月 20 日生效。该协定是中国迄今对外签署的涉及国别贸易额最大的自由贸易协定,对中韩双方而言是一个互利、双赢的协议,实现了“利益大体平衡、全面、高水平”的目标。根据该协定,在开放水平方面,双方货物贸易自由化比例均超过收入的 90%和贸易额的 85%。该协定范围涵盖了货物贸易、服务贸易、投资和规则共 17 个领域,包含了电子商务、竞争政策、政府采购、环境等议题。同时双方承诺,在该协定生效以后,将以负面清单模式继续开展服务贸易谈判,并基于准入前国民待遇和负面清单开展投资谈判。

【国际贸易博览 10-3】

中国参与的亚太地区主要多边机制

1. 中国—东盟合作

中国始终将东盟作为周边外交优先方向，坚定支持东盟一体化，支持共同体建设，支持东盟在区域合作中的中心地位。双方秉持相互尊重、平等相待、睦邻友好、合作共赢的原则，不断加强战略对话，增进政治互信，深化经贸、互联互通、金融、安全、海上、社会人文等各领域务实合作，推动双方关系不断取得新进展。2013 年习近平主席访问东南亚期间指出，中国愿与东盟国家携手建设更为紧密的中国—东盟命运共同体。

2015 年，中国—东盟防长非正式会晤首次在华召开，双方还举行了电信、经贸、交通部长会议和总检察长会议。11 月，中国与东盟签署《关于修订〈中国—东盟全面经济合作框架协议〉及项下部分协议的议定书》，标志中国—东盟自贸区升级谈判全面结束。

2016 年是中国—东盟建立对话关系 25 周年和中国—东盟教育交流年。9 月 7 日，第 19 次中国—东盟领导人会议暨中国—东盟建立对话关系 25 周年纪念峰会在老挝万象举行。李克强总理出席会议，同东盟国家领导人共同回顾中国—东盟对话关系发展成就，总结经验和启示，并为双方关系未来发展规划方向。双方还举行了外交、经贸、质检等部长会议。双方全年举办了一系列纪念活动，包括中国—东盟建立对话关系 25 周年纪念招待会、第九届中国—东盟教育交流周、第二届中国—东盟省市长对话、中国—东盟建立对话关系 25 周年研讨会和中国—东盟周等。

2. 东盟与中日韩(10＋3)合作

东盟与中日韩(10＋3)合作是东亚合作的主渠道。中国推动各方加大投入，落实好《第二东亚展望小组(EAVGⅡ)报告》和《2013—2017 年 10＋3 合作工作计划》。中方积极推动《清迈倡议》多边化(CMIM)进程，支持进一步加强 CMIM 的实用性和有效性，支持 10＋3 宏观经济研究办公室(AMRO)升级为国际组织后继续加强能力建设，维护东亚经济和金融稳定。中方还推动《区域全面经济伙伴关系协定》(RCEP)货物贸易、服务贸易和投资的市场准入模式谈判取得积极进展，并推动各方发表《RCEP 领导人联合声明》。

2016 年 9 月 7 日，第 19 次东盟与中日韩(10＋3)领导人会议在老挝万象举行。李克强总理就 10＋3 合作提出六点建议：加强金融安全合作，深化贸易投资合作，推动农业和减贫合作，促进互联互通建设，创新产业合作模式，增进社会人文交流。

2015 年以来，中方积极推动 10＋3 框架下的务实合作，举办了第七届东亚商务论坛、“了解中国”项目、第九届和第十届文化人力资源开发合作研讨班、东亚投资高层论坛、第六届粮食安全合作战略圆桌会议、第二届东亚现代农业研修班、青年科学家交流活动、百名高级汉语人才重返中国项目、第四届 10＋3 互联互通伙伴关系国际研讨会、第三期和第四期 10＋3 村官交流项目和第 14 届亚洲艺术节。

3. 中日韩合作

中日韩是东亚重要国家，是引领东亚经济一体化的主要力量，加强三国合作有利于三国自身发展，也有利于促进本地区稳定与繁荣。

2015 年，随着中日、韩日双边关系的改善，中日韩合作迎来新的上升期，各领域务实合作全面推进。11 月 1 日，第六次中日韩领导人会议在韩国首尔举行。三国领导人就三国合作和共同关心的国际和地区问题深入交换了意见，重申了对三国合作的高度重视，一致同意本着“正视历史、面向未来”的精神，妥善处理有关问题，深化在政治、经贸财金、可持续发展、人文等领域合作。会议发表《关于东北亚和平与合作的联合宣言》及农业、教育、经贸等领域的联合声明，进一步丰富了三国合作内涵，为三国合作发展指明了方向。

2015 年以来，三国还举办了中日韩外交、旅游、水资源、环境、财政、经贸、农业、文化、卫生部长会议，灾害管理部长级会议，央行行长、人事部门首长会议，以及三方警务工作会晤、反恐磋商、林业司局长会晤、大学交流合作促进委员会会议、东北亚名人会、灾害管理桌面演练、海洋科学研讨会和中日韩合作国际论坛等活动，并举行了多轮中日韩自贸协定谈判。

4. 东亚峰会

东亚峰会是“领导人引领的战略论坛”。2015 年以来，东亚峰会合作进展显著。在中方推动下，第五届东亚峰会外长会决定将《落实〈金边发展宣言〉行动计划》执行期限延长至 2017 年。

2016 年 9 月 8 日，第 11 届东亚峰会在老挝万象举行。李克强总理出席会议并指出，经济发展合作与政治安全合作是驱动东亚峰会的两个“轮子”，应该相互促进、同步前进。在经济发展方面，要大力支持地区互联互通，加快推进自贸区建设，加强社会民生领域合作。在政治安全方面，要倡导共同、综合、合作、可持续的新安全观，加强非传统安全合作，探讨区域安全架构建设，妥善处理热点敏感问题。

中方积极推动东亚峰会各领域合作。2015 年以来，中方主办了东亚峰会第二届新能源论坛、第二届清洁能源论坛、野生动物保护研讨会、印太海洋安全合作二轨研讨会、第五届区域安全架构研讨会以及第四次和第五次东亚峰会地震应急演练等合作项目。

5. 东盟地区论坛

东盟地区论坛是亚太地区具有重要影响力和较强包容性的官方多边安全对话与合作平台。各方坚持以建立信任措施为核心，在共识基础上稳步推动预防性外交进程，积极推动非传统安全合作不断走实。

2016 年 7 月 26 日，第 23 届东盟地区论坛外长会在老挝万象举行。中方指出，各方应将建立信任措施贯穿于论坛进程始终，在共识基础上循序渐进探索符合地区实际的预防性外交模式；同时，应加强对话合作，增进地区国家间理解与互信，共同应对非传统安全威胁等挑战，推动论坛为促进地区和平安全作出更大贡献。

中方积极引领论坛框架下的务实合作。2015 年以来，中方主办了网络安全能力建设研讨会、第三届外空安全研讨会、海上风险管控与安全合作研讨会、海上溢油应急管理与处置合作研讨会、打击犯罪分子跨境流动研讨会、绿色航运研讨会和城市应急救援研讨班等合作项目。

6. 东盟防长扩大会

东盟防长扩大会是亚太地区级别最高、规模最大的防务安全对话与合作机制，对增进各成员国防务部门和军队间互信、促进务实合作发挥了重要作用。

2015 年 11 月 4 日，第三届东盟防长扩大会在马来西亚吉隆坡举行。中方指出，各方应推动建设开放、包容、透明、平等的地区安全合作架构，不断深化防务领域务实合作，妥善处理争议、管控风险，共同维护地区和平稳定。

2016 年以来，中国军队在该机制框架下先后参加了在印度举行的维和与扫雷行动联合演练、在文莱和新加坡举行的海上安全与反恐联合演练。2017—2020 年，中国与泰国将担任反恐专家组共同主席国。

7. 澜沧江—湄公河合作

建立澜湄合作机制是李克强总理在 2014 年 11 月第 17 次中国—东盟领导人会议上提出的重要倡议，旨在通过务实合作，进一步深化澜湄六国睦邻友好，促进次区域国家经济社会发展，打造团结互助、平等协商、互惠互利、合作共赢的澜湄国家命运共同体。该机制成员包括中国、柬埔寨、老挝、缅甸、泰国、越南六国。

澜湄合作取得积极进展，截至 2016 年 11 月已举办一次领导人会议、一次外长会和三次高官会。2015 年 11 月，首次外长会在云南景洪成功举行。六国外长共同宣布启动澜湄合作进程，并就澜湄合作未来发展方向和机制架构等达成广泛共识，提出了一批合作项目建议。

2016 年 3 月 23 日，澜湄合作首次领导人会议在海南三亚举行，澜湄合作机制正式启航。六国领导人共同回顾了澜湄合作进展并展望未来方向，一致同意对接发展战略，统筹合作资源，共享发展成果，共建澜湄国家命运共同体。会议确认了“3＋5”合作框架，即坚持政治安全、经济和可持续发展、社会人文三大合作支柱，确定互联互通、产能、跨境经济、水资源、农业减贫五个优先方向。会议发表了《澜湄合作首次领导人会议三亚宣言》《澜湄国家产能合作联合声明》，通过早期收获项目联合清单，涉及互联互通、水资源、卫生、减贫等多个领域。

8. 上海合作组织

2015 年以来，上合组织保持健康稳定发展势头，政治、安全、经济、人文等领域合作不断取得新成果，国际地位和影响力持续上升。

2015 年 7 月 9 日至 10 日，上合组织成员国元首理事会第 15 次会议在俄罗斯乌法举行，习近平主席出席会议。成员国元首签署《上海合作组织成员国元首乌法宣言》《上海合作组织成员国边防合作协定》，批准《上海合作组织至 2025 年发展战略》《上海合作组织成员国打击恐怖主义、分裂主义和极端主义 2016 年至 2018 年合作纲要》等重要文件。

2015 年 12 月 14 日至 15 日，中方主办上合组织成员国政府首脑（总理）理事会第 14 次会议，李克强总理主持。会议对下一阶段各领域务实合作发展作出规划，发表《上海合作组织成员国政府首脑（总理）关于区域经济合作的声明》，批准《关于成立上合组织开发银行和发展基金（专门账户）下一步工作》等决议，见证签署《2016—2021 年上合组织成员国海关合作纲要》《上合组织秘书处与联合国亚太经社会秘书处之间的谅解备忘录》。

2016 年 6 月 23 日至 24 日，上合组织成员国元首理事会第 16 次会议在乌兹别克斯坦塔什干举行，习近平主席出席会议。成员国元首签署《上合组织成立十五周年塔什干宣言》，批准《〈上海合作组织至 2025 年发展战略〉2016—2020 年落实行动计划》，批准签署关于印度、巴基斯坦加入上合组织义务的备忘录。

2015 年以来，安全会议秘书以及外交、国防、经贸、文化、紧急救灾等各部门负责人会议机制化举行，进一步深化和拓展了各领域合作，扩大了国际影响。中国积极推动并参与上合组织各领域合作，与其他成员国、观察员国和对话伙伴的双边关系持续发展。

9. 亚洲相互协作与信任措施会议

2016 年 4 月 27 日至 28 日，亚信第五次外长会议在北京举行。习近平主席出席开幕式并发表重要讲话。会议发表《关于通过对话促进亚洲和平、安全、稳定和可持续发展的宣言》，通过《亚信成员国 2016—2018 年禁毒合作行动计划》和《亚信成员国 2016—2018 年落实中小企业发展领域信任措施行动计划》。

中国积极落实亚信各领域信任措施，创新亚信合作平台。2015 年以来，中国举办亚信青年委员会成立大会、亚信实业家委员会成立大会、首届亚信非政府论坛年会以及第三届亚信智库圆桌会议，促进落实人文、经济领域信任措施，推动成员国青年、民间组织和智库间的对话交流。

（资料来源：国务院新闻办公室，《中国的亚太安全合作政策》白皮书，2017 年 1 月 11 日）

复习思考题

1. 试分析区域经济一体化的发展对全球化进程的影响。
2. 欧盟当前面临的主要问题是什么？英国脱欧对欧盟会有什么影响？欧盟对后来的一体化组织有何借鉴意义？
3. 简述中国—东盟自由贸易区的建立对各国及世界经济的影响。
4. 有人说亚太经合组织是世界三大自由贸易区之一，你对此有何评价？
5. 什么是自由贸易区、关税同盟、共同市场、经济同盟？它们之间有何联系及区别？
6. 分析区域经济一体化对国家贸易的影响。
7. 分析中国实施自由贸易区战略带来的机遇与挑战。

参考文献

[1] 保罗·克鲁格曼,茅瑞斯·奥伯斯法尔德.国际经济学[M].5版.北京:中国人民大学出版社,2002.

[2] 保罗·克鲁格曼.战略性贸易政策与新国际经济学[M].北京:中国人民大学出版社,北京大学出版社,2000.

[3] 曹建明,贺小勇.世界贸易组织[M].北京:法律出版社,2011.

[4] 陈卫国.世界贸易组织的逻辑[M].北京:对外经济贸易大学出版社,2013.

[5] 陈向东,魏拴成.当代跨国公司管理[M].2版.北京:机械工业出版社,2014.

[6] 董国辉.劳尔·普雷维什经济思想研究[M].天津:南开大学出版社,2003.

[7] 董瑾.国际贸易实务[M].北京:高等教育出版社,2001.

[8] 冯宗宪.基于多哈回合关税减让谈判的市场准入研究[M].北京:光明日报出版社,2010.

[9] 国彦兵.西方国际贸易理论历史与发展[M].杭州:浙江大学出版社,2004.

[10] 海闻,P·林德特,王新奎.国际贸易[M].上海:上海人民出版社,2003.

[11] 何蓉.国际贸易[M].北京:机械工业出版社,2006.

[12] 籍丹宁.国际贸易理论与实务[M].北京:机械工业出版社,2011.

[13] 凯恩斯.就业、利息和货币通论[M].北京:商务印书馆,1983.

[14] 李斯特.政治经济学的国民体系[M].北京:商务印书馆,1961.

[15] 李育良.国际贸易概论[M].北京:清华大学出版社,北京交通大学出版社,2006.

[16] 卢进勇,刘恩专.跨国公司经营与管理[M].北京:机械工业出版社,2013.

[17] 罗伯特·C·芬斯特拉,艾伦·M·泰勒.国际贸易[M].北京:中国人民大学出版社,2011.

[18] 迈克尔·波特.国家竞争优势[M].北京:华夏出版社,2002.

[19] 迈克尔·波特.竞争论[M].北京:中信出版社,2003.

[20] 任烈.贸易保护理论与政策[M].上海:立信会计出版社,1997.

[21] 《世界贸易组织百科全书》编委会.世界贸易组织百科全书[M].北京:中国大百科全书出版社,2007.

[22] 王新哲.国际贸易[M].北京:北京理工大学出版社,2012.

[23] 王志乐.走向世界的中国跨国公司[M].北京:中国商业出版社,2004.

[24] 徐斌.国际贸易[M].北京:北京大学出版社,2009.

[25] 许凯.欧债真相——从危机看一体化经济的隐患与未来[M].杭州:浙江大学出版社,2014.

[26] 许立波.世界贸易组织(WTO)概论[M].2版.大连:东北财经大学出版社,2010.

[27] 薛荣久.国际贸易[M].北京:对外经济贸易大学出版社,2003.

[28] 闫国庆.国际贸易理论与政策[M].北京:中国商业出版社,2006.

[29] 杨培雷.跨国公司经营与管理[M].上海:上海财经大学出版社,2012.

[30] 于倩.国际贸易[M].北京:经济科学出版社,2013.

[31] 余淼杰.国际贸易学:理论、政策与实证[M].北京:北京大学出版社,2013.

[32] 张彬.国际经济区域一体化比较研究[M].北京:人民出版社,2010.

[33] 张汉林.世界贸易组织发展报告[M].北京:高等教育出版社,2014.

[34] 张为付.国际经济学[M].4版.北京:高等教育出版社,2014.

[35] 赵春明.国际贸易学[M].北京:石油工业出版社,2003.

［36］ 赵俊平，付会霞，姚丽霞.区域经济一体化理论与实践［M］.哈尔滨：黑龙江大学出版社，2012.

［37］ 赵玉焕.国际货物贸易［M］. 北京：对外经济贸易大学出版社，2005.

［38］ 喆儒.国际贸易理论与政策［M］.北京：人民邮电出版社，2011.

［39］ 朱立南.国际贸易学［M］.北京：中国人民大学出版社，1996.

［40］ 卓骏.国际贸易理论与实务［M］.2 版.北京：机械工业出版社，2010.